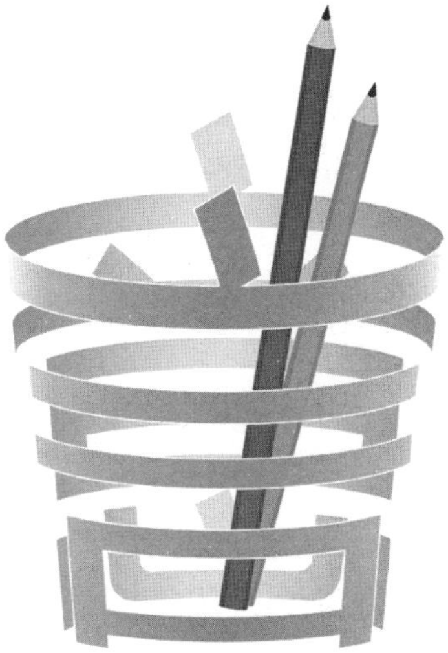

言意共生

任务情境下的单元整体教学设计

姜树华○主编

江苏凤凰科学技术出版社 · 南京

图书在版编目（CIP）数据

言意共生：任务情境下的单元整体教学设计 / 姜树华主编 .—南京：江苏凤凰科学技术出版社，2023. 8
ISBN 978-7-5713-3737-7

Ⅰ. ①言… Ⅱ. ①姜… Ⅲ. ①小学语文课—教学设计 Ⅳ. ① G623.202

中国国家版本馆 CIP 数据核字（2023）第 161542 号

言意共生：任务情境下的单元整体教学设计

主　　编	姜树华
责任编辑	吴梦琪　刘文芳
责任校对	仲　敏
责任监制	周雅婷
出版发行	江苏凤凰科学技术出版社
出版社地址	南京市湖南路 1 号 A 座，邮编：210009
联系电话	（025）83657623
编读信箱	skqsfs@163.com
印　　刷	溧阳市金宇包装印刷有限公司
开　　本	718mm × 1 000mm　1/16
印　　张	24
字　　数	400 000
版　　次	2023 年 8 月第 1 版
印　　次	2023 年 8 月第 1 次印刷
标准书号	ISBN 978-7-5713-3737-7
定　　价	69. 00 元

图书如有印装质量问题，可随时向我社印务部调换。

序言

单元整体教学的理念久已有之。随着《义务教育语文课程标准（2022年版）》的实施，“单元整体教学”连同“学习任务群”等概念一同被“搅动”了起来，变“热”了。广大一线教师的研究热情也随之高涨，但最终表现出的大都是望“整”兴叹，无从下手。如何结合统编版小学语文教材落实好单元整体教学，对很多一线语文教师来说，显然是一个新的挑战。笔者遂率工作室伙伴先行先试，希望能研究出“样品”，以资分享。

要实现单元整体教学，就需要提炼“有张力”的单元主题，这样方能“提领而顿，百毛皆顺”。如何做到单元整体学习的任务主题不空泛？我们还是要回到教材，方法常常藏在单元导语之中，藏在阅读提示之中，藏在课文前的学习提示或者课文后的教学要求之中，当然还藏在交流平台、语文园地、习作等教材内容之中。换个形象的说法，单元整体教学的任务主题可以作为单元中学习材料的“最小公倍数”，让单元内的所有学习材料都能“给力”。以统编版小学语文教材四年级上册第四单元“神话单元”为例，我们团队设计了不同的主题，分别是“徜徉在神性与人性之间的多元想象”与“很久很久以前……很久很久以后……”，旨在扎实做好语文实践。我们将单元整体教学主题的设计注意点概括为三点：一要“基于真实生活情境”。上文提及的两个主题，无论是神性和人性的不同感受，还是感知神话的历久弥新，都基于儿童的真实生活情境。二要“与我有关”。我们读神话、听神话、讲神话、编神话，本质上都基于我们的某些“需求”，我们每个人都应该能从神话中得到可以生长的精神力量，神话本质上都是与我们有关的。三要“与未来有关”。神话是人类童年时期的“不解之愿”，是期待未来的一种心愿表达，我们的阅读也是为了让自己走向未来，所以彼此是相向而行的。

单元整体教学，当然还需要建构“有体系”的学习任务。结构化的学习任务构成了单元整体教学路径。我们认为，可以有“串联”式建构，学习任务之间要统筹好铺垫与呼应的关系，前后高度关联；也可有“并联”式建构，其本质就是聚焦某个语文教学话题或任务，将教学内容进行有机组合，通过变序或组合运用单元教材甚至教材外的内容，实现单元整体教学任务；当然，还可以有“串联＋并联”式建构，基于学科逻辑、生活逻辑、学习逻辑，创设基于学生真实生活的学习情境，实现更积极的创造性学习，此类更为常态。

基于这样的认识，本书以统编版小学语文教材中的代表性单元为研究对象，以语文学习任务群为主学习情境，以“同单元异构”的方式聚焦单元整体进行创新性教学设计，旨在为广大一线语文教师针对新课标“任务情境难”“教学转化难”“个体设计难”等教学难点，当好向导与助理，提供新课标理念下的单元整体教学范例，有效提升语文学科对学生核心素养的贡献度。

需要留意的是，单元整体教学的过程也是单元语文整体目标渐进架构的过程，切不可顾此失彼而丢失语文根基，要让学生亲历“有生长”的语文学习活动。还需要留意的是，现行单元教材的人文主题与语文要素均较明晰，教材主题与文体也相对类聚，因此，对照新课标中的任务群学习要求进行单元整体教学设计时，常常会相对指向某一任务群的学习，但这并不表示其中就没有其他任务群的语文学习目标。仍以“神话单元”为例，本单元显然属于“文学阅读与创意表达”学习任务群，但在具体的教学过程中，必然也会有“语言文字积累与梳理”“思辨性阅读与交流”“跨学科学习”等多个任务群学习的目标。

小学语文单元整体教学旨在“集中‘材’力办大事”，调集语文材料，让主题更明、视野更阔、关联更密、学养更厚。最后，笔者想强调一个基本观点：单元整体教学价值重大、优势鲜明，值得加大研究，但单篇教学的价值仍无可替代，不容轻视，更不容忽略。

2023 年 6 月于紫琅山麓

目录

神话单元

习作单元

神话单元

徜徉在神性与人性之间的多元想象

统编版小学语文教材四年级上册第四单元整体教学设计（一）

单元整体教学的内容与构架

☆教材内容

- 盘古开天地
- 精卫填海
- 普罗米修斯
- 女娲补天

◎习作：我和________过一天

◎语文园地

◎快乐读书吧：很久很久以前

☆单元要素

人文主题：

神话，永久的魅力，人类童年时代飞腾的幻想。

语文要素：

了解故事的起因、经过、结果，学习把握文章的主要内容。

感受神话中神奇的想象和鲜明的人物形象。

展开想象，写一个故事。

☆整体构架

任务群：发展型学习任务群——文学阅读与创意表达。

单元任务：徜徉在神性与人性之间的多元想象。

单元情境：神话人物群英会。

设计理念：基于审美鉴赏的语文实践。

单元导图

人文主题：神话，永久的魅力，人类童年时代飞腾的幻想。

语文要素：1. 了解故事的起因、经过、结果，学习把握文章的主要内容。2. 感受神话中神奇的想象和鲜明的人物形象。3. 展开想象，写一个故事。

教材内容：1. 精读课文：《盘古开天地》《精卫填海》《普罗米修斯》。2. 略读课文：《女娲补天》。3. 习作：《我和______过一天》。4. 语文园地：交流平台、识字加油站、词句段运用、日积月累。5. 快乐读书吧：《很久很久以前》。

发展型学习任务群——文学阅读与创意表达
（任务：徜徉在神性与人性之间的多元想象）
（情境：神话人物群英会）

- 课文教学
  - 《盘古开天地》
    - 在想象中开创美好世界
    - 创造性想象
    - “创造者”的人物形象
  - 《精卫填海》
    - 在想象中再现执着的开拓者
    - 再造性想象
    - “建设者”的人物形象
  - 《普罗米修斯》
    - 在对比想象中回归人文关怀
    - 详略对比想象
    - “斗争者”的人物形象
  - 《女娲补天》
    - 在想象中持续创造新生活
    - 连续性想象
    - “守护者”的人物形象
- 习作
  - 猜猜他（她）是谁
  - 发出人物邀请卡
  - 讲讲我们自己的故事
  - 走进穿越故事分享会
- 语文园地

单元整体教学的设计与意图

板块	课时	课时任务	课时情境	落实要素	习作训练	语言训练点	教学内容
在想象中开创美好世界	2	体会“创造者”的人物形象	创造性想象：是谁创造了世界……	感受盘古的开创精神和勇于献身的美好品质	学习把握文章的主要内容	感受神奇的想象，表达自己的想象	《盘古开天地》
在想象中再现执着的开拓者	2	体会“建设者”的人物形象	再造性想象：人类发现自己过于渺小……	感受精卫执着坚韧的精神	想象精卫战胜环境困难的场景	根据“想象提示卡”，把故事说得有趣	《精卫填海》
在对比想象中回归人文关怀	2	体会“斗争者”的人物形象	详略对比想象：普罗米修斯来到了人间……	以英雄为核心，联系上下文，感悟人物的斗争者形象	理清起因、经过、结果，梳理内容	想象“锁之苦”“啄之痛”的场景并表达	《普罗米修斯》
在想象中持续创造新生活	1	体会“守护者”的人物形象	连续性想象：天地忽然发生了一场大变动……	感受女娲作为人类“守护者”的形象	运用起因、经过、结果的表达顺序	把女娲从各地拣来五种颜色石头的过程说清楚、说生动	《女娲补天》
回顾想象和人物形象，编写故事	2	依据神话人物特点编故事	穿越故事分享会	展开想象编故事	按照一定顺序写；扣住神话人物特点	讲讲自己和喜欢的神话或童话人物的故事	习作《我和____过一天》

《盘古开天地》教学设计

张凤排

学习任务： 体会“创造者”的人物形象。

学习情境： 创造性想象：是谁创造了世界……

学习目标：

1. 了解盘古开天地故事的起因、经过、结果，学习把握文章的主要内容。
2. 正确、流利、有感情地朗读课文，体会盘古的献身精神，感受其伟大之处。
3. 感受神话中神奇的想象，丰富学生的想象。

学习课时： 2 课时。

学习活动： 4 个。

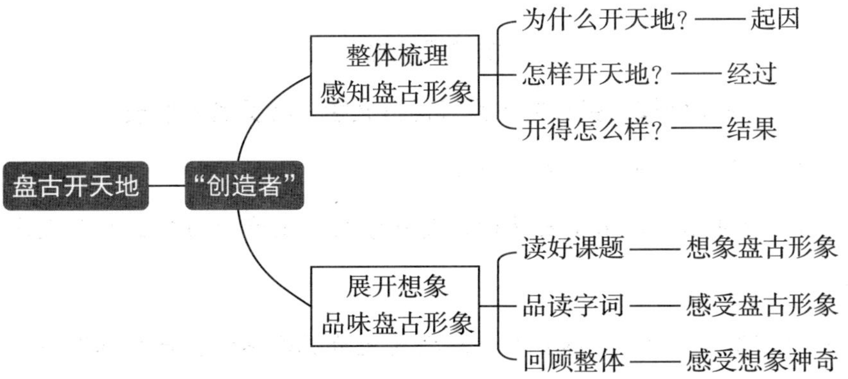

学习活动一

初读神话，想象盘古形象

1. 读好课题，想象盘古。

（1）读课题。了解课题的结构，根据课题，想象盘古长什么样。

要点：初步感知盘古的强壮、有力量，因为他都能将天地分开，所以肯定很强壮。

（2）根据盘古做的事，想象盘古长什么样，让学生知道想象是有依据的。

2. 整体梳理，了解故事的起因、经过、结果，感知盘古。

（1）针对课题，提出问题，相机指出事情的起因、经过、结果。

（2）浏览课文，找出事情起因、经过、结果对应的章节，梳理文章的结构内容。

为什么开天地？——起因（第 1 自然段）

怎样开天地？——经过（第 2~5 自然段）

开得怎么样？——结果（第 6 自然段）

学习活动二

由扶到放，引导学生品读语言文字，感受盘古形象

1. 聚焦“劈”，感受盘古的形象。

（1）教师示范读第 1 自然段，要求学生画出盘古为什么要开天地的相关词句。

抓住“混沌一片”，体会开天地之前天地混沌不清，什么都混在一起的样子。指导学生读好这一自然段，读出画面感。

（2）学生自读第 2 自然段，标画出盘古醒来后首先做了什么。抓住“劈”字，体会盘古力大无穷的形象。

① 再读第 2 自然段，找出能体现盘古力量之大的相关词句。（“一使劲”“咔嚓一声”“一声巨响……”）

② 指导学生读好第 2 自然段，读出盘古力量之大。

③ 抓住“轻而清的东西，缓缓上升，变成了天；重而浊的东西，慢慢下降，变成了地”这句话，引导学生体会天地的形成过程——速度之慢和艰难，并指导读好这一句。

2. 聚焦“撑”“倒”，感受人物形象。

（1）默读第 3、4 自然段，读后完成表格。

过程	动作	变化	盘古的形象
第一个变化	劈	天地分开	力大无穷
第二个变化		天地成形	

抓住动词“撑”，与动词“顶”“踏”“站”比较，体会用词的准确、传神，“撑”更能体现盘古遇到困难时，用尽全力克服困难。

抓住“又不知过了多少年”，体会盘古“撑”在天地之间，无论多长时间都不放弃，坚持不懈的高大形象。

（2）学生自读第 5 自然段，抓住“倒”，体会盘古身体上的变化，进一步体会想象的神奇，进而展开想象，体会盘古的无私奉献、勇于牺牲的精神。

他呼出的气息——风和云

发出的声音——雷声

左眼——太阳

右眼——月亮

四肢和躯干——大地的四极和五方的名山

血液——江河

汗毛——花草树木

汗水——雨露

总结：盘古身体的部位与变成的事物之间，具有外形、性质等方面的相似性。看来想象要有依据，想象与生活、大自然是密不可分的。

发挥想象，说说盘古的身体还会变成什么。

出示：他的牙齿，变成了________。

他的鼻子，变成了________。

他的骨骼，变成了________。

……

组织学生完成练习。

引导体会：世间万物皆由盘古身体各个部位变化而来，感受盘古的无私奉献、勇于牺牲……

完成下面的表格：

过程	动作	变化	盘古的形象
第一个变化	劈	天地分开	力大无穷
第二个变化	撑	天地成形	坚持不懈
第三个变化	倒	化作万物	无私奉献

学习活动三

回顾整体，深化认识，感受神奇

总结过渡：盘古用斧头劈，天地分开；用身体撑在天地之间，天地成形；盘古倒下，化作万物。这就是事情的经过。（板书：经过）

读第 6 自然段：“伟大的巨人盘古，用他的整个身体创造了美丽的世界。”

这就是故事的结果。(板书:创造世界)

过渡:世界真的是这么来的吗?当然不是。世界是人们想象出来的。这篇神话中处处都充满了神奇的想象,你能从文中找出来吗?

相机总结:睡了一万八千年,这是生命的神奇;展现工具的神奇,斧子是古代劳动人民常用的劳动工具,被视为上古第一神器,于是在神话的口耳相传中赋予了盘古;身体无限长高,突出盘古高大、力大无穷的形象……

学习活动四

课外延伸,激趣阅读,形成整体

过渡:人们是怎么想象出这个故事的呢?

神话传说是我国文学宝库中的璀璨明珠。在远古时代,人们对自然界的许多现象感到神秘,比方说天地是怎样形成的,为什么会发生自然灾害等。古人无法对这些现象进行科学合理的解释,因此就认为有一个神在指挥、控制着,于是他们在生产劳动中,想象、创造出许多神的故事,这就是神话的起源。

我们熟悉的神话还有《夸父逐日》《后羿射日》……课后请同学们搜集这些神话故事读一读,讲给你们身边的人听。

在接下来本单元的课文学习中,又有怎样的神话故事呢?它们会给我们带来什么样的神奇想象呢?让我们一起期待,共同开启神话故事的神奇想象之旅……(激发学生读神话的兴趣,学习其他三篇神话)

设计意图

一、以神奇的想象引出文本故事，在初读课文的基础上，理清文章的脉络

直接引入神话的突出特点——神奇的想象，立足课题想象盘古的样子，为下文引导学生有依据地想象埋下伏笔。

本课的脉络非常清楚，分三个部分：首先讲盘古开天地之前，天地混沌不清，什么都混在一起，也就是事情的起因；其次讲盘古醒来以后所做的事，天地的不同变化以及盘古倒下后发生的变化，这是经过；最后讲了结果，盘古开创了世界。

为了让学生理清课文的脉络，我们首先针对故事提出疑问，明确故事是有起因、经过、结果的，然后在读课文的基础上，引导学生对文章的整体脉络有一个大体的梳理，了解文章框架，也为本课的教学目标——复述故事做好充分准备。

二、抓住文章的重点词句，引导学生展开想象，体会盘古的伟岸形象

抓住“劈”，感受盘古的伟岸形象。为了让学生体会这点，我们先让学生找到表示动作的词语，通过朗读体会盘古劈开天地时的伟力。第 2 自然段有这样一句话，盘古见周围一片漆黑，“就拿起斧头，对着眼前的黑暗劈过去”。这个句子通过几个动词展现了盘古高大雄伟的英雄形象。让学生再读课文，找出能体现盘古力量之大的词句：“一使劲”“咔嚓一声”“一声巨响”等。这些词句让学生感同身受，真正体会到盘古的力量之大和他的巨人形象。最后让学生读出盘古力大无穷的气势，抓住文章的重点词句来感受盘古的人物形象。

抓住动词“撑”，体会用词的准确、传神。“撑”更能体现盘古遇到困

难时，用尽全力克服困难的气概。

抓住“又不知过了多少年”，体会盘古“撑”在天地之间，无论多长时间都不放弃，坚持不懈的高大形象。

抓住“倒”，体会盘古身体上的变化，进一步体会想象的神奇，进而展开想象，体会盘古无私奉献、勇于牺牲的精神。

课文的第 5 自然段讲了盘古牺牲自己创造了整个世界，这里盘古的献身精神应该让学生有所感触。课文在表达语言上非常优美，还运用了排比的修辞方法。通过让学生充分发挥想象来完成练习，体会其中的情感。让学生充分地补充盘古的身体还可能变成什么，进而体悟到盘古把自己的全部都化作了世间万物，从而让学生感受到盘古无私奉献、勇于牺牲的形象。

三、通过体会神话故事中的神奇之处，感受想象的神奇

通读课文，让学生找出感觉神奇的地方，说一说哪儿神奇，为什么要这样想象。比如工具的神奇——斧子是古代劳动人民的主要劳动工具之一；身体无限长高——突出盘古的高大、力大无穷的形象……人们这样想象，都是为突出盘古力大无穷、无私奉献、勇于牺牲的形象服务的。

四、通过朗读，体会盘古的高大形象

学习语文，还是要把文章读好，学生通过熟读培养语感，体悟人物形象。第 1 自然段，指导学生读出画面感，感受宇宙混沌一片的样子；第 2 自然段，读出盘古的力大无穷；第 5 自然段，读好排比句，体会盘古无私奉献、勇于牺牲的精神。

五、语言训练和词语积累，突出语文课的工具性

抓住“轻而清的东西，缓缓上升，变成了天；重而浊的东西，慢慢下降，变成了地”，让学生通过自由读句子，找到句子中的反义词，并根据生活经验来理解这些反义词。在理解反义词后，让学生感受文章这样表达

的好处：抓住反义词来理解课文是学习文章的一种好方法。

课文中出现了许多形容词加名词的偏正短语，这些词语非常优美，如“飘动的云”“奔流不息的江河”“茂盛的花草树木”“滋润万物的雨露”……可让学生发挥想象，说说盘古的身体还会变成什么。

学生自读、师生合作读、补充情景读等多种方式的设计，意在让学生能够记住这些词语，达到积累词语的目的。

六、培养兴趣，激趣阅读神话故事

教会学生学习一篇课文不是我们的目的，我们的目的是激发学生内在的读书兴趣，向阅读更多的故事拓展。为此，在教学结尾处，我设计一连串的问题，引向阅读本单元的其他几篇神话，和学生共同开启神话故事的神奇想象之旅……

《精卫填海》教学设计

徐君彩

学习任务：体会“建设者”的人物形象。

学习情境：再造性想象：人类发现自己过于渺小……

学习目标：

1. 能正确认读“帝”等5个生字新词；正确读写“曰”等5个字，并能联系上下文理解词义。
2. 能正确、流利地朗读课文；背诵课文。
3. 能结合注释，借助插图，依据生活，不断追问，想象再造，把精卫填海的故事说生动、说具体，并感受精卫执着坚韧的精神。

学习课时：2课时。

学习活动：6个。

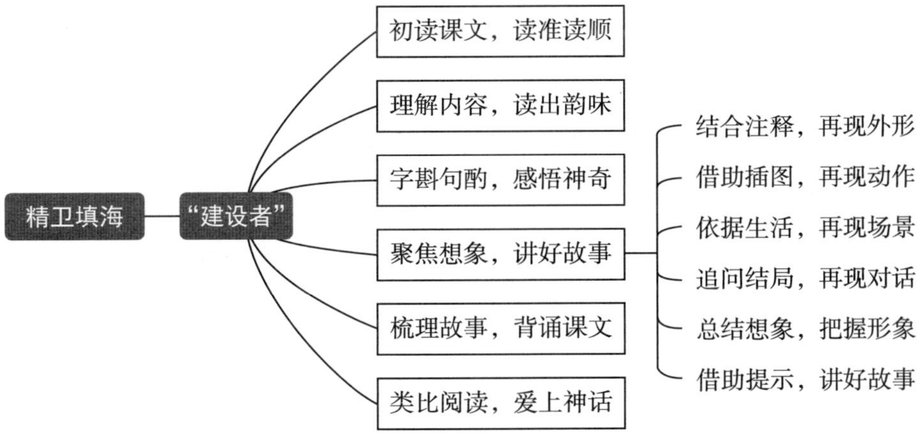

学习活动一

初读课文，读准读顺

1. 介绍《山海经》。

《山海经》有2 000多年历史了，是富有神话色彩的最古老的奇书，用文言写成。根据自读要求读课文，做到读准字音、读通句子，难读的地方多读几遍。

2. 读准、读顺课文。

（1）解决两个多音字——“少”“为”，指名读。

（2）读准“溺”和“堙”，结合“溺”的字体演化图去教写“溺”，指名读。点出句内要根据意思适当停顿，做到声断气连。学生自读。

学习活动二

理解内容，读出韵味

1. 理解故事内容。

（1）指名说说自己的理解。

预设1：相机教学“曰”，指导书写。

预设2：相机教学两个“于”。指出“游于东海”“堙于东海”翻译时的区别。拓展“戏于庭”“猎于林”“习于室”。

（2）同桌互说故事大意。提醒：要注意调换语序，说好大意。

2. 读出古文韵味。

（1）明白意思后，你会停顿得更自然，朗读也会更进一步。

（2）指名读，齐读，师生共读，全班配音读。

学习活动三

字斟句酌，感悟神奇

1. 引出神奇想象。

出示单元导读页：神话，永久的魅力，人类童年时代飞腾的幻想。引出神奇的想象。

2. 探讨故事的神奇之处。

（1）故事中哪些地方让你感到神奇？

（2）指名说，教师总结：女娃勇敢无畏，独自游于东海，虽然溺水身亡，却化身精卫，生命不息。她常衔西山之木石，堙于东海，劳作不止。

学习活动四

聚焦想象，讲好故事

1. 结合注释，再现外形。

（1）默看注释，思考：你从注释中获得了哪些信息？

（2）尝试把注释变成自己的语言，讲清楚精卫的外形。

预设：传说上古时期的部落首领炎帝，有一个小女儿，叫女娃。女娃变成的精卫形如乌鸦，不过比乌鸦漂亮多了，红色的脚，白色的嘴，头上还有好看的花纹。

2. 借助插图，再现动作。

（1）画出精卫的动作，教学“衔”。

出示图：“衔”原指套在马嘴里的器具，俗称马嚼子。马不听话时，人们就拉动缰绳，缰绳带动马嚼子，就使马的上牙和下牙分开，合不上，产生强烈的刺痛感，马也就变得驯服起来。现在这个“衔”衍化成动词，你能根据字义想象精卫“衔”木石的情景吗？

（2）对比“东”“西”，你又有什么更深的感受？

（3）引导观察插图：仔细观察文中的插图，精卫填海的动作是怎样的？大海的动作又是怎样的？把自己观察到的、想象到的说一说。

3. 依据生活，再现场景。

（1）从“常”字中，你能想象到怎样的场景？

（2）指名学生分享想象。

（3）教师创设情境，配乐，学生读句子。

当刮起狂风，海面上波浪滔天的时候，精卫……（学生读句子）

当暴雨倾盆，四周一片漆黑的时候，精卫……（学生读句子）

当大雪纷飞，大海上寒风刺骨的时候，精卫……（学生读句子）

日复一日，年复一年，精卫在浩瀚无边的大海上飞翔着，她不断地用树枝和石子填塞东海。虽然遇到了重重困难，但这些都阻挡不了精卫填海的行为……（学生读句子）

4. 追问结局，再现对话。

精卫不断地把树枝、石子投进东海后，海面有什么变化？东海如果会说话，他们之间会有怎样的对话呢？

5. 总结想象，把握形象。

（1）通过想象外形、动作、场景、对话，精卫给你留下了怎样的印象？

（2）教师总结：精卫已经化身为“坚韧执着”的审美符号和精神丰碑，她具有崇高的精神力量，是一位执着的建设者。板书：坚韧执着。

6. 借助提示，讲好故事。

（1）神话故事主要的流传方式是口耳相传，你能展开想象，根据“想象提示卡”，把故事讲得有趣吗？

（2）自己尝试讲故事。

（3）指名在全班讲故事。

学习活动五

梳理故事，背诵课文

1. 师生共同梳理故事脉络。

面对大海，精卫坚韧执着地改造世界，这种精神力量鼓舞着我们一代又一代人，我们填海造陆，探索太空，用自己的力量探索、改造这个世界。让我们一起把精卫填海的精神财富积累下来。文章脉络分明：介绍女娃—化身精卫—堙于东海。

2. 男女生竞赛背课文。

学习活动六

类比阅读，爱上神话

像精卫填海这样的故事，在《山海经》中还有很多，比如《夸父逐日》《愚公移山》。这些我们熟悉的故事，也是文言文的形式，推荐大家读一读。

设计意图

一、任务群的理解与设计

本篇课文是第四单元的第二篇课文，是一篇讲述神话故事的文言文。课文选自《山海经》，是学生耳熟能详的神话故事，寥寥数语，仅用 35 个字，就将这个神奇的故事写得非常清楚。它与单元中的其他几篇课文结合在一起，为学生学习神话故事提供了语言范本。本课承担的任务：站在学生的角度，开启读者的再造想象。教学中应根据文字、插图和现实生活场景，尝试还原精卫这个形象，在这个过程中感受精卫的英勇无畏、坚持不懈。

1. 关于神奇的想象。

（1）英勇的建设者。盘古开天辟地，用自己的身体创造了这个美丽的世界。女娲用泥巴造人，这才有了人类。但是人类来到这个世界生存，发现自己过于渺小，大自然过于强大。面对自然，人类内心极其彷徨，但也要在大自然中艰难地生存，不断坚持，改造世界。这时人类迫切需要类似《精卫填海》这样的神话故事来鼓舞斗志，激励自己不畏困难，坚持不懈地去改造浩瀚无边的世界。

（2）执着的开拓者。《精卫填海》带我们走进一个以渺小的生命抗争巨大的自然力量的神话故事。炎帝的小女儿女娃去东海游玩时不幸溺水，化身为精卫，衔来西山木石填塞东海。这个故事塑造了一个坚韧、有坚定信念的精卫形象。在强大无情的自然面前，精卫是一个执着的开拓者，生命不息，劳作不止，让后人汲取了无限的力量。

2. 关于把握主要内容。

“了解故事的起因、经过和结果，学习把握文章的主要内容”是本单元阅读要素。在这篇神话故事中，“女娃游于东海，溺而不返”是故事的起因，“故为精卫，常衔西山之木石，以堙于东海”是故事的经过。故事的结果并未提及，可以由学生自己去想象。

3. 关于创编故事。

学生基本能借助注释，清楚地说出故事的大概内容。但这些还远远不够，应该在学习中通过再造想象，让学生感悟到人物坚韧执着的核心品质。这就需要教师引导学生进行四个方面的想象扩展——结合注释，再现外形；借助插图，再现动作；依据生活，再现场景；追问结局，再现对话。当学生将这些想象的内容融入自己的讲述中时，故事就变得生动感人起来！而这些多角度、有依据的再现想象都是与本课的核心学习内容紧密关联的。这些方法的习得，为后续的神话故事学习和神话人物形象感悟打下了基础，做好了铺垫。

二、单元整体建构的路径实施

本课以单元整体建构为文本解读与教学视角，以运用再造性想象还原人物形象、讲好故事为学习策略支架，进而助推教学目标的达成。

1. 感悟神话的神奇想象。

文中的女娃，小小年纪，就敢独自到东海游玩，这是不一般的勇气。在福建名师何捷老师的解读中，女娃是身负使命，到东海游历考察。这样的解读就更能体现女娃小小年纪却有着常人难以拥有的英勇无畏，增添了女娃溺水身亡的悲剧色彩。

女娃溺于东海后，生命没有停止，而是化身为美丽的精卫，红色的脚，白色的嘴，头上还有好看的花纹，充满神奇色彩。更让人感叹的是，小小的精卫决定填塞浩瀚无边的东海，这样的想象，不得不让人惊叹！

2. 构建精卫的神话形象。

（1）借助前文，创设基调。

课堂伊始，从盘古开始聊起——盘古力大无穷，用自己的力量开天辟地，他又极富献身精神，用自己的身躯化生世间万物。这样的神让人深深震撼，又由衷敬佩！人类来到这个世界后，却发现自己的力量过于渺小。由此自然地带学生走进一个以渺小的生命抗争巨大的自然力量的神话故事——《精卫填海》，让学生从开始就带着崇敬之情去感受、体悟精卫的形象。

（2）搭建支架，感悟形象。

文言文篇幅短小，言简意赅，学生要想深刻感受精卫的形象，需要教师不断地点拨指导。首先，教师鼓励学生运用自己学习到的方法去弄明白文言文的大体内容，尝试说清楚故事；然后，让学生从外形、动作、语言和场景几个方面去感悟精卫的形象。

尤其是对于动作的感悟，教师设计了四个步骤：步骤一，让学生在文中找出主人公的所有动作，然后抓住最关键的“衔”来引导体悟，让学生根据字义想象精卫“衔”木石的情景。步骤二，结合书中插图，海浪高高涌起想把精卫拍打下来，感悟大海的对抗，从而体会精卫衔石填海的不易。步骤三，结合“衔西山之木石，以堙于东海”的“西”“东”之距，感悟衔石填海的条件困难。步骤四，抓住“常”字，结合生活实际，想象狂风、暴雨、大雪等天气下精卫衔石填海的震撼场面。将动作与场景相连，环环递进，丰富人物的形象，让学生接受美好品质带来的心灵洗礼。

（3）古今联系，拓展形象。

现如今，人们汇聚力量探索太空、改造世界，世界也因人类的努力不断发生着变化。精卫坚韧执着的精神被一代又一代的后人继承并发扬下来。从这一点来说，世间有着无数的“精卫”。

3. 讲好脍炙人口的故事。

适时结合“想象提示卡”，这是讲好故事的帮手。让学生将课上习得的方法，运用到自己的口头表达中去。教师既要鼓励学生大胆尝试，又要注意规范学生的口头表达，引导学生丰富语言，丰富故事内容。

准确进行评价激励，是讲好故事的动力。师生共同评价时，学生能够将故事讲清楚，就应该给予表扬；如果学生能够将外形、动作、对话或场景等加入故事讲述中，那更应夸赞，让学生体悟到学习带来的成就感。

《普罗米修斯》教学设计

张龙柱

学习任务： 体会“斗争者”的人物形象。

学习情境： 详略对比想象：普罗米修斯来到了人间……

学习目标：

1. 以故事为线，理清起因、经过、结果，梳理内容。
2. 以场景为面，直入受罚的部分，进入情境，品味语言。
3. 以对比想象为支架，上下勾连，走进生动情境。
4. 以英雄为核心，联系上下文，感悟人物的“斗争者”形象。

学习课时： 2 课时。

学习活动： 3 个。

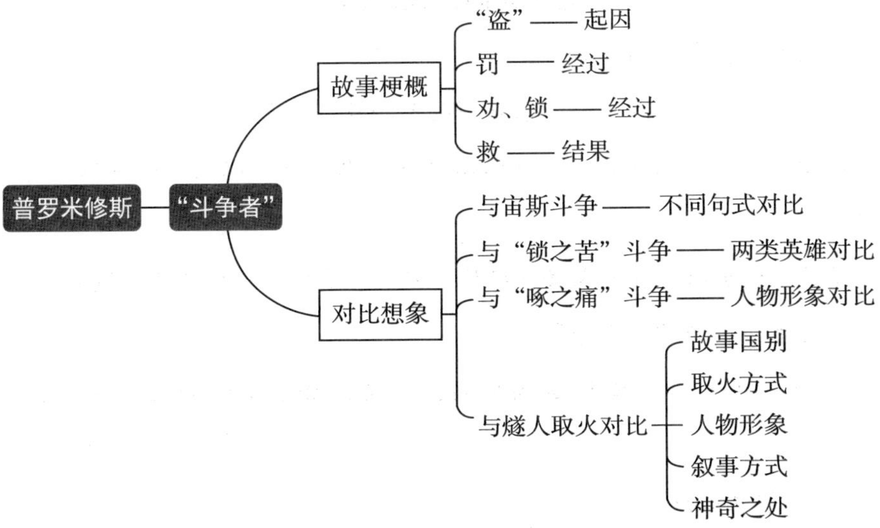

学习活动一

吟诵诗歌，走进文本

1. 出示诗歌，互动导入。

出示诗歌片段《普罗米修斯赞歌》。

2. 回顾人物，思维导图梳理。

普罗米修斯	“盗”——阿波罗	起因
	罚——宙斯	经过
	劝、锁——赫淮斯托斯	经过
	救——赫拉克勒斯	结果

3. 因果关系，再练故事讲述。

（1）依据故事的起因、经过、结果，讲讲这个故事。

（2）这幅思维导图，还可以用一组关联词把它们连起来。（因果）

学习活动二

品读画面，感受形象

1. 画面一：与宙斯斗争。

句子一：有一位名叫普罗米修斯的天神来到了人间。

句子二：普罗米修斯——这位敢于从天上“盗”取火种的英雄，终于获得了自由。

从天神到英雄，普罗米修斯经历了盗火、受惩、获救的苦难遭遇。

2. 画面二：与“锁之苦”斗争。

（1）引导细读。默读这幅画面，你看到普罗米修斯在遭受怎样的苦难呢？

（2）学生汇报。

预设：普罗米修斯被死死地锁在高加索山上，失去了宝贵的自由。（出示插图，指导看图）紧抓“锁”字。

（3）情境创设，引发想象。

风吹雨淋，他又冷又饿，他不能（　　），他不能（　　），他不能（　　），他还不能（　　）。

3. 画面三：与“啄之痛”斗争。

（1）出示文字，细读批注。

在这幅更残忍的画面中，哪些文字深深地触动了你？拿起笔，圈画起来，记下关键词，写感受，做批注。

（2）创设情境，对比想象。

如果说刚才那幅画面让大家最心痛的是“锁”，那么在这一幅画面中，最让人心痛的词语是——“啄”。

白天，你看到了什么？

到了晚上，你又看到了什么？

（3）手写我心，想象补白，写一写。

普罗米修斯的双手和双脚戴着铁环，被死死地锁在高高的悬崖上。当（　　）时，我仿佛看到（　　），仿佛听到（　　）。我想说（　　）。

学习活动三

拓展延伸，对比提升

1. 句式对比，感悟大爱。

第一组：

为人类造福，有什么错？

为人类造福，我没有错。

第二组：

我可以忍受各种痛苦，但决不会承认错误，更不会归还火种！

我可以忍受各种痛苦，但决不会归还火种，更不会承认错误！

2. 两类英雄，形象对比。

赫拉克勒斯是英雄吗？同样是英雄，赫拉克勒斯和普罗米修斯的英雄形象有哪些异同？

3. 两类神话，异同对比。

盘古开天地、精卫填海和本课在表现人物形象方面有什么异同？

4. 对比阅读，探究异同。

课后自读“阅读链接”《燧人钻木取火》的故事，借助下表梳理资料，来探究两篇神话各自的精彩。

阅读项目	《普罗米修斯》	《燧人钻木取火》
国家		
取火者		
如何取火		
神奇之处		
人物品质		
共同点		
不同点		

设计意图

东方的神话是指向“神”的，神是高尚的、真善美的。而西方神话的特点是“以神化人”，写的是神，指向的是人。西方神话中神是要生存的，是有利益冲突、矛盾斗争的。通过这个神话的教学，学生感受到普罗米修斯的善良、富有同情心、英勇不屈，明白在面对暴君、面对强权时，每个人要成为勇于斗争的战士。

教学中对不同风格的神话进行对比，东西方神话的区别跃然纸上。这一板块的学习重点落在“对比想象”上，通过思维导图了解故事主要内容，落实语文要素一；利用批注感受、想象补白等方法，感受人物的不畏强权、勇敢坚毅的“斗争者”形象，落实语文要素二。

一、注重单元统合

不拘泥于一篇课文、一个故事，立足整个神话单元进行设计。本单元分别安排了课文《盘古开天地》《精卫填海》《普罗米修斯》《女娲补天》、习作《我和______过一天》、“快乐读书吧”等内容。这里有中国的神话故事，也有外国的神话故事；有文言文，也有记叙文。这为学生进行梳理、对比想象提供了素材。通过打散独立的单篇课文安排，让学生有机会在对话中体会不同国家神话的异同：表达方式可能不一样，人物形象可能不一样，情感表达方式可能不一样。从整体出发，立足“对比”，把整个单元内容串起来。

在国内外深化对比方面，学生对外国神话故事了解不多、理解不深，需要在学习之前充分搜集资料，加深对神话起源的认知，再通过课文与“阅读链接”中燧人钻木取火的故事对比阅读，进一步深化对神话所表达内容的认知。

二、注重要素关联

层次性能力进阶。在本单元的整体教学中，对想象部分的学习应该比语言的积累与运用更加重要，对人物形象的品读应该比了解故事的起因、经过、结果更加重要。在课堂评价的时候，教师应牢牢围绕训练点精心设计。比如，设计句式对比，让学生进行品读，感悟大爱；反复引导学生品读，并让学生说说哪一句的说法更合适，为什么不能换个说法，它们之间有什么区别，等等。

三、注重多层梳理

1. 通过思维导图梳理，让《普罗米修斯》这个故事的起因、经过、结果更加清晰、直观。

2. 通过回顾梳理，拓展学生对中外神话故事中人物形象的认识。从课文中的盘古、精卫，联系到普罗米修斯，从普罗米修斯拓展到课后的“阅读链接”《燧人钻木取火》的对比阅读，然后延伸至“快乐读书吧”中外神话故事的对比阅读，让学生以人物为中心进行探究，感悟中外神话故事在人物形象塑造方面的不同。

四、注重情境设计

以“体会‘斗争者’的人物形象”为课时任务，以“在对比想象中回归人性关怀”为主要情境，通过课文加“阅读链接”的形式感悟人物精神。

在情境学习中，进行学科融合，用作业的形式开展实践活动。关联美术学科，通过连环画的形式画出神话故事；关联音乐学科，欣赏神话故事的配乐；在感知人物形象的基础上制作神话人物介绍卡，学生在情境中说、讲、唱、画，充分感受神话人物形象。

五、注重神人对比

中国神话故事中的神有什么特点？外国神话故事和中国神话故事中的人物形象有哪些异同？通过对下表的梳理，学生可以了解故事的起因、经过、结果，再通过对比感受神话故事中神奇的想象，并从神话故事中感受人性的光辉。

阅读项目	神性	人性	神奇之处
《盘古开天地》			
《精卫填海》			
《普罗米修斯》			
《女娲补天》			
《燧人钻木取火》			

《女娲补天》教学设计

杨树丰

学习任务：体会“守护者”的人物形象。

学习情境：连续性想象：天地忽然发生了一场大变动……

学习目标：

1. 运用本单元所学，按照起因、经过、结果的顺序，说说这篇神话的主要内容。
2. 发现本篇神话里的神奇之处，在发现中感受女娲作为人类“守护者”的形象。
3. 把女娲从各地拣来五色石的过程说清楚、说生动。

学习课时：1 课时。

学习活动：5 个。

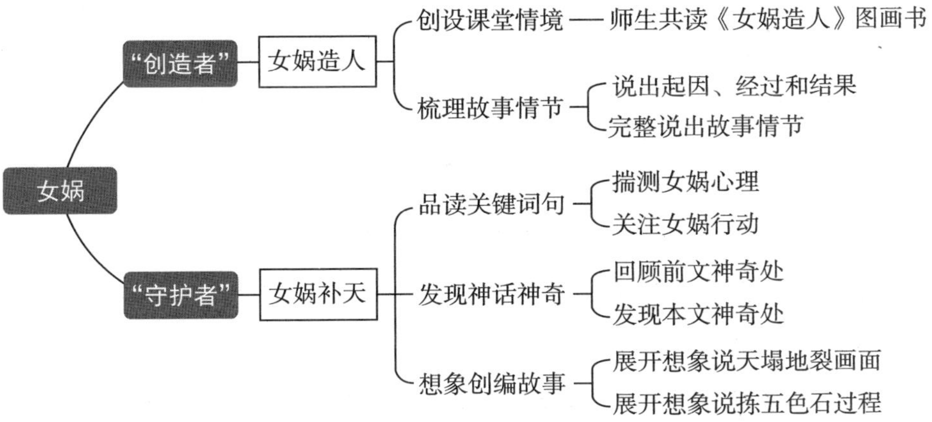

学习活动一

创设故事情境识女娲

1. 话题：盘古开辟天地化生出美丽的自然，哪位大神创造了人类呢？

2. 师生共读图画书《女娲造人》。学生说说女娲给自己留下的印象。

3. 知道学习内容：女娲补天。

学习活动二

抓住情节完整说神话

1. 自由读课文，分别说一说补天的起因（天地大变动）、经过（石浆补天、杀龟撑天、杀恶龙退野兽、芦苇灰堵地）和结果（恢复平静）。

2. 根据板书的提示，完整地说一说故事。

学习活动三

品读关键词句识女娲

1. 默读课文，圈画出词句，交流对女娲的印象。

2. 指名汇报。点拨学生理解女娲的善、勇、毅、智……这一切都源自她对于人类的守护之心。

3. 让学生明白，女娲不仅是人类的“创造者”，更是人类的“守护者”。

学习活动四

沉浸故事情境说神奇

1. 回顾《盘古开天地》《精卫填海》《普罗米修斯》，说说神奇之处在哪里。

2. 回忆你阅读过的其他神话，还有哪些印象深刻的神奇之处。

3. 默读本课，发现神奇之处并画出来。

4. 学生汇报，教师点评：神话中有神奇的现象，人物有神奇的本领。

学习活动五

运用连续想象编故事

1. 明确任务，把故事讲清楚、讲生动。

2. 当你读到“天上露出一个大窟窿……洪水从地下喷涌而出”时，脑海浮现出什么样的画面？有条理地说一说。

3. 小结：一句句话，把一个个画面串联起来，故事就生动了。

4. 思考：读到“女娲先从各地拣来赤、青、黄、白、黑五种颜色的石头”这句话时，你想到哪些画面，会想到其中哪些困难？

5. 四人小组交流。了解讲故事的标准。

能大方地讲故事	☆
能把故事讲合理、讲清楚	☆☆
能大胆想象某个情节，把故事说生动	☆☆☆

6. 两位学生说故事，师生对照标准共评是否生动、清楚。

7. 用这节课学习的本领，选择女娲炼五色石补天或者奋勇杀黑龙的情节，在课后讲给别人听。

设计意图

一、任务群的理解与设计

本篇课文是本单元唯一一篇略读课文，略读导语是这样表述的：《女娲补天》这个神话故事，处处充满着神奇的想象。默读课文，说说故事的起因、经过和结果。发挥自己的想象，试着把女娲从各地拣来五色石的过程说清楚、说生动。

1. 关于神奇的想象。

神话是“人类童年时代飞腾的幻想”，古人通过幻想解释自然现象，表现了古人对世界最初的认知理解。本单元第二条语文要素是“感受神话中神奇的想象和鲜明的人物形象”。人物是神话的灵魂，想象既是感受人物形象的路径，也是神话文学体裁的生命。古人通过对神话人物的构建，以及故事情节中渗透的朴素、美好的情感，来反映当时人类社会的人生观与价值观。基于此，需要将女娲的形象建立在对情节想象的基础上。

（1）人类的创造者。盘古创造自然万物，女娲创造人类。两篇神话组合起来解释了古人对自然起源的认识。

（2）人类的守护者。人类在残酷的自然中生存，是艰辛不易的。古人需要一种心灵的美好寄托——神灵的护佑，女娲补天的故事便诞生了。故事简单再现了古人面临的生存挑战：洪水、野兽……女娲为守护人类的安宁与幸福，做出了巨大的牺牲。补天堵地、杀恶龙退野兽、杀巨龟撑天……女娲的勇敢、善良、坚毅、智慧如钻石一般镶嵌在这些主要情节中，熠熠生辉，共同构建出一个“守护者”的完整形象。

教学中要引导学生根据情节大胆想象女娲的形象，感受补天任务“巨大而又艰难”，如“担心补好的天再塌下来”“奋勇杀死在中原一带作恶的黑龙”“把喷涌洪水的地缝也堵住了”等，让女娲的形象浮出文字。

2. 关于把握主要内容。

“了解故事的起因、经过、结果，学习把握文章的主要内容”是本单元阅读要素。通过前三篇精读课文的学习，学生已基本掌握了这种方法。本课教学侧重让学生自主发现起因、经过和结果，再串起来完整地说一说。可以借助必要的板书，为表达能力稍弱的学生提供支架。

3. 关于创编故事，清楚生动地表达。

创编女娲拣来五色石的过程，这个学习任务的设定，不仅让女娲形象更加深入人心，也为习作《我和________过一天》进行了想象表达的铺垫。清楚是指能口齿清晰、比较流畅地说出过程。生动则要求能大胆又合理地展开想象，让故事不仅吸引人，而且能衬托出女娲的形象。

二、单元整体建构的路径实施

本课以单元整体建构为文本解读与教学视角，以运用连续性想象为创编故事的学习策略支架，进而实现教学目标。

1. 构建女娲的神话情境。

喜欢想象和幻想是儿童的天性，因此儿童喜欢神话，愿意亲近神话类文学题材。恰当的虚拟情境，例如微视频、图片，可以让儿童始终浸润其中。本课采用年代久远的图画书，更能激发学生的阅读期待，在师生配合读中，让女娲悄然走进课堂里。

2. 搭建阅读经验支架。

略读导语说，“《女娲补天》这个神话故事，处处充满着神奇的想象”。所说乍看并不是学生的学习活动，但细细揣摩会发现，这句阅读提示是为了反馈学生发现神奇想象的学习效果，因此需要设计相关的学习板块。课堂上学生通过回顾所学，搭建经验支架，在此基础上进一步提升。

第一次，以盘古开辟天地为话题导入，进入女娲造人这个故事，建立“创造者”的形象，为女娲的形象提升打下基础。中国神话里的神近乎完美，如神农、后羿、夸父等，反映了中国古人集体为重、个人为轻的人生观。

第二次，回顾三篇神话，激发学生继续发现神奇的欲望。中国神话里有大量的“变化”，天变高，地变厚，盘古变万物，女娃变神鸟。本篇神话里不仅有神奇的变化，例如石头熔炼变成石浆，五色石浆变成五色的云霞；而且有神奇的现象，如巨龟腿可以撑住天，轻轻的芦苇灰可以堵住地。

3. 运用连续性想象创编故事。

爱因斯坦说过，想象力比知识更重要。想象力是知识的一种创意，将个人独特的看法转换成新奇又有效的想法，也是知识的一种创新，让知识不断得到更新、进化。要让学生张开想象的翅膀，除了创设良好的学习情境，还需要选择合适的想象方法。前几篇神话已经初步运用了再造性想象、对比想象来建构盘古、精卫、普罗米修斯的形象。这篇神话则运用连续性想象创编故事，提升对女娲的形象感知。连续性想象连接语言所描述的各个画面，在想象中放映电影，把一个个画面连接起来，让学生有身临其境的感觉。

第一步，教师有效“教”。在句子中构建一组画面，引导学生大胆想象天塌地裂的画面，先把画面说丰富，再组合起来。第二步，学生合作“学”。想象并讨论拣五色石这个情节会有哪些画面，会有哪些困难，会怎么解决；然后运用连续性想象把画面组合起来，让所编的故事具有合理性。第三步，师生共同“评”。借助评价表，引导学生知道创编的重点，进而能清楚生动地表达。师生点评，为课后练习创编其他情节做引导。

习作《我和______过一天》教学设计

李丽娟

学习任务：依据神话人物特点编故事。

学习情境：穿越故事分享会。

学习目标：

1. 能选择一个自己喜欢的神话或童话故事中的人物，展开想象编故事，努力做到想象神奇。
2. 学习欣赏评价他人的习作，能根据老师和同学的意见修改自己的习作并誊写清楚。

学习课时：2 课时。

学习活动：4 个。

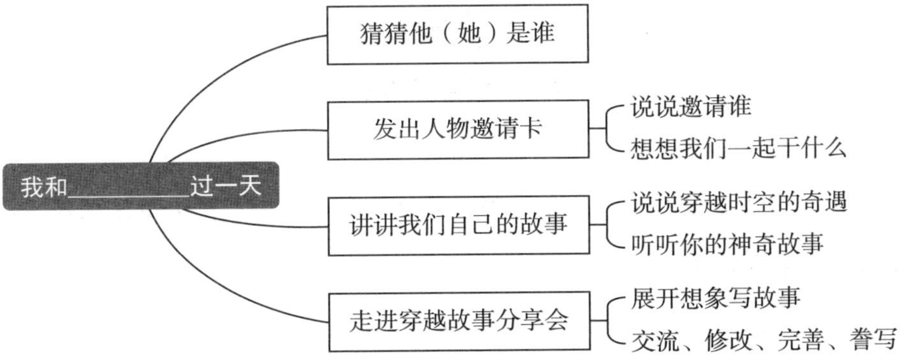

学习活动一

猜猜他（她）是谁

1. 多种形式“猜角色”。

出示人物特点、声音、台词“猜角色”。

2. 走进故事分享会。

创设情境，讲讲我们自己的神话故事“我和喜欢的人物过一天”。

学习活动二

发出人物邀请卡

1. 发出邀请卡。

向喜欢的人物发出邀请卡。句式练习：我想和________过一天，因为他（她）________。

2. 观察插图提示。

说说从插图中发现了什么。提醒学生关注图中小朋友说的话。

学习活动三

讲讲我们自己的故事

1. 来一场穿越时空的奇遇。

和喜欢的人物过一天，会有哪些有趣的事情发生？在小组里说说，看看谁的故事最神奇。

小组交流。

2. 交流。

指名说一说，教师相机指导：故事和人物特点有何相关，“我”和他（她）有什么新奇的经历，故事中有怎样丰富的想象。

学习活动四

走进穿越故事分享会

1. 展开想象，静心编写故事。

让学生拿出写作纸，把故事写下来分享给更多的人。学生写作前，老师出示评价标准：

我的故事得（　　）颗星	
故事和人物特点相关	☆
“我”和他（她）有新奇的经历	☆
故事中的神奇想象	☆

2. 请你一起来修改。

指名上台交流习作，其他同学根据评价标准进行点评，提出修改意见。根据同学提出的意见进行修改、完善，并誊写清楚。

设计意图

四年级上册第四单元的课文皆为中外神话故事的经典，指向阅读的语文要素之一是“感受神话中神奇的想象和鲜明的人物形象”，指向写作的语文要素是“展开想象，写一个故事”。从教材内容和学习任务上来看，这个单元应属于“文学阅读与创意表达”学习任务群，“旨在引导学生在语文实践活动中，通过整体感知、联想想象，感受文学语言和形象的独特魅力，获得个性化的审美体验；了解文学作品的基本特点”，创编“有趣的故事，发展想象力”。

“我和______过一天”的习作定位是指导学生选择神话和童话故事中的一位人物，想象与他（她）过一天，引导学生展开丰富的想象，按照事情发展的顺序把故事写清楚、写完整，与本单元的神话主题紧密联系，旨在调动学生的阅读积累，激发学生大胆想象，自由地进出幻想与现实的世界。习作安排在课文学习之后，学生在学习神话故事的语文实践活动中，通过把语言文字转换成画面去感受神奇的景象，这属于再造性想象，而非创造性想象。但是由于本单元课文本身充满了神奇、奇妙的想象，此时的再造性想象中是有创造性成分的，因此前期的学习为学生完成本次习作所需要的创造性想象力奠定了基础，从而能有效实现“创意表达”“发展想象力”，而本次习作也是单元学习成果的迁移运用及体现。整个单元由读神话故事、讲神话故事自然过渡到写神话故事。

本次习作以“穿越故事分享会”为学习情境，鼓励学生用讲故事的方式完成任务，设计以“猜猜他（她）是谁”“发出人物邀请卡”“讲讲我们自己的故事”“走进穿越故事分享会”四个板块展开教学。先让学生根据人物特点、声音、台词等“猜角色”，通过游戏的方式引导学生关注人物特点；接着乘兴而往，创设邀请卡情境，让师生置身于一个特定的交际环境，诱发学生的习作热情，借助教材，明确写什么；然后让学生说清人物特点，并围绕人物特点选事件，借助“我和（谁）去（哪儿）（干什么），（有什么新奇的经历）”为学生搭建故事支架，拾级而上，在学生交流表达的过程中顺势引导学生总结梳理写故事的方法；学生尝试独立创作，通过评价表找到习作方向，享受自编故事的奇妙；最后分享故事，修改提升。通过同伴互评的方式引导学生根据评价量表进行点评，在给小伙伴提出合理的修改建议中自己也逐渐明晰习作要求，提升习作水平，体验到习作交流的快乐。教学设计力求凸显想象的神奇与人物形象的鲜明，将前期在学习神话故事中习得的经验和方法进行运用，将“写什么”“如何写”这一抽象要求具体化，让学生在合作、展示的学习方式中巧学乐学，享受到创意表达与交流的快乐。

单元整体教学的解析与反思

徜徉在神性与人性之间的多元想象

王　强

本单元为中外神话单元，共由三篇中国神话和一篇古希腊神话组成本单元的学习文本，此外还有语文园地、习作、“快乐读书吧”。三篇精读课文分别为《盘古开天地》《精卫填海》《普罗米修斯》，其中《精卫填海》为文言文。一篇略读课文是《女娲补天》。语文园地的“交流平台”安排了三个话题，分别为神奇的想象、鲜明的人物个性、神话的起源——对世界的认识；“词句段运用”引导学生关注神话人物的特殊本领、独特的形象，还有神奇的现象；“日积月累”安排的是唐诗《嫦娥》，与神话高度关联。习作《我和________过一天》要求学生能贴合神话中的人物形象，运用大胆而合理的想象来创编一个新奇的故事。“快乐读书吧”《很久很久以前》以中国神话故事《神农尝百草》和古希腊诸神人物形象为话题，引导学生持续阅读神话故事，感受神话传说里的无穷奥秘和古人的开拓精神。本单元是学生在小学阶段第一次系统阅读神话文本，也是唯一一次，值得高位审视、整体建构和积极评价。

一、对神话、神话文本的基本梳理

1. 神话的起源。

神话是原始人自然观和社会观的曲折反映，是远古人类对世界起源、自然现象、社会生活的原始理解的最早记录。在人类的蒙昧时期，人们对自然现象、社会生活无法解释，对大自然的力量感到恐慌和紧张，但为了生存，迫切地希望提高生产水平来改造自然、支配自然，于是借助想象来征服自然，把自然形象化，因此产生了神话这种高度幻想类的故事，我们也可以把它理解成人类在幼年时期的历史。因此，神话里有着古人对自然现象、社会生活幼稚的理解，这种理解外显为极为超脱的想象和完整的情节构建，从这个角度看，想象力和思维力是神话诞生的双翅。

2. 中西方神话差异的理解。

（1）神话背景不同。东方神话以中国远古历史为背景，三皇五帝历史传说是基础；西方神话自信仰和教派改编而来，比如古希腊的奥林匹斯神系。

（2）神的特性不同。东方的神具有高尚的神性，他们努力修行、乐于行善、爱护百姓，东方的神是美好的、高尚的、积极的。西方的神具有人性，但凡人能够干的事，神也可以干，如偷东西、吃醋、发脾气等。

（3）表达色彩不同。东方神话富有浪漫主义色彩，对自然和教育尤为尊重，指向行善、勤劳、努力、向上等。西方神话富有现实色彩，侧重人文，人物有优点，也有缺点。

3. 神话类文本的基本特点。

（1）随处可见的想象。有时间之奇，盘古一万八千年的昏睡与一万八千年的支撑；有生死之奇，女娃溺亡化为精卫；有本领之奇，盘古的巨斧凿开宇宙，普罗米修斯的肝脏无限次地生长，女娲的神火熔炼五色石；有情节之奇，芦苇灰可以堵住地缝，赫拉克勒斯的弓箭可以射死宙斯的神鹰，精卫“常衔西山之木石，以堙于东海”，盘古的身体随着天地而长高……这些随处可见的想象，是利用神话类文本发展儿童想象力的好素材。

（2）个性鲜明的人物。盘古撑天，一撑就是一万八千年，最终创造美丽世界，他的执着与牺牲让人感动；精卫填海，一填就是永不休止的一辈子，她的坚韧执着让人佩服；普罗米修斯被锁在悬崖，一锁就是许多年，直到大力神的拯救，他的坚韧让人佩服；女娲补天，一补就是一连串的大举动，她的仁爱与勇毅让人动容。这些鲜明的形象，是神话类文本里的人文教育因子。

（3）合乎现象的解释。《盘古开天地》“轻而清”的东西与“重而浊”东西分别变成了天和地，气息变成风和云，等等；《普罗米修斯》解释了火的来源——天界的火神；《女娲补天》五色石浆补天形成五色云霞，巨龟的腿撑起天空……

4. 神话文本传递的古人“三观”。

远古人类在长期的社会生活中，为了战胜自然，形成了基本的生活准则，简单而朴素的人生观、世界观和价值观由此萌发。

《盘古开天地》：盘古是中国神话第一大神，他是世界的开拓者，是自然的开创者，盘古的牺牲精神是值得赞美的。先民们塑造这样的大神，体现出非凡的创造性，体现了他们对美好善良的向往，对无私奉献的神的景仰。

《精卫填海》：我们的先民在大自然中艰难地生存，需要这样的神话故事来鼓舞斗志，在困难面前坚持去改造浩瀚无边的世界。面对自然，人类极其渺小，内心极其彷徨，但人类也要生存下来，不断坚持，改造世界。

《普罗米修斯》：普罗米修斯、宙斯、赫淮斯托斯、赫拉克勒斯都是西方神话人物，他们具有鲜明的“人”的属性。这些神和人一样，都是要生存的，因此产生了利益冲突、矛盾斗争。普罗米修斯的善良、富有同情心、英勇不屈，与宙斯这样的暴君、赫淮斯托斯这样的看客，形成了鲜明的对比，赫拉克勒斯拯救普罗米修斯体现出正义也有捍卫者，故事里传递出人们面对强权时，要成为勇于斗争的战士这样的价值观。

《女娲补天》：人类在远古时期是极为弱小的，生存需要经受各种磨难的考验，这些考验既有天灾，也有自然之祸。这时候的人类需要神的庇护，女娲的适时出现，解了人类之难，成为人类守护者。

二、单元学习任务群内容与构建的思考

1. 本单元学习任务群的设定与学习内容。

根据《义务教育语文课程标准（2022 年版）》（以下简称《课标》）关于学习任务群的课程实施理念，本单元的学习任务群设定为文学阅读与创意表达。第二学段文学阅读与创意表达的学习内容在《课标》中是这样表述的：阅读富有想象力和表现力的儿童文学作品，欣赏富有童趣的语言与形象，感受纯真美好的童心，学习用口头或者图文结合的方式创编儿童诗和有趣的故事，发展想象力。

因此，基于《课标》中学段的要求，本单元的单元任务群学习内容定位：发现并品味神话中的“神奇”；欣赏富有特色的语言；借助想象，感受不同神话人物的不同形象；把握故事的起因、经过和结果，能复述故事大意；在插图、文本关键处，借助其他资料，运用不同的想象方式构建相对完整的画面，口头创编故事，发展想象力；能合理评价他人的口头创编故事或书面作文。

2. 本单元整体建构的鲜明特点。

本单元的整体教学设计引发了多所学校语文教师的广泛参与和讨论，得到了江苏省特级教师姜树华、江苏省特级教师刘冰、《七彩语文》杂志社副总编王向东等专家线上线下的指导，尤其是姜树华老师的多次倾情关心指点。最终，本单元整体建构体现了姜树华导师所要求的“整”“联”“新”三大特点。

（1）整。从神话的本源与特质思考、解读文本，以“感受神话中神奇的想象和鲜明的人物形象”这一要素为核心设计系列学习活动，从神的“品质”迈向“形象”，分别建构出“创造者”“建设者”“斗争者”“守护者”这一个个立体的、非碎片化的“人”的序列形象，从而让神的形象更可视、可敬。

（2）联。一是想象方法上的前后联系，重视思维参与，充分尊重想象规律，引导学生在本单元学习中学习幻想、再造想象、创造想象。不同文本选用不同的想象方式，一课一习，为略读课文和课外神话题材的整本书阅读提供想象之法。二是文本之间的关联，回顾前文，巧用链接，选用课外资源，在文本的比较中加深对神话的理解。三是神话人物与生活的联结，以神化人，再让学生联系到生活情境，实现了由远及近的过渡。

（3）新。本单元整体建构尊重教材编写意图，并未重组文本串联教学，但依然体现出理念与方式创新。探究阅读、迁移阅读等课堂研究性学习，画、讲、演等展示性学习，让课堂更有情趣，教学更具深度。

很久很久以前……很久很久以后……

统编版小学语文教材四年级上册第四单元整体教学设计（二）

单元整体教学的内容与构架

☆教材内容

- 盘古开天地
- 精卫填海
- 普罗米修斯
- 女娲补天

◎习作：我和________过一天

◎语文园地

◎快乐读书吧：很久很久以前

☆单元要素

人文主题：

神话，永久的魅力，人类童年时代飞腾的幻想。

语文要素：

了解故事的起因、经过、结果，学习把握文章的主要内容。

感受神话中神奇的想象和鲜明的人物形象。

展开想象，写一个故事。

☆整体构架

任务群：发展型学习任务群——文学阅读与创意表达。

单元任务：探索神话的奥秘。

单元情境：穿越，我和________过一天。

设计理念：基于要素，线型推进。

单元导图

人文主题：神话，永久的魅力，人类童年时代飞腾的幻想。

语文要素：1. 了解故事的起因、经过、结果，学习把握文章的主要内容。2. 感受神话中神奇的想象和鲜明的人物形象。3. 展开想象，写一个故事。

教材内容：1. 精读课文：《盘古开天地》《精卫填海》《普罗米修斯》。2. 略读课文：《女娲补天》。3. 习作：《我和______过一天》。4. 语文园地：交流平台、识字加油站、词句段运用、日积月累。5. 快乐读书吧：《很久很久以前》。

发展型学习任务群——文学阅读与创意表达
（任务：探索神话的奥秘）
（情境：穿越，我和__________过一天）

- 神奇的故事 — 课文 — 了解故事的起因、经过、结果，学习把握文章的主要内容
  - 把握主要内容
    - 图片支架
    - 关键词支架
    - 导图支架
  - 讲好神奇故事
    - 概括地讲
    - 生动地讲
    - 丰富地讲
- 神奇的想象 — 课文+“词句段运用”题2+“快乐读书吧”（“你读过吗”） — 感受神话中神奇的想象
  - 万万没想到，世界之初是这样！
  - 万万没想到，小小物件真奇特！
  - 万万没想到，这种变化真神奇！
  - 万万没想到，神话世界大神力！
- 神奇的人物 — 课文+“词句段运用”题1+“快乐读书吧” — 感受神话中鲜明的人物形象
  - 构建支架，感受盘古之奇
    - 形象
    - 本领
    - 精神
  - 发现学习，设计人物卡片
  - 由篇到本，推进整本书阅读
- 神奇的神话 — “阅读链接”+“日积月累”+“快乐读书吧” — 神话，永久的魅力，人类童年时代飞腾的幻想
  - 走进神奇
  - 聚集神奇
    - 神话不一样的人物形象
    - 中西神话不一样的抗争
    - 远古神话不一样的诞生
    - 现代神话不一样的意义
  - 打开神奇
  - 创造神奇
- 神奇的一天 — 习作 — 展开想象，写一个故事
  - 神奇的人物
  - 神奇的故事
  - 神奇的想象

单元整体教学的设计与意图

板块	课时	课时任务	课时情境	落实要素	习作训练	整本书阅读要求	语言训练点	教学内容
神奇的故事	2	神奇的故事我讲述	穿越，我看到______	了解故事的起因、经过、结果，学习把握文章的主要内容	搭建故事框架	初步感受神话世界的丰富多彩，把握神话的主要内容	概括地讲 生动地讲 丰富地讲	四篇课文
神奇的想象	2	神奇的世界我拍摄	穿越，万万没想到	感受神话中神奇的想象	想象丰富想象合理	感受想象的神奇，带着想象去阅读神话故事。	不同角度表达想象	四篇课文＋“词句段运用”题2+“快乐读书吧”（“你读过吗”）
神奇的人物	2	设计神话人物功绩卡	穿越，你是我心中的英雄	感受神话中鲜明的人物形象	神话人物有个性	走进神话，重新认识神话人物	抓住人物精神，品味语言	四篇课文＋“词句段运用”题1+“快乐读书吧”
神奇的神话	1	探索“不一样”的神话	穿越，很久很久以前……很久很久以后……	神话，永久的魅力，人类童年时代飞腾的幻想	丰富神话的内涵	发现神话的一些特点	巩固前几课的语言训练	“阅读链接”＋“日积月累”＋“快乐读书吧”
神奇的一天	2	创作“不一样”的神奇	穿越，我和______________过一天	展开想象，写一个故事	综合运用	以写促读		习作

神奇的故事

夏小红

学习任务： 神奇的故事我讲述。

学习情境： 穿越，我看到__________。

学习目标：

1. 通过抓住起因、经过、结果，概括讲述故事的主要内容。
2. 通过注意动作、语气等，生动讲述《盘古开天地》的神奇之处。
3. 通过想象补白，把精卫填海的经过和女娲拣石的过程讲丰富。
4. 在学习讲述的过程中，进一步感受神话的魅力，提高学习神话故事的兴趣和信心。

学习课时： 2 课时。

学习活动： 3 个。

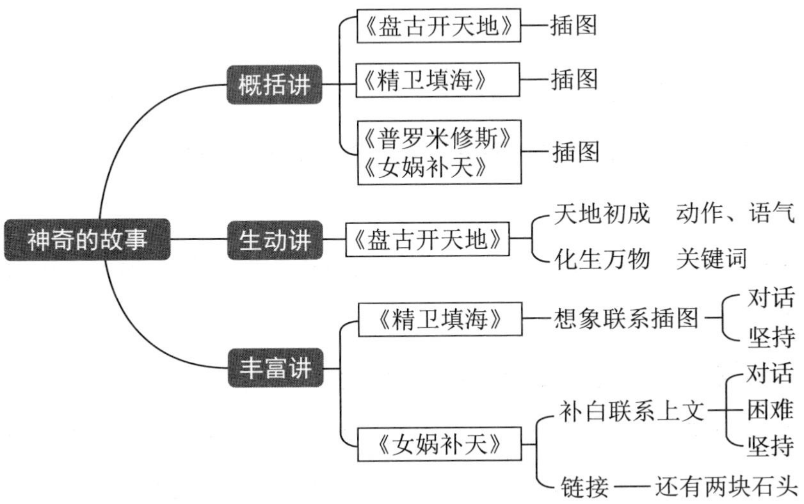

学习活动一

把握梗概，概括讲

1. 借助插图，梳理课文。

（1）观察《盘古开天地》中的插图：4幅图分别画了什么？

（2）自读课文，找出与图画相对应的段落。

（3）对应插图，用小标题概括每部分内容。

起因：混沌中沉睡

经过：开天辟地—顶天立地

结果：化生万物

（4）把起因、经过、结果连起来讲一讲主要内容。

（5）小结：借助插图，掌握课文的主要内容。

2. 抓住关键，了解梗概。

（1）借助注释，说说《精卫填海》的大意，重点理解“故”“堙”等字。

（2）说说故事的起因：女娃在东海游泳，溺水而亡。

圈出关键词“游”“溺”。

（3）讲讲故事的经过：女娃化身为精卫，衔树枝和石头去填东海。

找出关键词“为”“衔”“堙”。

（4）根据表示动作提示的关键字，完整地讲讲起因和经过。

（5）小结：寻找课文中的关键词，也能帮我们讲好故事的主要内容。

3. 试绘导图，理清脉络。

（1）出示《普罗米修斯》鱼骨样式的情节图，引导填空，一起完善情节图。

（2）根据情节图，讲讲故事的大概内容。

（3）出示不同样式的导图，小结：用图画加小标题的方式制作有趣的导图，便能串起故事的主要内容，为讲述故事提供方便。

（4）拓展运用：试着用导图的方式，把《女娲补天》的起因、经过、结果展示出来，并连起来讲讲。

学习活动二

绘声绘色，生动讲

1. 想象穿越，导入新课。

（1）想象交流：如果穿越到神话故事中，你最想回到哪个时刻？为什么？

（2）揭示课题。

2. 声情并茂，讲述神奇。

（1）出示《盘古开天地》中天地初成的语句。

（2）引导发现句式特点。（前后对应，形成对比）

（3）引导讨论如何讲好？（加上合适的动作，注意语气的变化）

（4）师生、生生对应讲，感受天地初成的奇幻。

3. 趣味配音，再现神奇。

（1）用诗行的方式，排列第5自然段，师生合作，加上动作、语气，读出盘古化生万物的神奇画面。

（2）看着表示身体部位的关键词，讲好这部分内容。

气息、声音、左眼、右眼、四肢、血液、汗毛、汗水

（3）出示盘古化生万物的动画，引导趣味配音，再现神奇画面。

学习活动三

想象补白，丰富讲

1. 加入想象，丰富画面。

（1）引导讨论：如何讲好精卫填海的经过？

（2）归纳要点：借助插图想象大海和精卫的动作、神态、语言等。

（3）链接《普罗米修斯》中二神的对话，学习写对话的方法。

（4）想象表达：

面对小小的精卫，

大海__________地说：______________

精卫__________地回答：______________

（5）找出文中最能表现精卫伟大精神的字。（“常”）

引导想象：烈日炎炎，_________________

寒风刺骨，_________________

波浪滔天，_________________

（6）练习完整讲述精卫填海的经过。

精卫衔起树枝和石子，从遥远的西山，向东海飞去。大海________________，精卫____________……烈日炎炎，_____________________……

2. 巧妙补白，丰富故事。

（1）读阅读提示中的相关要求：试着把女娲从各地拣来五色石的过程说清楚、说生动。

（2）引导交流：把拣石过程讲丰富，在什么地方展开想象比较合适？五色石分别在哪里？路途中女娲遇到了哪些困难？女娲是怎样面对困难的？

（3）联系上文，想象困难。

联系第 2 自然段内容，结合补充的图片，感受天地间的混乱和危难，想象女娲会遇到哪些困难。

联系第 4 自然段，想象女娲如何克服重重困难（动作、神态、语言等）。

（4）选择寻找一种石头的过程练习讲述。

（5）小结：通过巧妙补白，可以把故事讲得丰富具体，也更加凸显出女娲甘于奉献、一心为民的伟大形象。

3. 总结方法，拓展延伸。

（1）总结三种不同的讲述方式，鼓励学生传承优秀文化。

（2）抛出问题，激发阅读兴趣。

传说，女娲补天还剩下两块石头没有用，这两块石头跑到了中国古代四大名著中，知道它们分别藏在哪里吗？

设计意图

在神话单元大任务和大情境的统领下，围绕本单元核心要素，我设计了“神奇的故事”这一板块的内容，共两课时。

这两课时的教学设计围绕课时学习任务“神奇的故事我讲述”展开，创设了课时学习情境“穿越，我看到__________”，通过三个学习活动的有序推进，最终实现教学目标。

一、学习不同形式的讲述，掌握多种讲述方法

本板块的三个学习活动分别是：把握梗概，概括讲；绘声绘色，生动讲；想象补白，丰富讲。

第一个学习活动设计的目的，是让学生能抓住故事的起因、经过、结果，把握文章的主要内容，学会概括讲述故事。第二个学习活动设计的目的，则是让学生能生动讲述神话故事最神奇的部分，把文字的内容讲得绘声绘色，讲得有画面感、有感染力。第三个学习活动设计的目的，则是通过大胆、合理的想象和补白，把原文中简单的文字内容讲丰富、讲具体。

通过三个学习活动的设计，帮助学生掌握多种讲述方法，同时也告诉学生，讲故事的方式并不是单一的、呆板的，可以通过不同形式的讲述表达故事内容，让经典文化传承下去。

二、依据不同形式的支架，切实提高讲述能力

不管是哪种形式的讲述，都必须为学生提供讲故事的有效支架，才能让学生真正掌握讲故事的方法，切实提高讲述能力。在三个活动的设计中，需要不断为学生搭建各种讲故事的支架，引导他们真正学会把故事讲好。

1. 借助图画和关键词，讲好主要内容。

在第一个活动的设计中，引导学生对照《盘古开天地》的插图，用小标题概括每幅图的内容，再连起来说一说，便讲出了故事的梗概。课文中精美的插图，再现了故事的主要内容，在教学中一定要充分利用好，不辜负编者的用意。

概括《普罗米修斯》的主要内容，则是通过引导学生完善鱼骨图的方式，梳理出主要情节，把主要内容讲清楚、讲流畅。导图的样式多种多样，呈现不同样式的思维导图，让学生用图画加小标题的方式制作《女娲补天》的情节图，并试着概括讲述，在拓展运用中，巩固运用思维导图理清脉络的能力。用图画的方式帮助学生讲好故事，既充满趣味，又让人印象深刻。

《精卫填海》教学中，带领学生寻找一连串表示动作的关键词——“游”“溺”“为”“衔”“堙”，根据这些关键词，学生便能完整地讲出这个故事。抓关键词的方法不仅在讲这个故事时适用，在其他故事中也同样适用。

插图、导图、关键词，这些支架都能帮助学生较顺利地把握住故事的主要内容，从而达成概括讲故事的目标。

2. 加上动作、语气等，讲好神奇原文。

如果穿越到神话故事中，你最想回到哪个时刻？为什么？在第二个学习活动中，这一情境的创设，一下把学生的目光聚焦到神话故事中最神奇

的部分。如何讲好这些内容？本设计选择的是《盘古开天地》的片段进行指导。天地打开的画面句式对应，对比鲜明，学生通过加上相应的动作，运用不同的语气讲述，展现出天地初成的神奇；继续抓表示身体部位的关键词，讲述化生万物的画面，并在声情并茂的配音中感受盘古化生万物的奇幻场景。教给学生如何绘声绘色讲故事，如何把听者牢牢吸引住，以上支架起到一定的作用。

3. 想象补白重细节，讲出丰富画面。

把神话故事中的重要情节讲丰富，让神奇的故事更加丰满，是第三个学习活动的主要目标。

《精卫填海》是简短的文言文，为了引导学生说好人物的对话，想象精卫填海的经过，活动三链接了《普罗米修斯》中描写火神赫淮斯托斯与普罗米修斯对话的第 4、5 自然段，指导学生借鉴学习《普罗米修斯》中二神的对话，通过观看插图，抓住神态、动作、语气、语言，想象大海和精卫对话的场景。在此基础上，继续抓关键词“常”，让学生想象精卫不惧一切困难的伟大形象；再通过句式填空的形式辅助讲述，精卫填海的感人画面便充分地展现在眼前。

《女娲补天》中，阅读提示中给出要求：试着把女娲从各地拣来五色石的过程说清楚、说生动。引导学生讨论：在什么地方展开想象比较合适？带领学生寻找补白点。为了让学生的想象有依据，打开想象的空间，通过联系上文中的语段，看世间混乱的图画，想象女娲遇到的艰难险阻以及一心为民的强大决心。充分的想象加上巧妙的补白，从而达成说丰富的目标。

这个活动的指导，也为后面写好习作《我和________过一天》奠定基础，提供了有效的方法引领。

三、注重知识勾连，体现阅读的整体性

1. 用好教材，前后关联。

大单元整体教学中，要注意内容之间的相互关联及照应，如把有相同特点的内容组合起来，发现共同之处，在比较中学习借鉴，受到启发。在想象大海和精卫的对话时，引导学生从《普罗米修斯》中二神的对话学习讲好对话的方法。女娲拣石的过程，则引导学生联系上文，为合理、充分的想象打开思路。

2. 文化勾连，走向课外。

中华故事如璀璨的星河般熠熠生辉，其间的许多故事又相互关联。相同的人、物甚至情节等，在不同的故事中存在着踪影。课末，让学生猜猜女娲补天剩下的两块石头藏在中国古代四大名著中的何处，把学生的阅读从课内引向课外，激发他们阅读探索的兴趣。这样的勾连，也为后面单元习作的教学打开了思路。

学习讲好神话故事，让充满魅力的神话继续释放无穷的魅力，我们每个人都可以成为优秀文化的传承者和传播者。

神奇的想象

杨媛媛

学习任务：神奇的世界我拍摄。

学习情境：穿越，万万没想到。

学习目标：

1. 正确认读生字词，读准字音，读通句子。

2. 结合语境，展开想象，感受神话故事想象的丰富与合理。

学习课时：2 课时。

学习活动：4 个。

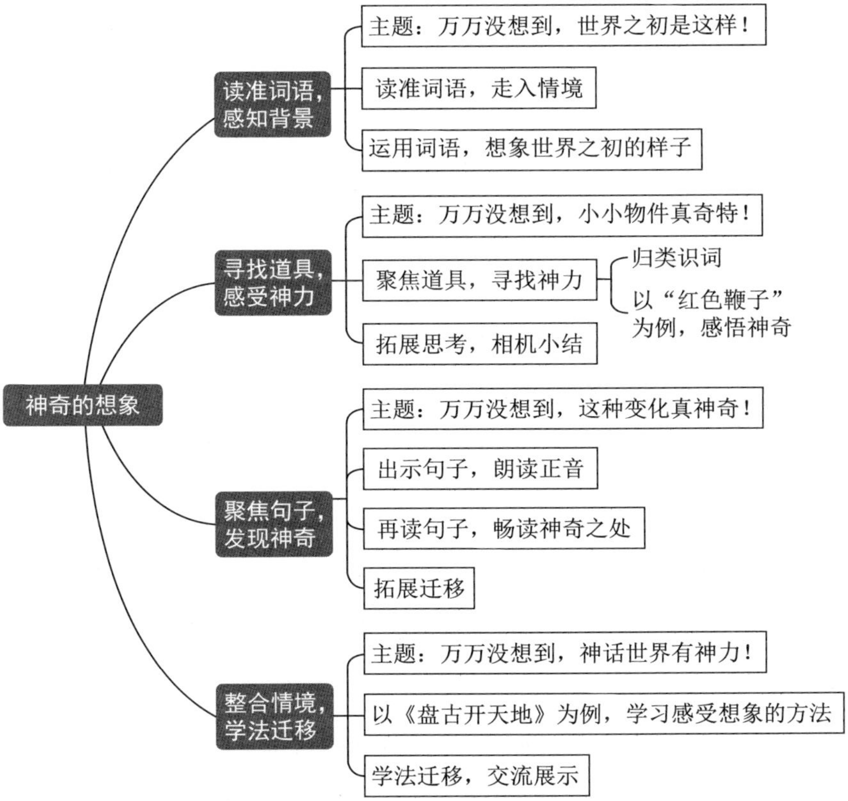

学习活动一

读准词语，感知背景

1. 复习导入，创设情境。

要点：创设情境——现在，就让我们带上照相机，再次穿越到神话世界，拍摄下这些“万万没想到”的画面吧。

2. 读准词语，走入情境。

要点：（1）浏览四篇课文，找出与故事发生背景有关的词语，相机出示。

（2）指读词语，相机正音，全班齐读。

3. 运用词语，想象世界之初的样子。

提示：我看到了什么？我听到了什么？……

4. 出示视频，结合词语，再谈认识。

要点：世界就在这片混沌、黑暗中历经重重磨难诞生、发展，一切神奇的故事，都在这片神话的土地上，悄悄发生。

学习活动二

寻找道具，感受神力

1. 再次浏览课文，聚焦道具，寻找神力。

提示：带着问题，回归课文寻找——神话电影的拍摄需要准备哪些神奇的道具呢？它们具有什么神力？

2. 学生交流，相机归类识词。

要点：读准词语，相机正音。

指读、齐读。

3. 以“快乐读书吧”中的“一根神奇的红色鞭子”为例，层层递进，感受神力。

要点：（1）这根鞭子从何而来？感受想象神奇。

（2）这根鞭子有什么用？感受神农的神性和人性。

（3）先人为什么会想象有这样一根鞭子？感受先人的开拓精神。

4. 拓展思考，相机小结。

引导：在你读过的神话中，还有哪些充满神奇力量的物品给你留下了深刻印象？

要点：神话里到处都有充满神力的物品，阅读更多的中国神话，读的时候发挥想象，就能感受其中的神奇。

学习活动三

聚焦句子，发现神奇

1. 出示“词句段运用”题 2 中的句子，正确朗读，相机正音。

要点：驰（chí）过、拣（jiǎn）来、黏（nián）稠、石浆（jiāng）

2. 再读句子，质疑并思考。

要点：这些画面里有哪些让你感觉神奇的地方？

3. 全班交流，相机引导。

要点：

（1）感受想象的合理：拍摄的时候，哪些东西可以用作“天”，哪些东西可以用作“地”？

（2）聚焦“拿”，补白：展开想象，在这里，还可以增加哪些拍摄内容？

（3）播放视频，感受石头的来源奇、变化奇、用处奇。

学习活动四

整合情境，学法迁移

1. 以盘古开天地为例，发现神奇。

要求：结合“开天辟地有神力”“顶天立地展神力”“化身天地显神力”三幅画面，默读课文《盘古开天地》，结合关键句，发现神奇之处。

2. 小组交流，全班分享，相机指导。

（1）开天辟地有神力：你抓住了剧本中的哪句话，准备用上什么特效呢？

要点：相机出示句子，对比阅读“翻身坐了起来”的普通和“裂开了一条缝”的史无前例，感受力量之大、想象之奇。

（2）顶天立地展神力。

要点：相机出示句子，聚焦“跟着”“随”以及“每天”“一丈”，感受想象的神奇。

（3）化身天地真神力。

要点 1：相机出示第 5 自然段，从语言形式和文字内容两方面体会想象的神奇。

要点 2：拓展想象——你还能运用特效，拍出盘古身体的哪些变化呢？感受想象的合理和丰富。

3. 方法小结。

要点：结合重点句子进行感受时，我们可以抓住关键词，用品词析句的方法感受想象的神奇，还可以借助补白，感受想象的神奇。

4. 学法迁移，交流展示。

提示：

我想拍的画面	
特写镜头	
我想运用的特效	
拍摄时的注意点	

设计意图

神话是一个民族童年时代的美好想象。统编教材中将“神话”这一文体单独列为一单元，其重要性不言而喻。在“神奇的想象”这一部分中，需要紧扣本单元语文要素，引导学生去感受神话中的神奇想象，捕捉神话故事里的有趣之处。

四年级的学生接触神话，可能会觉得新鲜、有趣，但很容易只注重感悟故事情节本身的趣味，而忽略了这种神奇源于何处：是丰富的想象，还是富有张力的语言？所以，基于本单元的教学大情境——穿越，在教学中，我选择了“拍摄电影”这样一种小情境，以“万万没想到”串起了四个板块的教学。“电影”贴近现在小学生的生活，而拍摄电影对于他们来说又是一种陌生的体验，让学生穿越回神话故事所处的时代，拍摄一场神话电影，在熟悉的电影情境和全新的角色引领下，感悟神话想象的天马行空。

在这一课前，教师已经进行了两课时的教学，聚焦“神奇的故事”，学生能通过各种方法把故事讲得简洁，讲得生动，讲得丰富。读故事可以“连滚带爬”地读，但课文的学习必须注重基础字词句的学习。我以字词等基础内容的学习为线，将教学内容分为四个板块，用两课时完成。第1课时中，重点以字词教学带动学生感受神话中的想象；第2课时，聚焦文章中富有想象力的句子，在引导学生读准、读好的过程中进一步感受想象的神奇。

一、读准词语，感知背景

第一板块以“万万没想到，世界之初是这样！”为主题，以“搭设拍摄背景”为情境任务，引导学生归类学习词语。我将各课中有关世界之初的生字新词一并出示，一方面，让学生通过读准字音、理解词义，为本单元的语文学习扫除障碍；另一方面，也通过字词的分类学习，引导学生从宏观的角度去感受神话里世界之初的混沌、黑暗、混乱。而世界之初的样子，也正是神话故事发生的背景，和神话的产生息息相关，在这里为后面进一步学习神话埋下伏笔。

二、寻找道具，感受神力

第二板块以“万万没想到，小小物件真奇特！”为主题，以“准备拍摄道具”为情境任务，引导学生学习。神话中的世界光怪陆离，而这些来自各国传统文化中的神话，往往有着代表性的符号，也就是这些带着神力的物件。如果说，上一板块是从宏观的角度去感受神话发生的背景，那这一板块，我希望通过积极主动地寻找神话中具有神力的物件，读准这些物品的名字，引导学生从细微处入手感受神话里的神奇想象。

这一板块中，我放手让学生去文章中发现神奇之物：可能是一把具有神力的斧子，可能是一只凶恶的鹫鹰，可能是一堆五颜六色的石头，也可能是一根神奇的红色鞭子……神话里，一切事物都具有神秘的想象色彩。找的过程，其实就是学生思考的过程，就是感受神话丰富想象的过程。

在学生自由寻找、感受之后，再次将字词归类，相机正音，并借助这些词语纵深拓展，加深学生对课文内容的理解。比如，“一根神奇的红色鞭子”，课本中介绍这根鞭子时说道：“无论什么植物，只要用这根鞭子一抽，立刻就能够显示出它的药性。”所以，在这一部分的教学中，我预备从“这根鞭子从何而来”着手，由表及里，引导学生感受神奇的想象。这根鞭子的神奇用处在于它能让神农免于中毒死亡的危险，进而可以让学生体会神农的神性和人性，再去感受神奇的想象背后，这根鞭子其实寄托着先人的开拓精神。

通过这一课时两个板块的学习，学生能借助情境，读准课本中难读的词，在积极主动的思考中感受想象的神奇，感受神奇想象背后所蕴含的古老智慧。

三、聚焦句子，发现神奇

第三板块以“万万没想到，这种变化真神奇！”为主题，落脚语文园地中的“词句段运用”第二题，通过设置“如何拍摄镜头画面”这一任务情境，引导学生感受神奇。

第一句，在学生读准并初步理解的基础上，运用多种手段相机引导学生从内容、形式等多个方面去感受。紧扣小情境提问：“拍摄的时候，哪些东西可以用作‘天’，哪些东西可以用作‘地’？”引导学生结合生活，思考理解，体会神话神奇的想象里，也蕴含着合理性，为后面习作的学习奠定基础。

第二句，相机聚焦“拿”这个字。“拿”似乎只是顺手的一个小动作，但结合前面的学习，我们不难知道，火种的取得是艰难的，“拿”是普罗米修斯非凡神力的表现，更是神话神奇想象的体现。同时，运用了补白的方式引导学生：拍摄这一镜头时，你会从哪些角度去拍？想象普罗米修斯可能遇到的危险、困难。进行语言文字运用训练的同时，也为下面几个课时中感受人物形象做铺垫。

第三句，结合视频，引导学生发现“石头的来源奇”“石头的变化奇”“石头的用处奇”。紧抓“奇”，提问：拍摄这一段，你会从哪些角度拍出这一画面的神奇？借助补白、圈画关键词等方式引导学生从三个方面感受，体会想象的丰富。

四、整合情境，学法迁移

第四板块以“万万没想到，神话世界有神力！”为主题，带着“学习特效制作”这一情境任务。这一板块以《盘古开天地》一文为例，引导学生回归文本，结合插图，在对关键词句的反复品读中，感受神奇想象中的特别效果。从选择特效画面开始，让学生在“开天辟地有神力”“顶天立地展神力”“化身天地显神力”的神奇中自由穿越，聚焦关键词句，通过对比阅读、补白想象等，抒发自己的独特感悟。最后，再结合情境，总结这一课时“感受神奇的想象”中的学法，引导学生通过自主探究，合作学习，迁移学法至后面几课，完成表格。

在神话的学习中，感受想象的神奇，是在想象“有为”处感悟，更是在想象“无为”处展开，从文本中有限的想象中来，把课内的东西做足，再到文本外更多的想象中去，拓宽神话学习的视野。我想，唯有这样，才是真正走进神话，感受神奇想象。

我想，通过这一课的学习，学生对神话中的想象会有更深的理解，而这些想象里蕴藏着的勇敢、正直、执着，在未来的日子里，会在他们心里筑起一道城墙，抵御生活中的焦灼日光和风雨侵袭。

神奇的人物

王雅婷

学习任务：设计神话人物功绩卡。

学习情境：穿越，你是我心中的英雄。

学习目标：

1. 借助重点词句，边读边想象画面，感受神话中鲜明的人物形象。
2. 明确单元习作要求，塑造人物时要大胆想象，凸显人物鲜明的特点。
3. 链接“快乐读书吧”，进一步感受神话人物的神奇，激发阅读中外神话故事的兴趣。

学习课时：2 课时。

学习活动：3 个。

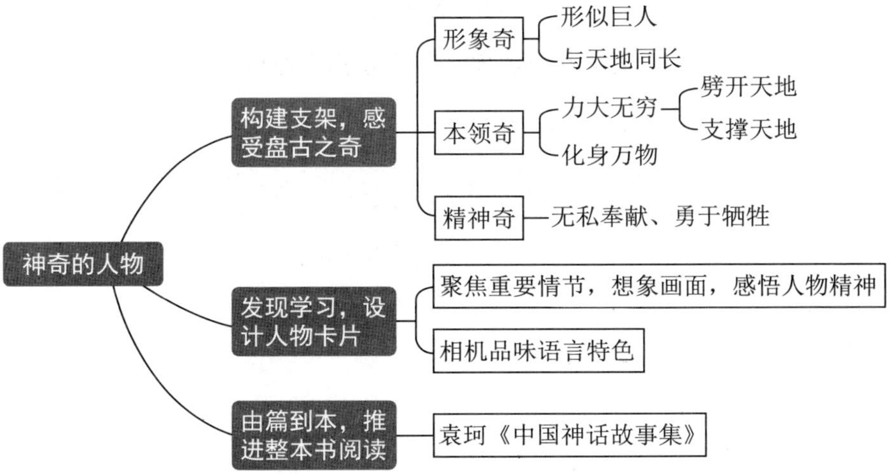

学习活动一

从成语到人物，展开想象感神奇

1. 激趣导入，创设情境。

（1）学习语文园地“词句段运用”，积累表现高超本领的词语。

要点：发现词语背后的神奇人物和神奇故事，感受神话人物个性鲜明的特点，发展学生的联想能力。

（2）过渡：继续神话穿越之旅，认识个性鲜明的神话人物，寻找心中的大英雄。

2. 以《盘古开天地》为例，感受神奇。

（1）抓住关键词句，想象盘古与天地抗争时的画面，感受盘古的神奇之处。

（2）小结：

形象奇：形似巨人，与天地同长

本领奇：力大无穷——劈开天地、支撑天地、化身万物

精神奇：无私奉献、勇于牺牲

学习活动二

从盘古到众神，展示分享话神奇

1. 设计神话人物功绩卡，选出“我心中的大英雄”。

我心中的大英雄	
姓名： 形象： 神力：	推荐理由：

2. 全班展示，组内分享。

（1）形象奇。

A. 精卫：女娃死而不灭，化身为鸟。

女娲：人首蛇身。

神农：身体透明。

B. 比较：中西方神话中的神在形象上有什么不同？

总结：中国神话中的神多半是“半人半兽”的形象，西方神话中的神和普通人差不多。

C. 出示单元导语页的插图，让学生感受众神的奇特形象。

（2）本领奇。

A. 普罗米修斯：肝脏再生。

女娲：五色石补天、斩杀乌龟、杀死恶龙、烧芦苇堵地缝。

神农：以身试毒却安然无恙。

B. 交流后引导小结：神话故事中的神都具有神奇的本领、超凡的能力。

C. 启发：小小的精卫是不是不具备神奇的力量？

总结：精卫神奇的力量在于顽强的意志、坚定的信念。

（3）精神奇。

A. 学习单：

想一想：与谁抗争？

为谁抗争？

说一说：感动你的瞬间想象画面。

小贴士：圈画关键词句

B. 交流后引导小结：

精卫：和大海抗争。体会以小博大，感受坚韧执着、坚持不懈的精神。

普罗米修斯：和宙斯抗争。体会力量悬殊，感受不屈不挠、为民造福的精神。

女娲：和天地抗争。感受勇敢智慧、无私奉献的精神。

神农：和中毒后身体上的痛苦抗争。感受舍己为人、为民造福的精神。

学习活动三

从个性到共性，勾连推荐续神奇

1. 品味神抗争的一般意义，获得个体成长的精神力量。
2. 感受神话中蕴藏的中国力量。
3. 推荐阅读袁珂的《中国神话故事集》，丰富神话人物功绩卡。

设计意图

从“一个”到“一群”到“一类”，立体品悟神话中的神奇人物

中国神话是中华民族文化的源头，讲述着远古时代的英雄和神灵的故事，它们是远古人类精神生活的缩影，是远古人类神圣的精神殿堂。在本单元的神话穿越之旅中，我们不仅能读到神奇曲折的故事，还能认识性格鲜明的神话人物，本次教学就要带领学生感受神话人物的神奇与伟大。

“神奇的人物”这一主题，在真实的情境中展开，沟通教材篇与篇之间的联系，将零散的神话人物整合起来，改变学生固有的传统的学习方式，帮助学生有效地发展核心素养。在教学设计中，时刻紧扣本单元的阅读训练要素“感受神话中鲜明的人物形象”，这与单元人文主题“神话，永久的魅力，人类童年时代飞腾的幻想”密切相关，揭示了神话最本质的特点——想象。因此，让学生借助丰富的想象，去体会神话中鲜明的人物形象，是本次教学的重中之重。

一、感神奇，在“一个”中搭建支架

《盘古开天地》是中国的创世神话之一。巨人盘古用神力劈开天地，以身躯化为万物，拥有伟大的开创精神和彻底的牺牲精神，他的身上处处都充满着不可思议的神奇。因此，以盘古为例，搭建学习的支架，让学生初步感受神话人物的神奇，再合适不过了。

在引导学生找出盘古身上的神奇之处时，学生可能只关注神话故事本身的神奇而忽视了语言的表达。这时顺势勾连四年级上册第一单元的语文要素“边读边想象画面”，让他们想象盘古与天地抗争时的画面，依次提炼出盘古在形象、本领和精神品质上异于常人之处，从而发现盘古不论是醒是睡、是生是死，他的身上所表现出来的神奇都超出了我们的想象。尤其是盘古倒下之后，故事看似结束了，但他的身体化为世间万物，从此日月是盘古，星辰是盘古，风雨是盘古，雷电是盘古，草木是盘古，我们所见的一切自然万物都是盘古，他并没有死去，而是以另一种方式永远与我们同在。在奇妙而又大胆的想象中，在品词析句的过程中，盘古那伟岸挺拔、无私奉献的形象就从字里行间立了起来，鲜活了起来，走进了学生的心中。

神话之所以能代代相传，吸引我们的绝不仅仅是出乎意料的情节，还在于一个个鲜明的人物，正是盘古那甘于牺牲的精神，才让他历经千百年依旧深入人心，深受人们的喜爱。

二、话神奇，在“一群”中展示分享

本单元出现了许多形象鲜明的神话人物，除了盘古，还有谁是学生心中的大英雄呢？带领学生从盘古走向众神，鼓励学生为心中的大英雄设计一张人物功绩卡，从本领、精神品质等方面来赞美英雄的丰功伟绩，共话神奇。在小组汇报分享的过程中，引导学生抓住“神与谁抗争”和“神为谁抗争”这两条主线走进神话人物的内心深处，在分享“最感动你的瞬间”中紧扣触动人心的词句去感受伟大的精神，层层递进，由阅读走向自我表达。

逍遥自在、无忧无虑的大神为什么要与自然天地抗争，与强于自己百倍的力量抗争呢？这个问题，将学生的思维引向了更深处，去深入思考神抗争的一般意义以及从神的身上获得的精神力量。原来每一段神话的背后都有一股强大的精神力量，是精卫的矢志不渝，是普罗米修斯的不屈不挠，是女娲的甘于奉献……在神话中，每当遇到洪水、瘟疫、干旱、虫灾等种种灾难时，神往往会挺身而出，扭转危难的局面。那是因为他们都具有一种大爱，心系天下兴亡，胸怀天下苍生，为了百姓的利益甘于牺牲自我，为了美好的世界，甚至愿意不顾一切地献出自己全部的力量和智慧，他们的身上肩负着舍我其谁的担当！

《课标》中指出要把“文化自信”作为语文学科四大核心素养之一，而且是放在首位阐述的：“文化自信是指学生认同中华文化，对中华文化的生命力有坚定信心。”在上古神话中，诸神的奋斗意识和牺牲精神，就给后世百姓的责任意识树立了精彩的典范，也正是中国人的精神底色。学生在与神话人物对话、与上千年文明对话的过程中，唤起了民族自信心和文化认同感，使得深度学习自觉发生，核心素养落地生根。

三、续神奇，在“一类”中勾连拓展

除感受鲜明的神话人物形象之外，教学目标也指向了写作与整本书阅读。本单元的习作《我和________过一天》，能最大限度地激发学生的创作欲望，因为他们极其乐意在故事中创作属于自己的英雄。想象英雄是什么样子的，他们有怎样的本领，当灾难来临时，他们是如何利用特殊技能与自然搏斗的……在天马行空的想象中，人物的性格更加立体，形象也越发鲜活，让神奇继续在笔尖流淌，也让文学阅读与创意表达上升到新的高度。

当学生处于跃跃欲试、欲罢不能之际，顺势推荐中西方神话故事，再加上“快乐读书吧”中两个阅读小贴士的助力，学生不读是不可能的了。从单篇到整本，从课内链接到课外，打开学生的阅读之窗，推进整本书阅读，让学生领略更多个性鲜明的神的形象，制作更多的神话人物功绩卡，让神话之奇不断延续……

神话是生活在这一方土地的人最早睁开眼睛去看世界时的想象，是最早探索世界时留下的印记，这是“很久很久以前”的他们对世界的好奇，是他们最初摸索世界的答案。“很久很久以后”的我们则在神话的甘霖滋养下，走向更遥远、更广阔的未来！

神奇的神话

李薇薇

学习任务：探索“不一样”的神话。

学习情境：穿越，很久很久以前……很久很久以后……

学习目标：

1. 了解神话的起源与传播方式。
2. 感知神话故事对同一事物或人物的多元表达。
3. 通过链接时事，认识神话的丰富内涵和永久的魅力。

学习课时：1 课时。

学习活动：4 个。

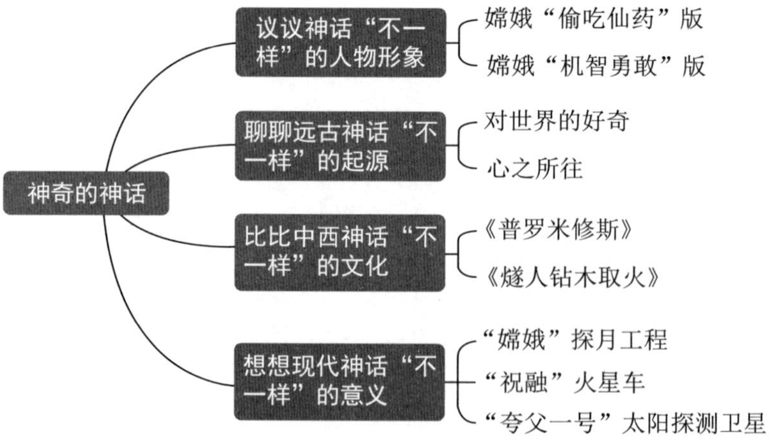

学习活动一

议议神话“不一样”的人物形象

1. 趣味猜测，引出故事。

（1）看图猜故事。中国古代四大神话——《后羿射日》《女娲补天》《共工触山》《嫦娥奔月》。

（2）抓住起因、经过、结果，简单讲述最熟悉的一则神话故事。

（3）前三个神话故事都在课文中用故事的方式呈现，嫦娥奔月的故事在语文园地中的一首诗中提到。

2. 不同版本，体会不同形象。

（1）学习古诗《嫦娥》，根据补充的阅读材料，简单讲讲“偷吃仙药”的故事版本，体会嫦娥的形象——自私、贪婪。

（2）用前几课学到的讲述故事的方法讲述“智斗逢蒙”的故事版本，体会“机智勇敢”的嫦娥形象。

（3）小结：在神话中，同一个人物，常常有不一样的人物形象，不一样的故事版本，真神奇。

学习活动二

聊聊远古神话“不一样”的起源

1. 自由讨论：神话为什么有多种版本？

交流讨论，相机小结：口耳相传。（这个原因是学生比较容易想到并理解的，神话因为口耳相传，所以在传播的过程中发生了变化。学生一般只停留在“误传”产生不同版本的阶段）

2. 深度探究：神话是怎么诞生的？

（1）好奇产生飞腾的幻想。

创设情境：穿越到远古时期。对月亮的好奇，造就了关于月亮的神话；对日月星辰、山川河流、五色云霞等的好奇，造就了《盘古开天地》《女娲补天》等故事。

（2）不同的人，心之所往。

激趣思考：你更想讲哪一个版本的《嫦娥奔月》？忠告他人别贪婪——“偷吃仙药”版；寄托美好情感——“机智勇敢”版。

（3）小结：神话表达人们不同的想法和诉求，所以有不同的版本。

学习活动三

比比中西神话“不一样”的文化

1.趣味猜测世界起源。

不同国家的创世神话都认为世界之初混沌一片，即为不同的“蛋”。不同的文化产生不同的神话。

2.比较阅读“火”的起源。

（1）从起因、经过、结果三个不同的方面比较《普罗米修斯》以及“阅读链接”《燧人钻木取火》的异同，完成表格。

故事	起因	经过	结果
《普罗米修斯》			
《燧人钻木取火》			

（2）比较“火”的不同来源：希腊神话是从天神处盗火，中国神话是燧人氏发现火并钻木取火。

（3）讨论小结：西方神话认为“神创造了世界”，更相信神的力量。中国神话更相信人的力量，坚信不懈努力与奋斗的力量，比如《大禹治水》《愚公移山》《夸父逐日》《后羿射日》等。

3. 课外阅读推荐。

《中国神话传说》《世界经典神话与传说故事》等。

学习活动四

想想现代神话“不一样”的意义

1. 探索科技工程的神话基因。

（1）为工程名字揭秘：出示“嫦娥号”“玉兔号”“祝融号”“天宫”“鹊桥”。

（2）通过“夸父一号”短片体会探索精神。

（3）小结：出于对宇宙的好奇，当代科学家通过不懈的探索与努力创造现代神话。

2. 传承不断探索的神话精神。

（1）出示：“梦想就像浩瀚宇宙中的星辰，看似遥不可及，但只要努力和坚持，就一定能触摸到。——王亚平”

（2）通过王亚平的一段话，鼓励大家继承与弘扬神话中的探索精神，不断努力，不断超越。未来，每个人都可能创造属于自己的神话。

（3）小结：神话从远古走来，还会走向更远的未来，因为神话有永久的魅力！

设计意图

聚焦核心素养，探索神奇神话

神话世界是神奇而瑰丽的。统编教材四年级上册第四单元以神话这一文体组织编排，是小学阶段唯一以神话这一文体编排的单元，其重要性不言而喻。

本次神话主题的大单元教学，我们团队设计的情境是“穿越，我和________过一天”。我设计的本课是大单元教学的第7课时，是在前面已经完成“神奇的故事”“神奇的想象”“神奇的人物”的基础上开展的神话教学。所以学习任务设计为“探索‘不一样’的神话”，旨在通过多方面、多角度的比较，感受神话的神奇。

为什么是“探索”？因为想唤起学生对神话的探究意识，通过引导学生积极主动地与文本对话，让他们对神话不仅有一个高站位的宏观了解，同时又有新视角的深刻思考，激发他们对神话浓烈的阅读兴趣，甚至探究兴趣。

一、巧妙设计激发学习兴趣，走进神奇

1. 音乐辅助回到遥远过去。

神话的诞生离我们比较久远，如何带学生走进远古时代、走进神话？上课伊始，我让学生听一段录音，配上空灵的音乐，为学生营造一种穿越时空的氛围。课堂中，再次使用音乐，帮助学生“回到”远古时期，体会当时人们创作神话的动机。

2. 拼图猜想带动学习热情。

中国古代四大神话分别是《后羿射日》《共工触山》《女娲补天》《嫦娥奔月》。教材中并没有把这个作为文学常识，但又有所渗透。比如统编版小学语文教材二年级下册安排了小学阶段的第一篇神话《后羿射日》，《女娲补天》是四年级上册的第15课，共工触山的故事也包含在《女娲补天》里，而嫦娥奔月的故事通过《嫦娥》一诗有所呈现。所以，我把这四个故事在本节课中集中呈现，做一个文学常识的普及。为了激发学生的兴趣，我用了当下孩子们最喜欢的拼图方式，只呈现图画一角，让大家猜测是哪一个故事。这种游戏化的教学环节，增强了课堂的趣味性，同时也极大地调动了学生的学习积极性。

二、归纳比较提升思维能力，聚焦神奇

指向思维的“言意共生”教学强调学生的深度思考。四年级正是儿童认知从具体到抽象、从形象思维向逻辑思维演化的特殊阶段。本节课是大单元设计中比较靠后的教学，讲的又是统编版小学语文教材中唯一以神话文体编排的单元，我希望学生不仅仅能在神话的“想象神奇”“人物神奇”“情节神奇”等某一方面有深刻感知，还要能在比较学习、归纳学习中进一步了解神话规律性的特点。因此我设计了四个“不一样”，引导学生深度思考：议议神话“不一样”的人物形象；聊聊远古神话“不一样”的起源；比比中西神话“不一样”的文化；想想现代神话“不一样”的意义。

《课标》指出，语文课程培养的核心素养之一就是思维能力。思维能力是指学生在语文学习过程中的联想想象、分析比较、归纳判断等认知表现。通过四大板块的归纳比较，学生能清晰地感受到神话起源的本质，神话多元的原因以及神话从古到今的传承和演变，对神话也就有更高位、更宏阔的认识。这便是探索的价值。

三、拓展阅读巩固语文素养，打开神奇

1. 补充课内交流材料。

作为中国古代四大神话之一的《嫦娥奔月》，教材中没有具体的故事情节。我通过补充两个不同版本的故事让学生阅读、讲述、比较，感受神话多元的版本以及多元的人物形象这一特点。

讲述两个故事对学生的语文能力提出了不同要求：“偷吃仙药”版抓住起因、经过、结果简单讲一讲，而“机智勇敢”版需要讲得具体生动一些，为进一步体会嫦娥形象做铺垫。这是对本单元的语文要素“了解故事的起因、经过、结果，学习把握文章的主要内容”以及“感受神话中神奇的想象和鲜明的人物形象”的具体落实。

2. 推荐课外阅读书目。

本单元以神话组织单元，构成“精读、略读、课外阅读三位一体”的阅读体系。所以设计中把学生的视线从课内引向课外，引导他们打开更广阔的阅读视野，阅读更多神话故事。教完第三板块后，我向学生顺势推荐了有关神话的优秀书目，如《中国神话传说》《世界经典神话与传说故事》《孩子读得懂的山海经》。因为本次大单元教学将“快乐读书吧”内容融入每一课时，所以并没有在阅读方法上做过多指导，而是为学生打开一扇门，鼓励他们阅读经典书目，进而打开更多扇神奇的大门。

四、链接时事丰富神话内涵，创造神奇

很久很久以前，我们的祖先对世界的许多问题都抱有强烈的好奇心，他们尝试着用神话的方式给出解释，并依靠口头讲述使其代代相传。很久很久以后呢？神话穿越千百年一直延续至今。

学习活动四旨在通过对当代航空航天事业的链接，对科学工程的链接，带领学生感知当代科学家对于宇宙的好奇与探索从未停下脚步。用神话命名科学工程，正是对中国传统文化的致敬，更是对神话精神的继承，不懈努力，上下求索，用想象和智慧创造当代神话。希望每一个学生都能保持对世界的好奇与探索之心，创造属于自己的神话。神话，从远古走来，一直走向未来。神话，有着永久的魅力。

此板块通过链接时事，丰富了神话的内涵，同时让学生认同中华文化，对中华文化的生命力有坚定的信心。这也正是对语文核心素养文化自信的培养，对民族精神的一种传承。

总之，这堂课的设计是将教学指向语言、思维、文化、审美等不同的素养层面，从而真正促进学生语文核心素养的形成和发展。

神奇的一天

朱佳慧

学习任务： 创作“不一样”的神奇。

学习情境： 穿越，我和_______过一天。

学习目标：

1. 选择一个自己喜欢的神话或童话人物，围绕“我和_______过一天”展开想象，写一个故事。
2. 能够根据同学的意见修改习作，并誊写清楚。

学习课时： 2 课时。

学习活动： 4 个。

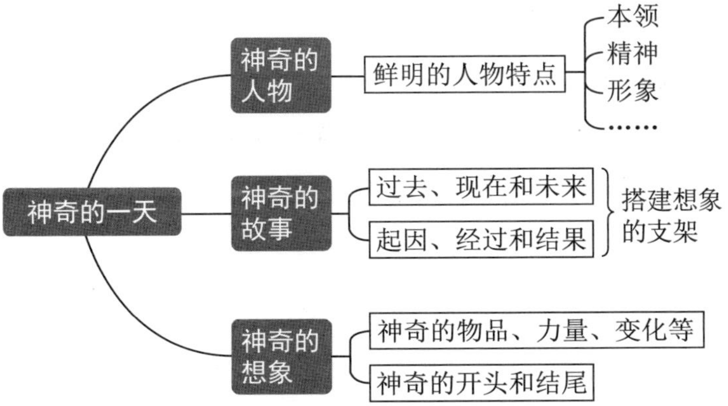

学习活动一

创设情境，神奇人物我来说

1. 创设情境。

出示时空穿梭门，创设情境，穿越。

2. 交流神话人物。

（1）通过交流神话人物，回忆鲜明的人物特点，相机出示体现人物特点的图片、视频和英雄人物卡。

（2）相机评价，提示学生鲜明的人物特点可以从哪些方面体现。

（3）帮助学生打开思路，可以选择神话或童话故事，可以选择中国或者外国的作品。

（4）继续交流令学生印象深刻的人物。

学习活动二

借助情景图，神奇穿越我想象

1. 交流穿越的时空。

（1）出示情景图，借助泡泡框中的内容，引导学生发现穿越的方向——过去或者未来。

（2）引导：图片中还有一个小朋友没有说话，他可能在想些什么？提示学生回忆李薇薇老师执教的《神奇的神话》一课，从很久很久以前到很久很久以后，想象“我”跟孙悟空可能一起编写未来的故事。

（3）引导学生展开想象：自己和这个人物一起去哪里，会做些什么，会发生什么故事。

2. 搭建想象的支架。

（1）相机出示图片，引导学生回忆夏小红老师执教的《神奇的故事》一课，帮助学生建立多种支架。

（2）让学生绘制自己的支架，提示学生选择最适合自己构思的支架。

（3）学生上台展示支架，并借助支架讲故事。提醒学生将故事说完整。

学习活动三

添加神奇元素，神奇故事更神奇

1. 编织神奇的故事。

（1）提示学生联系杨媛媛老师执教的《神奇的想象》一课，引导学生进行大胆想象，添加与人物个性匹配的神奇元素，使故事更神奇、更生动。

（2）引导：让学生说说自己故事中神奇的地方，思考怎样才能让故事更神奇。

（3）提示学生回忆夏小红老师执教的《神奇的故事》一课，从简单讲述故事，到生动讲述故事，最后能把故事讲丰富。

过渡：一篇完整的文章离不开好的开头和结尾。

2. 神奇的穿越回归。

（1）出示开头的例文，提示学生构思神奇的穿越。

（2）出示结尾的例文，提示学生构思神奇的结尾。

学习活动四

阅读并创作，修改并誊写

1. 品读神奇的故事。

（1）品读例文，交流文章写得好与不好的地方。

要点：在交流例文的同时，重现写作要点。

2. 完善自己的故事。

（1）学生认真创作。

（2）推荐“最喜欢的故事”，说说喜欢的理由。

要点：根据评价标准说说喜欢的理由。

（3）根据评价标准自主修改，然后同桌互评互改。

（4）全班欣赏。

设计意图

勾连，创编神奇的故事

本次习作要求展开想象，写自己和神话中的人物一天之中的活动。在正式写作之前，学生在前几课时已经充分感受了神话的魅力，他们看见了神话世界，“拍摄”了神奇的神话故事，设计了神话人物的名片，探究了古今中外不一样的神话故事，至此，创作神话已经是水到渠成的事了。

一、神奇人物我来说

课堂伊始，创设情境，穿越。触发穿越的道具则是神话世界里的神奇物品——时空穿梭门，可以引起学生的兴趣。兴趣是学生最好的老师。该情境既契合本单元的大情景，也为后面添加神奇元素，让神话故事更神奇做铺垫。

接着，立足单元整体，引导学生联系本单元学过的神话，说说令自己印象深刻的神话人物有哪些，他们有什么鲜明的特点，引导学生进行充分交流。在学生交流人物的同时，相机出示一些能充分体现人物特点的视频和图片，充分调动学生的阅读积累，勾连王雅婷老师课上设计的神话人物功绩卡，唤醒学生的记忆。对学生的回答，恰当地点评，提醒学生可以从神话人物的形象、本领、精神不同于常人等角度回答。让学生回忆人物的特点，感知人物形象的鲜明性，引导学生思考鲜明的人物特点可以从哪些方面体现，感受神话人物的神奇。

然后，由课内转向课外，由神话拓展到童话，提出问题：你还读过哪些神话和童话故事？出示图片，告诉学生可以选择中国的故事，也可以选择外国的故事，让学生写作的选择更加多样，激发学生习作的兴趣，为想象人物置身于某时、某地，做某事做好铺垫。

二、神奇穿越我想象

在交流最喜欢的人物的基础之上，出示教材中的情景图。借助情景图“和孙悟空的一天”，提示学生想象的方向。引导学生仔细观察情景图，仔细读一读泡泡框中的内容，然后交流。引导学生发现其中蕴含的信息——“我”可以来到孙悟空的故事里，孙悟空也可以来到“我”的故事里，还可以借助“图片中还有一个小朋友没有说话，他可能在想些什么”的问题，勾连李薇薇老师的课，引导学生想象“我”跟孙悟空一起编写未来的故事，进一步帮助学生打开思路。神话不仅可以带领我们走向过去，还可以带领我们走向未来。接着引出话题：假如给你一个机会穿越，你会选择去见谁？然后引导学生想象自己和这个人物一起去哪里，会做些什么，会发生什么故事。

想象激活之后，为了让创编的故事更有新意，我设计了层层递进的环节。先激活旧知，勾连夏小红老师执教的《神奇的故事》，让学生回忆夏老师帮助搭建的不同的讲故事支架，如图片、关键词等。接着，融会贯通，引导学生尝试运用已经积累的经验完成想象支架。当然，同一篇课文也可以用多种支架，提醒学生选择并构思最适合自己故事的支架。在学生汇报时，教师提醒学生把故事起因、经过和结果说清楚，把故事说完整，让学生再次明确方向。

三、神奇故事更神奇

在听完一名学生的想象创作后，教师向该学生提问：你觉得自己的故事神奇吗？神奇在哪里？紧接着向其他学生提问：你觉得他的故事神奇吗？通过追问，让学生在交流与反思中发现怎样让故事更加有新意，引导学生打破常规，不让故事的走向过于平淡或者在意料之中。相机勾连杨媛媛老师执教的《神奇的想象》一课，联系神话世界里的神奇物品、神奇变化和神奇力量等，引导学生大胆想象，添加神奇的元素，让想象更加神奇。在添加神奇的元素之后，勾连夏小红老师执教的《神奇的故事》一课，引导学生从简单讲述故事，到生动讲述故事，再到把故事讲丰富，循序渐进，层层深入。

一篇完整的作文，离不开好的开头和结尾。开头交代清楚人物是如何出现的。学生欣赏例文，可以参考例文中人物出现的方式，也可以选择自己喜欢的方式。结尾交代清楚人物是怎样回到原来的世界的，自己和喜欢的人物是怎样分离的。学生同样可以参考例文中人物离开的方式，或者选择自己喜欢的方式。由扶到放，引导学生在开头和结尾中添加神奇的元素，让读者感受神话故事中神奇的穿越和回归。

四、神奇故事我来写

通过具体的范文指导和赏析，通过师生交流、生生交流相机重现要点，让学生明确写作要点。

学生创作完成之后，大家互相交流品评，推荐“最喜欢的故事”，说说喜欢的理由，再现要点。相机出示评价表格，给学生提供抓手。通过自评、互评、全班评等多次评议，让学生明白“好作文是修改出来的”帮助学生养成反复修改、不断完善习作的好习惯。

单元整体教学的解析与反思

很久很久以前……很久很久以后……

丁振东

很久很久以前……那是神话的世界；很久很久以前……祖先创造了神话。人类创造了神话，神话也滋养着人类的文化和精神世界。

很久很久以后……出现了“嫦娥工程”“天宫一号”“夸父一号”……神话引领我们不断探索，走向未来。

该单元作为统编版小学语文教材中唯一的神话单元，除了要落实“了解故事的起因、经过、结果，学习把握文章的主要内容”这个一般性要素外，更要体现“神话，永久的魅力，人类童年时代飞腾的幻想”“感受神话中神奇的想象和鲜明的人物形象”这些神话单元特有的要素。

从“很久很久以前”到“很久很久以后”，神话的魅力既在神话本身——神奇的故事、神奇的想象、神奇的人物，也在与科学的不断勾连中产生新的魅力，这些魅力需要在与神话的丰富对话中体悟，需要在真实的任务情境中“创意表达”。

一、分解与组合：基于要素，线型推进

1. 要素为线，整体重构。

不同于以单篇课文为载体，落实多个单元要素，我们以要素为线，重组了整个单元，试图以要素为“箭头”，课文为“箭杆”，整本书阅读和习作为靶心的正反面，有的放矢，单线突破。

板块	课时	落实要素	教学内容
神奇的故事	2	了解故事的起因、经过、结果，学习把握文章的主要内容	四篇课文
神奇的想象	2	感受神话中神奇的想象	四篇课文 +“词句段运用”题 2+“快乐读书吧”（“你读过吗”）
神奇的人物	2	感受神话中鲜明的人物形象	四篇课文 +“词句段运用”题 1+“快乐读书吧”
神奇的神话	1	神话，永久的魅力，人类童年时代飞腾的幻想	“阅读链接”+“日积月累”+“快乐读书吧”
神奇的一天	2	展开想象，写一个故事	习作

2. 要素为先，精准定位。

走进统编版小学语文教材，不少老师还是习惯于进行课文内容的理解与分析，要素意识不强。老师们眼中先有课文，再有要素，然后讲着讲着，要素就淹没于课文之中了；或者虽有要素意识，但对要素在每一篇课文中的定位把握不到位，不清楚这一篇与那一篇、前一篇与后一篇在落实要素上有何不同，教学时没有体现出这一篇的教学价值。比如，很多年轻教师在教学《搭船的鸟》时，依然在花大量的时间讲字词，分析、理解课文内容，没有意识到这是习作单元的一篇课文，“观察”这一要素体现不到位。本次以要素组织教学，大家都不由自主地把要素放在前，课文放在后，自然而然地用要素去解读、设计。以要素组织教学，教师需要跳出课文，站在全局的高度去整体把握，教学的整体性和系统性更强。

3. 要素为弦，思维悦耳。

数学学科是特别有规律的，出示例题，发现规律；出示习题，运用规律。学生每堂课都能感受到收获与进步，老师可以及时了解学生的思维状况。以要素为弦，课文成了“例题”，要素成了“公式”“概念”，更有利于引导学生发现语文的“规律”，习得“方法”，并在探索的过程中弹奏出思维的华章。如“神奇的人物”板块，以《盘古开天地》为“例文”，搭建支架，引导学生发现神话人物的形象之奇、本领之奇和精神之奇，并在重点处品味课文，再以其余几篇课文为“例题”，放手让学生自主、合作、探究。学生在丰富的语文实践活动中，发现言语的奥秘，迸发思维的火花，教师也更容易检测学生的学习和思维状态。

此处，我们对要素的落实不局限于本单元。四年级上册第一单元的语文要素是“边读边想象画面”，如何感受神话人物的形象？特别是一些故事里并没有细腻的细节刻画，这就需要引导学生借助“只言片语”，借助插图，边读边想象神话人物与天地抗争、与大自然抗争的画面。想象丰富了学生对神话人物形象的认识，也丰富了学生的表达，达到“言意共生”的目的。

二、比较与分析：落实要素，言意共生

1.“穿越”，在任务与情境中乐学。

对要素的落实应“以生活为基础，以语文实践活动为主线，以学习主题为引领，以学习任务为载体，整合学习内容、情境、方法和资源等要素，设计语文学习任务群”。结合《课标》中的对“发展型学习任务群——文学阅读与创意表达”的要求和神话单元的特点，我们将“探索神话的奥秘”作为单元任务，创设了“穿越，我和________过一天”的单元情境。围绕大任务、大情境，每课时都有小任务、小情境。

板块	课时任务	课时情境
神奇的故事	神奇的故事我讲述	穿越，我看到____________
神奇的想象	神奇的世界我拍摄	穿越，万万没想到
神奇的人物	设计神话人物功绩卡	穿越，你是我心中的英雄
神奇的神话	探索“不一样”的神话	穿越，很久很久以前……很久很久以后……
神奇的一天	创作“不一样”的神奇	穿越，我和________过一天

通过“穿越”，学生置身神话的世界，亲自讲述、拍摄、设计、探索和创作神话，他们不再是神话的旁观者，而是神话的见证者与参与者，阅读力、表达力、思维力在情境与任务中不断提升。

2. 比较，在一般与特殊中研学。

即通过比较阅读，以“了解故事的起因、经过、结果，学习把握文章的主要内容”这一一般性要素推动神话单元独特要素的落实。

一比，知因果。《普罗米修斯》和《精卫填海》的起因学生不容易把握，“无火”是因，还是“盗火”是因？“炎帝之少女，名曰女娃”是因，还是“游于东海，溺而不返”是因？通过单篇学习可以解惑，但通过与《盘古开天地》《女娲补天》起因相对照，学生更容易发现答案。

课文	起因	经过	结果
《盘古开天地》	天地混沌	开天辟地、顶天立地	化身万物
《精卫填海》			
《普罗米修斯》			重获自由
《女娲补天》	天塌地裂	修补天地	天地恢复平静，人类新生

二比，知神话。通过对单元课文的起因、经过、结果的比较，学生会发现神话里起初的世界是混沌、黑暗的，而在神的帮助下，世界变得充满生机、充满光明，变得更加美好，神话表达了人们的美好愿望，这是单篇课文很难做到的。通过表格的填写，教师也可以清晰了解到学生的学习和思维状态。

三比，可探索。比较一下“神奇的神话”两次试教的设计。

设计一：

故事	火的来源	矛盾、困难	抗争
《普罗米修斯》			
《燧人钻木取火》			

设计二：

故事	起因	经过	结果
《普罗米修斯》			
《燧人钻木取火》			

同样是比较阅读，比较的落脚点是什么？设计一更多的是老师的个性解读，学生在老师给定的框架下思考、研究。我们是不是可以追问一下：当学生独立进行比较阅读时，他的支点从哪儿来？经过组内研讨，我们觉得还是应该从本单元的语文要素入手，比较两个故事的“起因、经过、结果”的异同，这一比，不仅比出了神话的起源、中西文化的差异和神话的精神力量，还为学生提供了终身受用的学习支架，抓住“起因、经过、结果”不仅能了解故事的主要内容，还可以以此作为研究性学习的支架。

在单元整体学习的视野下，通过反复地比较研学，语文要素与人文要素有机融合，共融共生。

三、勾连与思辨：整合要素，创意表达

这里的要素指的是“学习内容、情境、方法和资源等”，通过整合、勾连，达到品味语言、学会阅读和乐于表达“三位一体”的目的。

1. 内容与形式的反复穿梭。

以要素为线将“快乐读书吧”和习作的目标任务分解到课文教学中，单篇与整本，阅读与写作更紧密地融合在一起，提升了学生的阅读兴趣，降低了学生的写作难度。

板块	习作训练	整本书阅读要求	语言训练点
神奇的故事	搭建故事框架	初步感受神话世界的丰富多彩，把握神话的主要内容	概括地讲 生动地讲 丰富地讲
神奇的想象	想象丰富 想象合理	感受想象的神奇，带着想象去阅读神话故事	不同角度表达想象
神奇的人物	神话人物有个性	走进神话，重新认识神话人物	抓住人物精神，品味语言
神奇的神话	丰富神话的内涵	发现神话的一些特点	巩固前几课的语言训练
神奇的一天	综合运用	以写促读	

你会看到我们的课时目标都是一手指向要素，一手指向阅读与写作。比如："神奇的故事"第 1 课时为学生搭建了不同的讲故事的支架，这支架何尝不是学生编故事的支架呢？而在第 2 课时中，讲好神奇之处，就是在为学生写好细节、把故事写生动进行潜移默化的指导。简单讲故事，生动讲故事，丰富讲故事，既是阅读的深入，也是表达的深入。如何把故事讲生动？单元课文也需要打通。比如：想象大海与精卫的对话时，可以用普罗米修斯与火神赫淮斯托斯的对话作为范本。

其余几课时的教学分别引导学生发现神奇的想象在哪里，如何进行神奇的想象，神奇的人物如何塑造……都是在内容与形式间不断穿梭。整个单元的课文都是范文。范文学方法，习作用方法；范文感受神奇，习作创作神奇。阅读与写作完美融合。

2. 课内与课外的四处勾连。

我们将本单元界定为"发展型学习任务群——文学阅读与创意表达"，重点引导学生在语文实践活动中，通过整体感知、联想想象，感受神话语言和形象的独特魅力，获得个性化的审美体验；了解神话作品的基本特点，欣赏和评价语言文字作品，提高审美品位；表达自己独特的体验与思考，尝试创作。同时，我们也进行了思辨性阅读和跨学科学习，让学生从中感受到神话的多元表达。

比如，由《女娲补天》的五色石勾连起中国的文化——一块孕育了《西游记》里的孙悟空，一块化成《红楼梦》里的通灵宝玉；由“神奇的人物”勾连起中国的精神——神话中诸神的奋斗意识和牺牲精神影响了后世的中国人；远古与未来勾连——众多科学工程以神话命名，神话与科学有紧密的联系……这些勾连不仅丰富了学生对神话的理解，也为学生的创作打开了思路，启发着学生对于神话的深入研究。

总之，无论是神话单元，还是其他单元，无论是单篇的平面展开，还是要素的线型突破，任何大单元教学一定要有主题搭建，然后进行多层次、多维度的分解，分解中又要注意关联，有效整合，形成知识的网络、方法的网络和思维的网络。

习作单元

说明文以“说明白了”为成功

统编版小学语文教材五年级上册第五单元整体教学设计（一）

单元整体教学的内容与构架

☆教材内容

- 太阳
- 松鼠

◎交流平台与初试身手

◎习作例文：《鲸》与《风向袋的制作》

◎习作：《介绍一种事物》

☆单元要素

人文主题：

说明文以“说明白了”为成功。——叶圣陶

语文要素：

阅读简单的说明性文章，了解基本的说明方法。

搜集资料，用恰当的说明方法，把某一种事物介绍清楚。

☆整体构架

任务群：发展型学习任务群——实用性阅读与交流。

单元任务：介绍一种事物。

单元情境：在“博物展览会”的角色经历中学会“说明白”。

设计理念：基于情境，任务驱动。

单元导图

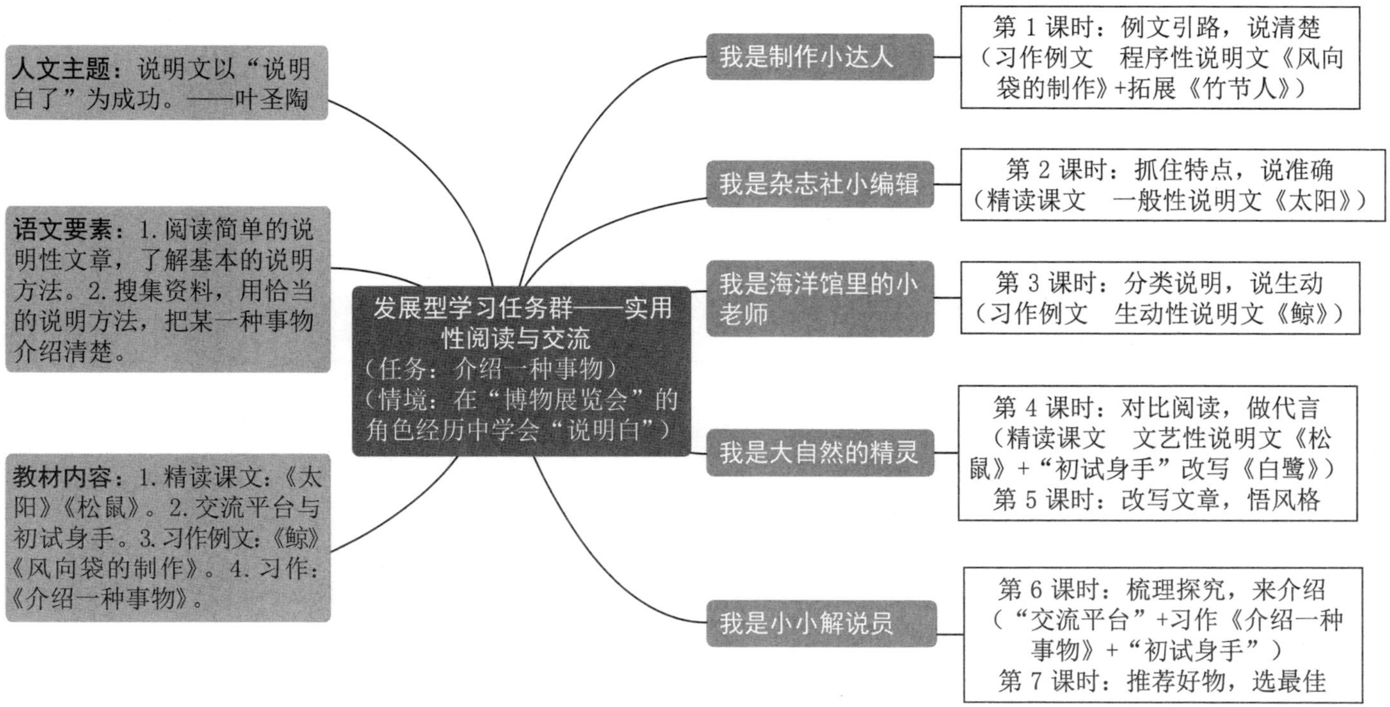
人文主题：说明文以“说明白了”为成功。——叶圣陶
语文要素：1. 阅读简单的说明性文章，了解基本的说明方法。2. 搜集资料，用恰当的说明方法，把某一种事物介绍清楚。
教材内容：1. 精读课文：《太阳》《松鼠》。2. 交流平台与初试身手。3. 习作例文：《鲸》《风向袋的制作》。4. 习作：《介绍一种事物》。
发展型学习任务群——实用性阅读与交流
（任务：介绍一种事物）
（情境：在“博物展览会”的角色经历中学会“说明白”）
我是制作小达人
第 1 课时：例文引路，说清楚（习作例文 程序性说明文《风向袋的制作》+拓展《竹节人》）
我是杂志社小编辑
第 2 课时：抓住特点，说准确（精读课文 一般性说明文《太阳》）
我是海洋馆里的小老师
第 3 课时：分类说明，说生动（习作例文 生动性说明文《鲸》）
我是大自然的精灵
第 4 课时：对比阅读，做代言（精读课文 文艺性说明文《松鼠》+“初试身手”改写《白鹭》）
第 5 课时：改写文章，悟风格
我是小小解说员
第 6 课时：梳理探究，来介绍（“交流平台”+习作《介绍一种事物》+“初试身手”）
第 7 课时：推荐好物，选最佳

单元整体教学的设计与意图

板块	课时	课时任务	课时情境	说明风格	落实要素	习作训练	教学内容
我是制作小达人	1	我来教你学制作	“我来教你学制作”工作坊招募“匠心制作小达人”	程序说明文	例文引路，说清楚	把制作过程介绍清楚，并且整理一份自己的制作分享	习作例文《风向袋的制作》
我是杂志社小编辑	1	把太空星球说明白	我是科普杂志小编辑	一般性说明文	学习一般性说明文的“说清楚、说准确”	搜集资料，试着运用多种方法来说明你感兴趣的一个星球	精读课文《太阳》
我是海洋馆里的小老师	1	把海洋动物说明白	我是海洋馆里的小老师	生动性说明文	说清楚、说准确，感悟科学性说明文的生动	学会运用多种说明方法，并结合搜集资料描写海洋动物	习作例文《鲸》
我是大自然的精灵	2	把大自然的精灵说明白	我是小小代言人	文艺性说明文	对比感受课文生动活泼的表达方式	尝试将散文改写成说明性文章，初步运用不同语言风格来说明事物的特点	精读课文《松鼠》
我是小小解说员	2	介绍一种事物	好物推荐官——我是小小解说员	综合运用	搜集资料，介绍一种事物	搜集资料，用恰当的说明方法，把某一种事物介绍清楚	“交流平台”+习作《介绍一种事物》+“初试身手”

我是制作小达人

——习作例文《风向袋的制作》教学设计

陈 苑

学习任务： 我来教你学制作。

学习情境：“我来教你学制作”工作坊招募“匠心制作小达人”。

学习目标：

1. 学习《风向袋的制作》，了解例文是如何把风向袋的制作过程写清楚的，并把学到的方法运用到习作中。
2. 选择自己了解并感兴趣的一种小手工或者小美食，向别人介绍制作的过程，并通过例文的学习来修改习作。

学习课时： 1 课时。

学习活动： 4 个。

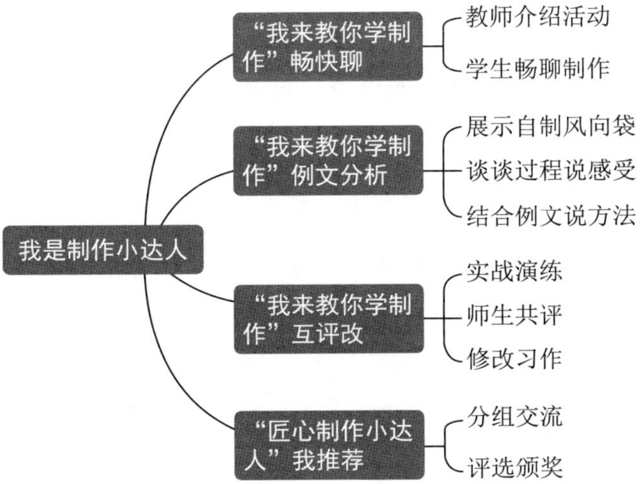

学习活动一

“我来教你学制作”畅快聊

1. 老师介绍：学校要开设一个“我来教你学制作”的工作坊啦！工作坊要招募一批善于制作的小达人，能制作一样供我们“玩”“用”的小手工，如竹节人、小风车、小笔筒等；或者能制作一道供我们“品尝”的小美食，如烹饪一种糕点、爆炒一道色香味俱全的小菜等。凡是能被招募的同学，都会获得工作坊颁发的“匠心制作小达人”奖章。

2. 交流喜欢的小手工或是人气美食，挑选其中一样说说你喜欢的理由。

学习活动二

“我来教你学制作”例文分析

1. 向同桌展示自己课前制作的风向袋。

2. 和同桌说说自己制作风向袋过程中的感受。

提示：可以是制作过程中遇到的难题，也可以是制作过程中的成功经验。

3. 自读课文，思考例文是如何把风向袋制作过程写清楚的。

提示：可结合文章右边的批注进行思考。

4. 交流引导。

（1）首先介绍制作风向袋所需要的工具和材料。

（2）然后用“第一”“第二”“第三”“第四”等表示顺序、程序的词语有条理地写出了制作风向袋的步骤，写得清清楚楚。（引导学生用小标题概括每一个步骤）

（3）运用列数字的说明方法把制作细节写得明明白白。

5. 采访在制作风向袋的过程中遇到困难的学生：学习了这篇例文后，你是否会制作风向袋了？

6. 思考程序性说明文的语言特点。联系这一单元的其他几篇课文，思考语言的特点。

7.《风向袋的制作》这篇习作例文，作者是否需要把语言写得生动些？

引导：不需要。因为《风向袋的制作》这篇习作例文只是想向读者介绍风向袋的制作过程，不需要写得生动。

学习活动三

“我来教你学制作”互评改

1. 实战演练。

（1）请先和同桌说一说你制作一个小手工或者一道美食的过程。

（2）参考《风向袋的制作》的板书，为你的小制作也列一个类似的提纲。

（3）请选择制作过程中你认为重要的两个步骤具体写（步骤一必写，再另选一个重点步骤）。

2. 根据评价标准进行评价。

评价内容	自评☆☆☆	互评☆☆☆
提纲：每一个步骤用小标题介绍得清清楚楚		
步骤一：材料工具介绍得清清楚楚		
重点步骤：制作细节写得明明白白（运用列数字的说明方法）		

（1）先自评，再同桌交换习作相互学习，根据评价标准打星。同桌互评后交换习作，和同桌反馈给星的理由，之后继续修改。

（2）邀请同学上台交流写的内容，可以用这样的句式进行介绍：我的习作题目是……制作过程主要分 × 个步骤。第一步是……第二步是……

第三步是……第四步是……我重点介绍的是……

（3）结合评价表进行点评，点评之后进行修改。

3. 完成自己所写的小制作的其他几个步骤。

4. 学习习作例文的开头和结尾，思考如何写自己的小制作的开头和结尾。

引导：可以用设问开头，介绍小制作的作用，引出下文。结尾介绍小制作的使用。当然，也可以用适合自己习作的开头和结尾。

5. 完成自己的小制作的开头和结尾。

学习活动四

“匠心制作小达人”我推荐

1. 引导学生分组（小手工＋小美食）进行习作交流。

2. 各小组根据评价标准评选出5名“匠心制作小达人”。

3. 现场进行颁奖及颁发聘书，呼应上课开始时学校要开设的“我来教你学制作”的工作坊“招募令”，颁奖之后合影留念，让本次习作仪式感满满。

设计意图

在说明文单元大任务和大情境的统领下，围绕本单元核心要素，我设计了习作例文《风向袋的制作》教学这一板块的内容，共1课时。《风向袋的制作》是一篇习作例文，这篇例文完整、有条理地介绍了风向袋的制作方法，编者意在以例文为范本，引导学生从生活中寻找素材，介绍身边常见的小制作，从熟悉的事物开启说明文写作之路，减少学生对说明文习作的畏难情绪。

这一课时的教学设计围绕课时学习任务“我来教你学制作”展开，创设了课时学习情境“‘我来教你学制作’工作坊招募‘匠心制作小达人’”，通过四个学习活动的有序推进，最终实现教学目标。

学习活动一：“我来教你学制作”畅快聊。引导学生畅聊自己喜欢的小手工或小美食，激发他们进行制作的兴趣。

学习活动二：“我来教你学制作”例文分析。主要引导学生了解风向袋的制作过程：（1）介绍制作风向袋所需要的工具和材料。（2）用“第一”“第二”等表示顺序、程序的词语有条理地写出制作风向袋的步骤，同时引导学生通过小标题的形式（提纲）来概括每一步骤的内容。（3）运用列数字的说明方法把制作细节写得明明白白。

学习活动三：“我来教你学制作”互评改。引导学生先和同桌聊一聊自己亲身体验的一个小手工（小美食）的制作过程，然后根据制作的步骤以小标题的形式列出提纲，再选择其中两个步骤重点展开写。之后，提供评价表，引导学生根据评价表上的内容对习作进行自评和同桌互评，互评后交换习作，和同桌反馈给星的理由，之后继续修改。然后，选择不同内容（小手工或小美食）有代表性的习作片段（优秀的或存在共性问题的）进行班级评讲，评讲之后再让学生各自修改完善，完成自己习作中的所有步骤。最后，引导学生聚焦例文的开头和结尾，了解写法，引导学生思考习作可以怎样写开头和结尾。

学习活动四：“匠心制作小达人”我推荐。带领学生分组（小手工 + 小美食）进行习作交流，根据评价标准各小组评选出 5 名“匠心制作小达人”，现场进行颁奖，呼应课程开始时学校工作坊的“招募令”，让本次的习作教学仪式感满满。

本次习作教学，着力引导学生做好以下三点：

1. 以“体验”激发兴趣。

我们在开展习作学习活动时，要站在学生的角度，充分考虑学生的写作困难点，进而明确教学的着力点。在本次习作教学过程中，如果要学生模仿习作例文进行写作，我觉得首先要激发学生写作的兴趣。写作兴趣的激发，就得从学生自己喜欢的小手工（小美食）入手。

在教学习作例文前，我设计了一张学习单，设计了两个课前小任务：一是制作一个风向袋；二是回家体验一回你喜欢的小手工（人气美食）的制作过程，谈谈感受。第一个任务的目的是让学生通过动手体验了解风向袋的制作步骤，第二个任务是为了激发学生写作的兴趣，为后续写作做铺垫。

2. 以“共研”明了方法。

在日常教学中，相信大家都有一个共识：凡是主动去“告诉”学生的，往往起不了太大的作用，唯有让学生自己主动去探究，主动去发现，才能提高他们的思维品质。在学习单上有这样一个任务：请大家自读课文，说说例文是如何把风向袋的制作过程写清楚的。通过班级中等水平学生的学习单的反馈，我了解到，学生能发现这些信息：例文介绍了制作风向袋所需要的工具和材料；运用了“第一”“第二”等表示顺序的词语写清楚风向袋制作的步骤；运用列数字的说明方法把制作细节写得明明白白。对于这些信息，应进一步和学生梳理：可以先运用表示顺序的词语依次写出制作过程中的几个步骤；接着写第一个步骤，即介绍材料和工具；然后可以在重点介绍的步骤里用上列数字的说明方法。为了让学生在介绍小制作的过程中思路更清晰，如果用小标题的方式概括每一步骤的内容（提纲），这样是否更有利于学生的写作？因此，在学习例文时，我引导学生一起概括小标题。学生有了之前进行制作的亲身体验，概括小标题应该不是一件难事。

3. 以“三评”促进表达。

列夫·托尔斯泰认为：写作而不加以修改，这种想法应该永远摈弃。

为不断推动修改的进程，教师既要教会学生自主修改，还要组织学生合作修改，坚持一改到底，直至达标为止。

学习例文之后，我引导学生“牛刀小试”：先和同桌聊一聊自己亲身体验过的一个小手工（小美食）的制作过程，然后根据制作的步骤列出提纲，选择其中的两个重要步骤重点来写。我提供了评价表，引导学生根据评价表进行自评、同桌互评分享，互评后交换习作，和同桌反馈打星的理由，之后继续修改。学生修改时，我进行巡视，选择不同内容（小手工或小美食）有代表性的习作片段（优秀的或共性问题的）进行班级讲评。

根据评价标准经历了“三评”的学习过程，学生大致能模仿例文进行撰写，但在介绍重点步骤时，可能还会出现个性化或普遍性的问题。此时我会及时通过多种方式点评纠正，抓住每个课堂智慧生成的机会，帮助学生提升表达能力。

对于优秀的片段，我会引导学生一起赏析。在对比优秀和有待改善的习作片段中，学生知道了成功的方向，又能找到不足的地方，修改更加有针对性。

我是杂志社小编辑

——《太阳》教学设计

江新芳

学习任务：把太空星球说明白。

学习情境：我是科普杂志小编辑。

学习目标：

1. 正确、流利地朗读课文，通过绘制思维导图，知道课文描写了太阳的特点以及太阳与人类关系密切。
2. 在情境活动中品析说明方法，学习列数字、作比较、举例子等说明方法及作用，体会说明文语言的清楚。
3. 在比较辨析中体验说明性语言，感受说明文模糊中的精确，体会说明文语言的准确。
4. 搜集资料，初步运用说明方法和说明性语言说说太空中的其他星球，说清事物的特点。

学习课时：1 课时。

学习活动：4 个。

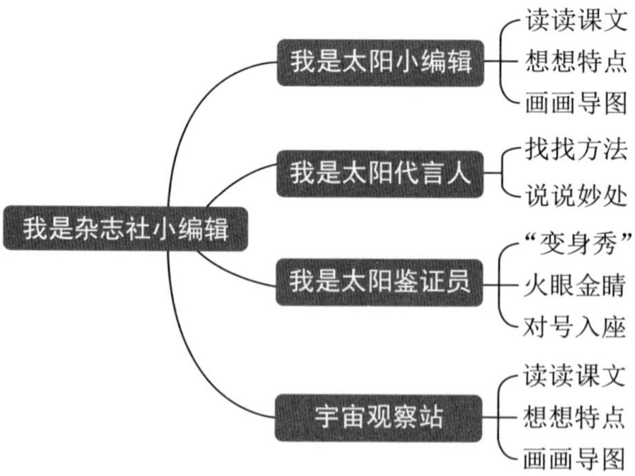

学习活动一

我是太阳小编辑

某科普杂志将以太阳为主题进行专版介绍，并将策划组织一次“我为太阳代言”的宣讲会，得知我们正在学习《太阳》一文，特邀请我们班加入他们的编辑组。

不过，要想正式成为小编辑，得完成今天的“太阳编辑图”才行，大家接受挑战吗？

1. 太阳离我们约有一亿五千万千米远。

2. 约一百三十万个地球的体积才能抵得上一个太阳。

3. 到太阳上去，如果步行，日夜不停地走，差不多要走三千五百年；就是坐飞机，也要飞二十几年。

小编辑们，请默读课文，然后在绘图纸上绘制出属于你们小组的《太阳》专版的导图。

1. 小编辑首先要过的是图文排版关，该从哪些方面来给众多太阳粉丝们介绍太阳呢？想一想课文从哪些方面介绍了太阳，太阳对人类有哪些作用。四人小组合作提取关键词。

2. 展示完成的《太阳》专版图文排版编辑图。

学习活动二

我是太阳代言人

小编辑们，我们将作为太阳的代言人，向太阳粉丝们进行清楚准确的宣讲。

温馨提醒：

1. 为了能更清楚地向粉丝们宣讲太阳，小编辑还需要通过文字编辑关。结合课文内容，说说作者是运用哪些说明方法介绍太阳的，体会这样写的好处。

2. 找出课文中其他运用说明方法的句子，说说太阳的特点，体会这样写的好处。

学习活动三

我是太阳鉴证员

各位小编辑，科学是容不得一丝差错的，为了更准确地为太阳代言，我们的语言表达要更严谨才行。让我们化身鉴证员，完成对《太阳》专版编辑语言的再一次审核校对。

1. 鉴证 1：“变身秀”。

课文第 1、2、3 自然段都运用了列数字的说明方法，可见列数字是特别有效的方法。这 3 个自然段，是否能直接简化成如下全是列数字的表达？

太阳离我们很远，约有一亿五千万千米远。

太阳很大，体积约为一百四十一亿亿立方千米。

太阳很热，表面温度有五千多摄氏度。

2. 鉴证 2：火眼金睛。

太阳离我们约有一亿五千万千米远。

太阳离我们有一亿五千万千米远。

（1）找到并体会两个句子的不同之处。地球和太阳之间的距离应该是一个准确的数字，为什么要加上“约”？

（2）在课文中还有这样的句子，找一找，体会这样写的好处。

（板书：说准确）

3. 鉴证 3：对号入座。

（1）科普杂志的编辑拟采用我们编辑的内容作为脚本，应放到（　　）栏目。

A. 宇宙观察站　　B. 科学狂想

C. 科学卡通　　D. 地球巡逻队

（2）《太阳》这篇课文的语言风格是（　　）的。

A. 抽象奔放　　B. 浪漫抒情

C. 生动活泼　　D. 平实准确

（3）《太阳》这篇课文最适合推荐给（　　）阅读。

A. 普通大众　　B. 天文学家

C. 幼小儿童　　D. 航空人员

鉴证成功！恭喜各位小编辑通过审核校对关，获得科普杂志的认可，正式成为该杂志的小编辑。

学习活动四

宇宙观察站

各位优秀的小编辑，科普杂志对我们的此次代言特别欣赏，希望跟我们长期合作，对浩瀚星空展开持续探究。请你们结合搜集的资料，选择最感兴趣的一个星球，抓住其中一个特点练写片段，试着运用多种方法来说明。

互评互改：把自己说明的事物读给同桌听，问问同桌自己有没有没说明白的地方，如果有就修改，把事物说清楚、说准确。

总结：叶圣陶爷爷说，说明文以“说明白了”为成功。今天同学们做了一回小编辑，为太阳代言，还能抓住感兴趣的星球的特点，运用恰当的说明方法和语言，说清楚、说准确。课后希望同学们能继续研究太空，完成“宇宙观察站”的专版发布。

设计意图

五年级上册第五单元是说明文单元，也是习作单元，这是整个小学阶段学生第一次直面说明文这一概念。单元教学目的很明显，读写融合，紧紧围绕“说明性文章”来进行阅读和表达。本课作为单元第一篇精读课文的教学，安排在学生学习程序性说明文《风向袋的制作》之后，在激发学生对说明文的兴趣，让学生习得一些说明方法的基础上，落实学习一般性说明文的“说清楚、说准确”这一要素。

《太阳》一文的教师教学方向：情境浸润，任务贯串。以一个大的情境任务激发学生对说明文的学习热情，接下来在四个相互勾连的系列情境活动中，不断学习把说明文“说明白”的技巧。

《太阳》一文的学生学习途径：在编辑导图中认识事物特点，学习说明文内容的选择；在宣讲代言中品析说明方法，体会说明文语言的清楚；在比较辨析中体验说明性语言，感受说明文语言的准确；在迁移运用中说说宇宙的星球，凸显事物的特点。

具体实践路径是首先以一个大的任务情境统整导入：某科普杂志要招小编辑，为太阳代言。然后勾连四个相关联的学习活动——编辑、代言、鉴证、试身手，以完成“我是杂志社小编辑”的挑战任务。

1.“编辑”，把事物的特点说明白。

活动一，创设“我是太阳小编辑”的情境，完成编辑的图文排版任务。结合课后习题的要求，引导学生分小组合作探究，提取关键信息，梳理文本内容的逻辑，整理出《太阳》一文的思维导图。在此过程中，编辑导图的选择权、设计权、创造权都交给学生，学生既理解了文本内容，清楚了文本结构，又明晰了太阳的特点，发挥了主动性，为接下来对各种说明方法的学习打下了基础。

2.“代言”，表达要清楚。

活动二，创设“我是太阳代言人”的情境，完成文字编辑任务。聚焦使用说明方法的关键句子，再结合课后习题的要求，组织学生讨论说明方法，并体会这样写的好处；接着找出课文中其他运用说明方法的句子，继续体会说明方法。学生在来来回回的学习经历中，学会把说明文说清楚的各种说明方法。

3.“鉴证”，语言要准确。

活动三，创设“我是太阳鉴证员”的情境，完成编辑的审核校对任务。采用比较辨析的形式来引导学生深层剖析说明文。“变身秀”的辨析，剖析了说明方法选择的恰当；“火眼金睛”的辨析，比较了说明性语言精准的必要；“对号入座”的辨析，更是深度关注了说明文内容归属、语言风格、读者意识等细节。带学生品味一般性说明文语言准确的同时，还为学生后续学习其他类型的说明文打开了思考的空间。

4.“试身手”，写清楚感兴趣的星球。

活动四，完成编辑的编写任务。鼓励学生结合搜集的资料，选择最感兴趣的一个星球，抓住星球特点，运用多种方法练写片段。同时给出评价表以搭建习作支架，让学生循着评价标准自评互评，自我修改，促使学生说明文习作素养的真正提升。

总而言之，以情境浸润，以任务贯串，让学生从知事物的特点到知表达的清楚到知语言的准确，最后知迁移和运用，真正学会把说明文“说明白”。

我是海洋馆里的小老师

——习作例文《鲸》教学设计

宋春丽

学习任务：把海洋动物说明白。

学习情境：我是海洋馆里的小老师。

学习目标：

1. 熟读例文，通过作者的描述，了解鲸的有关知识。
2. 引导学生借助批注和课后习题，通过自主学习，了解例文运用了哪些说明方法介绍鲸的特点。
3. 通过分析习作例文，总结说明方法，学会运用多种说明方法，并结合搜集的资料描写海洋动物。

学习课时：1 课时。

学习活动：4 个。

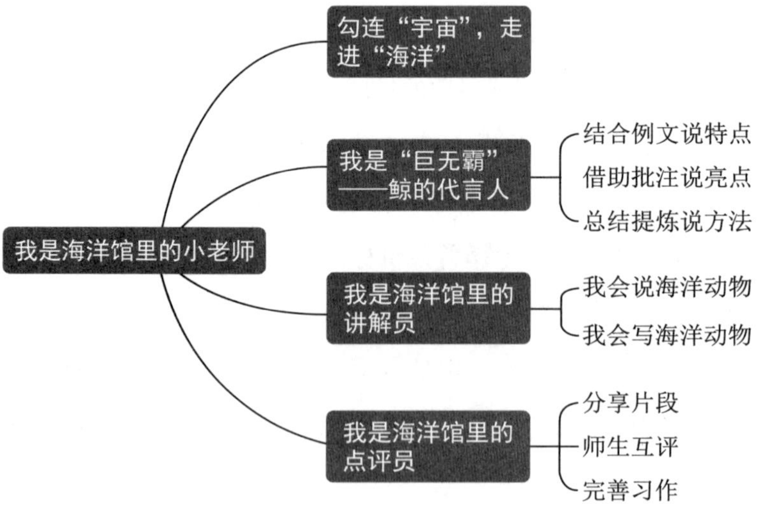

学习活动一

勾连“宇宙”，走进“海洋”

1. 勾连“宇宙”。

（1）“宇宙”的世界——《太阳》。

同学们，上节课大家跟随老师一起走进“宇宙”，了解了太阳。课文是从几个方面来介绍太阳的？

（太阳的远、大、热等特点及与人类的关系）

（2）复习说明白的方法。

作者是如何把太阳的特点说明白的？

用上恰当的说明方法，分段介绍太阳的远、大、热等特点及与人类的密切关系。

总结：原来要想把一种事物说明白，我们可以运用恰当的说明方法。

过渡：通过学习，我们不仅了解了太阳，还跟随老师走进了“宇宙”，了解了太空更多的奥秘。今天这节课，老师将带领同学们走进“海洋”，化身为海洋馆里的小老师，去了解海洋动物。

2. 走进“海洋”。

（1）播放视频。

课件出示：不同形态的鲸。

同学们，你们认识这种动物吗？你们对它有什么了解吗？

在美丽的蓝色海洋中，蕴藏着极为丰富的宝藏，生活着各种海洋动物。其中有种形体庞大、号称“海中之王”的动物，就是“巨无霸”——鲸。

（2）揭示课题。

今天，我们就一起走进习作例文《鲸》，看看作者是如何把鲸的特点介绍明白的。

学习活动二

我是“巨无霸”——鲸的代言人

1. 认识“巨无霸”——鲸。

自由朗读例文，结合批注，思考：

（1）文章介绍了鲸哪些方面的内容？

（2）文章是如何把鲸的特点介绍清楚的？运用了哪些说明方法？画出相关的语句，认真品读，体会其说明的准确性、形象性。

（自主学习、合作探究、汇报交流）

2. 结合习作例文，了解鲸的特点。

（1）为了让人们对鲸有很好的认识，作者从哪些方面对鲸进行了介绍？

（2）过渡：作者是如何将鲸的特点说明白、说准确、说清楚的？

3. 结合批注，学习例文亮点。

（1）表达严谨。

引导学生结合批注，从“近四十吨重”“约十八米长”等体会说明文表达的严谨。

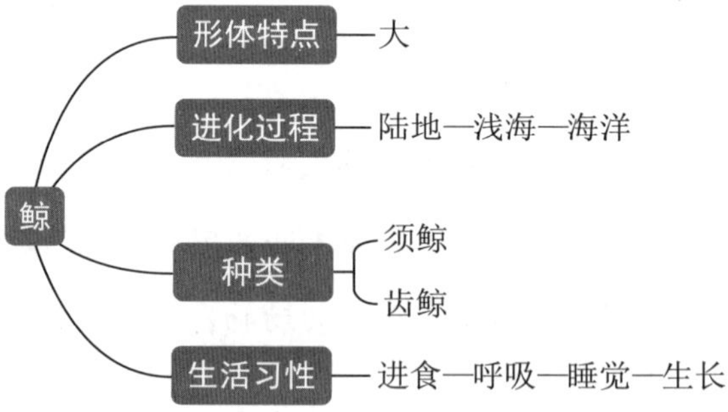

（2）多种说明方法。

如何将鲸的特点说明白？使用多种说明方法。

借助《太阳》一课的说明方法的学习，并结合批注中的提示，放手让学生到例文里去学习，体会说明方法的恰当性，感受说明文的准确性。

总结：恰到好处地运用多种说明方法，就会使读者更准确、更直观、更形象地了解所说明事物的特征，给人留下深刻的印象。

（3）分类介绍。

鲸的种类：齿鲸、须鲸。

第 4 自然段具体描述了不同种类鲸的食物类型和捕食方式：须鲸主要吃小虾和小鱼，齿鲸主要以乌贼、鱼类为食。

分类介绍可以把说明对象说明得更准确、更清楚。

（4）形象描写。

鲸的生活习性：鲸的鼻孔长在脑袋顶上，呼气的时候浮出海面，鼻孔喷出来的气，把附近的海水顶到空中，形成一股水柱，就像花园里的喷泉一样。

打比方的说明方法可以生动形象地把说明对象的特点写出来，让我们更加清楚。（打比方：让事物的特点更具体、更形象）

总结提炼说明白、说生动的方法：

我们在写作时要注意表达严谨、运用多种说明方法、分类介绍、进行形象描写等方面，这样才能将事物介绍明白。确立了写作对象，明确了事物的特点，明白了如何运用恰当的说明方法，才能说明事物的特点。

（5）搜集资料。

为了把事物的特点说明得更准确、更明白，还可以借助搜集资料的方法。

学习活动三

我是海洋馆里的讲解员

通过习作例文的学习，我们了解了鲸的特点，学习了如何把鲸的特点介绍清楚、明白。

鲸只是海洋世界中的一员，接下来老师将带领大家走进海洋馆，去了解并介绍更多的海洋动物。

1. 我会说海洋动物。

（1）观看视频，走进海洋馆。

说说你看到了哪些海洋动物。

（2）借助支架，说说海洋动物。

结合刚才游览的海洋馆或你去过的海洋馆，说一说：你想选择哪一种海洋动物？分别从哪几个方面来介绍？如何把海洋动物说明得更准确、更明白？

2. 我会写海洋动物。

根据“我会说海洋动物”的介绍，选择一种海洋动物的某一方面，结合课前搜集的资料，运用多种说明方法，注意用词的准确性、语言的形象生动，试着来写一写你所介绍的海洋动物。

学习活动四

我是海洋馆里的点评员

1. 分享学生写作的片段。

2. 自评、互评、师评。

3. 总结并布置作业：课后继续完善自己的习作。

附板书设计：

《鲸》{表达严谨、说明方法、分类介绍、形象描写} ⟹ 海洋动物 {外形、种类、生活习性、……}

设计意图

《鲸》一文在本单元是作为习作例文呈现的。我们知道习作单元所有的内容都是服务于习作的，习作例文自然也是为习作铺路的。所以本课时教学设计中的每个学习活动均指向习作表达。

本课时的设计是在说明文主题的习作单元大任务和大情境的统领下，围绕学习任务“把海洋动物说明白”展开，创设了课时情境“我是海洋馆里的小老师”，通过四个学习活动的有序推进，最终实现本课时教学目标。

一、前后勾连，紧扣“说明白”

叶圣陶说：“说明文以‘说明白了’为成功。”本单元不论是精读课文还是习作例文，统统指向习作表达。大单元统整教学，不同于单篇教学，可以根据习作教学的需要，灵活处理各板块的内容，在教学时适当调整。因为习作例文《鲸》说明鲸的特点及使用的说明方法跟《太阳》一课有着异曲同工之妙，所以我们就把《鲸》的学习安排在《太阳》一课之后，让学生由“宇宙”走向“海洋”。在第一个活动环节，先复习《太阳》一课，回顾太阳的特点、太阳与人类的关系及把太阳的特点说明白的方法；接着创设走进“海洋”的情境，让学生作为海洋馆里的小老师，去了解海洋生物——鲸。这样通过单元的统整教学，做到前后勾连，在复习中紧扣“说明白”，为接下来学习说明文方法做铺垫。

二、借助批注，学习“说明白”

《课标》在第三学段（5~6 年级）“阅读与鉴赏”中指出，“阅读说明性文章，能抓住要点，了解文章的基本说明方法”。这也是本单元的语文要素。习作例文《鲸》是在学完《太阳》一课的基础上学习的，所以学生已经能抓住所说明对象的主要特点，也了解了一些把事物的特点说明白的基本的说明方法。在教学习作例文环节，让学生借助《太阳》一课的学习方法，自主学习习作例文《鲸》，了解例文分别介绍了鲸的形体、演化、种类、生活习性等方面，并引导学生结合批注，学习说明文的亮点。四处批注分别从表达严谨、运用多种说明方法、分类介绍、描写生动形象等方面进行介绍，帮助学生学习把事物说明白、说生动的方法。习作例文其实就是给学生的习作提供写作的范例，例文中可以找到许多值得借鉴的例句，对写作有一定的提升。比如文中“目前已知最大的鲸约有一百六十吨重。我国发现过一头近四十吨重的鲸，约十八米长，一条舌头就有十几头大肥猪那么重”，采用列数字、作比较的方法写清楚了鲸体形庞大的特点。教学时，让学生通过批注了解作者是用什么样的说明方法说明鲸体形大的特点的，同时让学生明白，用了“约”“近”等虚词，可以使表达更加严谨。

此环节的设计重在借助批注，了解作者为写清楚鲸的特点而使用的说明方法，为接下来走进海洋馆介绍其他海洋动物以及单元大习作的写作奠定基础。

三、搭建支架，助力“说明白”

鲸只是海洋世界中的一员，海洋动物还有很多，接下来就让学生走进海洋馆，去了解并介绍更多的海洋动物。所以我设计了第三个学习活动“我是海洋馆里的讲解员”。在这个活动里，我分别安排了“我会说海洋动物”“我会写海洋动物”环节，播放视频，带学生走进海洋馆，说说看到了哪些海洋动物；接着让学生选择一种海洋动物，说说分别从哪几个方面来介绍，如何介绍得更准确、更清楚。此环节就是想借助支架，引导学生说说可以抓住海洋动物哪些方面来介绍，以及采用什么方法把它的特点说明白，引导学生在学习习作例文的基础上不断发散、聚焦，确定写作内容，并进行选材和组材。有了支架直观的展示，以及课前搜集的材料，说和写的难度降低，学生也更容易、更乐于去表达。

四、欣赏片段，点评“说明白”

“我是海洋馆里的点评员”活动，意在分享学生写的海洋动物片段，在点评中进一步巩固把事物说明白的方法，为单元习作做准备。《课标》评价建议中强调除了教师评价外，还应该引导学生开展自我评价和相互评价。教师应提前设计评价量表，告知评价标准，引导学生合理使用评价工具，形成评价结果，借助评价引导学生反思学习过程。所以我设计了评价标准，分别从表达严谨、多种说明方法、形象描写等方面让学生对所描写的海洋动物片段进行自评、互评，在此基础上，教师再进行评价，提出指导意见，让学生在多种评价方式中进一步明确把一种事物说明白的方法。欣赏点评可以帮助学生更清晰地审视自己的习作是否符合写作要求，还可以帮助学生养成修改习作的好习惯，从而提高学生的习作能力。

习作例文有别于课文，它为学生习作提供范例，便于学生借鉴和仿写，所以我在教学中着力引导学生发现例文中暗含的习作知识和技巧，让学生在揣摩、学写、点评等环节中习得写作方法，并在学习的基础上当堂迁移练笔，为大单元习作打好坚实的基础。

我是大自然的精灵

——《松鼠》教学设计

陈秀萍

学习任务：把大自然的精灵说明白。

学习情境：我是小小代言人。

学习目标：

1. 提炼梳理文中与松鼠相关的信息，了解松鼠的外形、活动、行为习性等特点，制作“松鼠名片卡”。
2. 对比阅读，体会说明性文章的不同语言风格，感受课文生动活泼的表达方式，感知松鼠的特点，成为“松鼠代言人”。
3. 尝试将散文改写成说明性文章，初步运用不同语言风格来说明事物的特点。

学习课时：2 课时。

学习活动：4 个。

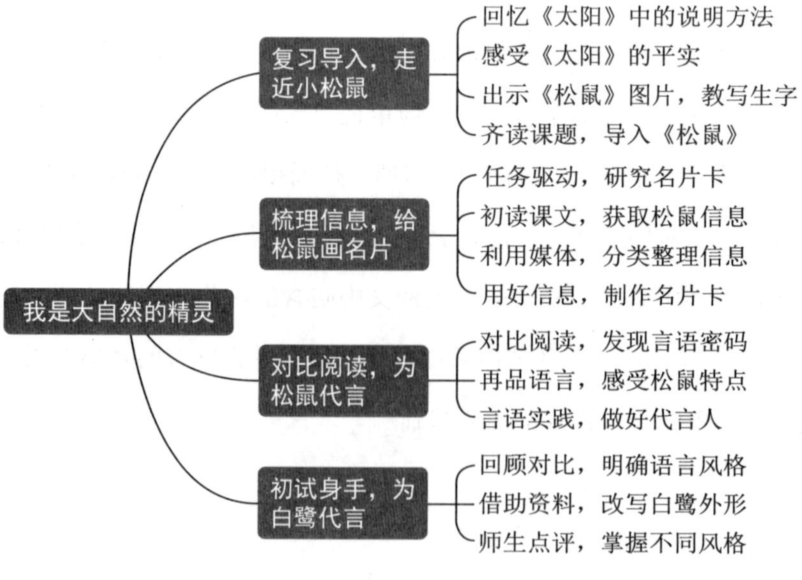

学习活动一

复习导入，走近小松鼠

1. 回忆《太阳》一文从哪些方面介绍太阳，又运用了哪些说明方法。

2. 感受说明文《太阳》的平实。

3. 出示图片，引出法国博物学家布封笔下的松鼠，教写生字“鼠”。

4. 齐读课题，导入《松鼠》。

学习活动二

梳理信息，给松鼠画名片

1. 任务驱动，研究名片卡。

（1）出示学习任务一：听说动物园里要给松鼠制作名片卡，如果让你们来试试，你们打算如何制作呢？

（2）学生交流：配上松鼠的图片，加上有关松鼠的文字介绍。

（3）引导学生：图片可画、可借鉴，文字介绍可以到课文中寻找。

2. 初读课文，获取松鼠信息。

（1）初读课文：快速默读课文，看看你能从文中获得松鼠的哪些信息。可以边读边圈画关键词句。

（2）全班交流：引导学生抓住关键词句，用简洁的语言来交流获得的信息。

（3）用课件罗列学生获得的信息。

3. 利用媒体，分类整理信息。

（1）引导分类：引导学生将与“面容清秀”类似的信息归类到一起，并提炼出这类信息描写的是松鼠的“外形”。

（2）学生自主分类：按照课文的顺序，将剩余的信息分类整理并提炼要点。

（3）全班交流，形成松鼠分条信息思维导图。

（4）小结：布封笔下的松鼠，就是从外形、活动、行为特点、搭窝以及其他习性这几个方面来介绍的，说得清楚明白。

4. 用好信息，制作名片卡。

（1）引发思考：怎么运用这些信息制作名片卡呢？

（2）学生交流：可以用一段简洁的语言将这些信息连贯地表达出来，也可以分条抓关键词来介绍。

（3）比较挑选，明确分条介绍更清楚简洁。（出示示例：外形——面容清秀，身体矫健，帽缨形尾巴高翘）

（4）学生完成松鼠名片卡的制作，全班交流。

（5）拓展延伸：如果你还知道有关松鼠的其他信息，也可以提炼补充到名片卡中。

学习活动三

对比阅读，为松鼠代言

1. 抓住外形，对比阅读，发现言语密码。

（1）出示文字，发现不同：出示课后《中国大百科全书》（第二版）和课文中对松鼠外形的描写，说说从中发现了什么。

（2）出示学习任务二，引发讨论：如果让你给松鼠做代言人，把松鼠的外形介绍给小学生，你会选择哪种表达，为什么？四人小组讨论。

（3）全班交流，发现言语密码。

预设1：用比喻的修辞方法，把松鼠的尾巴比喻成帽缨，让介绍更生动形象。

预设2：用拟人的修辞手法，抓住“面容清秀”“矫健”“玲珑”“歇凉”等词语感受作者时刻把松鼠当作人来写，显得活泼生动。

2. 聚焦全文，再品语言，感受松鼠特点。

（1）快速浏览课文其他段落，寻找生动活泼的语言。

（2）全班交流，感受松鼠特点。

预设1：抓住松鼠活动时“跳着叫着，互相追逐”，白天“歇凉”，晚上出来“奔跑，玩耍，吃东西”等拟人化的描写，感受松鼠的活泼可爱。

预设2：抓住松鼠找榛子、藏榛子的动作，感受拟人化背后松鼠的聪明机灵。

预设3：抓住松鼠搭窝时“先”“再”“然后”的条理性以及动作的精细、周到，并与《中国大百科全书》（第二版）中的介绍对比阅读，感受松鼠的聪明、高明。

预设4：抓住松鼠梳理毛发的状态，感受松鼠的可爱。

（3）总结：课文时时处处用活泼有趣的语言，将活泼可爱、聪明机灵的小松鼠呈现在我们眼前，说得很生动。

3. 选择内容，言语实践，做好代言人。

（1）学生选择松鼠的某个方面，运用文中活泼生动的语言，练习做代言人，将松鼠介绍给小学生。

（2）全班交流，师生点评。（抓住比喻、拟人、细致的动作描写等进行评价）

学习活动四

初试身手，为白鹭代言

1. 回顾对比，明确语言风格。

（1）同桌交流，回顾对比：同桌就《太阳》和《松鼠》两篇说明文进行对比，说说异同。

（2）全班交流，明确风格：两者相同点是都把事物的特点说清楚、说明白了，并运用了合适的说明方法；不同点则是《太阳》明白如话，而《松鼠》生动活泼。

2. 借助资料，改写白鹭外形。

（1）出示学习任务三：如果让你用不同风格的语言来介绍白鹭的外形，你选哪种方法？说说注意点。

（2）尝试改写：借助课前搜集的资料、图片，选择一种说明风格，改写白鹭外形。

3. 师生点评，掌握不同风格。

（1）交流点评：文章采用了哪种语言风格？特点是否说清楚了？方法是否恰当？文章适合放在百科全书里给成人阅读，还是放在课本中给小朋友阅读？试着从这几个方面来评价。

（2）总结：说明性文章的语言风格多样。有的平实，如《太阳》；有的活泼，如《松鼠》。无论哪种风格，都要准确、清楚、有条理。选择哪种方式来介绍，可以根据你介绍的场合和介绍的对象来定。

设计意图

在说明文单元大任务和大情境的统领下，围绕本单元核心要素，我设计了“我是大自然的精灵”这一板块的内容，共两课时。

这两课时的教学设计围绕课时学习任务“把大自然的精灵说明白”展开，创设了课时学习情境“我是小小代言人”，通过四个学习活动的有序推进，让学生在自主研读、小组合作、课堂展示中达成教学目标。

一、任务驱动，引导概括梳理

既然是阅读说明文，首先要感知文本是从哪些方面来介绍说明对象的，而且本课课后的第一题也要求分条梳理有关松鼠的信息。因此，本课开始就提出了一个情境任务——为松鼠制作名片卡，名片卡上除了图片，还要写什么文字呢？这一任务的提出，很自然地激发学生去读《松鼠》这篇课文，去规划相关信息，去提炼相关信息，并对搜集到的信息进行梳理概括。学生在这一任务的驱动下，概括梳理文本内容这一学习目的更加具体化和实用化，无论是自读抓关键词提炼信息，还是借助多媒体对信息进行分类整理，学生都兴趣盎然。

二、对比阅读，探寻言语密码

有效教学的关键是善于发现文本的个性特征。这个单元都是说明性文章，但每篇文本都各有特色。《松鼠》是一篇文艺性说明文，其语言极富拟人化，文中的松鼠极富趣味性，学生阅读起来就像与一个人在交朋友。那如何发现这一言语密码呢？教学中有机结合课后第二题，将文中对松鼠外形的描写与《中国大百科全书》（第二版）中的介绍进行对比，激发学生去细细品读文本语言。学生在对比阅读中发现了文本中描写特别生动的语言，在对比和总结中探究出打比方、拟人化的手法使介绍生动活泼。方法总结之后，由扶到放，让学生浏览全文，寻找这类生动活泼的言语表达，再次对比，细细咀嚼，并用文中的语言来为松鼠代言，介绍给小学生。几个来回后，学生对此篇文艺性说明文的言语密码了然于心，同时也在对比中、代言中感受到了松鼠活泼可爱、聪明机灵的形象。

三、读写结合，实践言语表达

教材无非是例子。作为教师，要用好教材，在学生习得言语密码的同时进行言语实践。本课的第四个活动是让学生来改写郭沫若笔下白鹭的外形，而且这里的改写是建立在大单元意识下的。先引领学生回顾对比《太阳》和《松鼠》这两篇文章，明确了不同风格的说明文：一个平实，一个生动；一个运用常见的说明方法，一个则用拟人的手法来说明。然后让学生借助课前搜集的资料，选择喜欢的语言风格，尝试改写白鹭的外形。最后让学生借助点评，深化认识，进一步体会不同说明文的不同用法：平实的说明性文字更适合成年人，更适合用在百科全书里；而生动的说明文更适合孩子阅读，更适合放在一些儿童读物中。这样的言语实践，更具单元整体意识，也做到了读写结合。

四、整体教学，凸显单篇张力

本课的教学是基于新课标理念下的大单元整体教学，单元整体教学的意识必不可少，但这并不意味着我们要放弃单篇教学的价值。《松鼠》一课是本说明文单元的第二课，也是精读课文，且“文艺性说明文”风格明显。因此，我在教学设计中既顾及了精读课文的重点教学，通过任务驱动的自主研读、深入探究的小组合作、由扶到放的对比阅读，落实了感受文艺性说明文语言风格的任务，凸显了单篇教学的张力，同时也注重了单元前后课文的勾连和对照，注重了各种说明方法的习得和运用，让单元整体教学的效用大大提升。

我是小小解说员

——习作《介绍一种事物》教学设计

蒋熙玲

学习任务： 介绍一种事物。

学习情境： 好物推荐官——我是小小解说员。

学习目标：

1. 能结合交际目的、事物特点和读者的心理确定内容和顺序，学会从不同方面来介绍一种事物。
2. 恰当地运用不同的说明方法，将事物特点介绍清楚。

学习课时： 2 课时。

学习活动： 4 个。

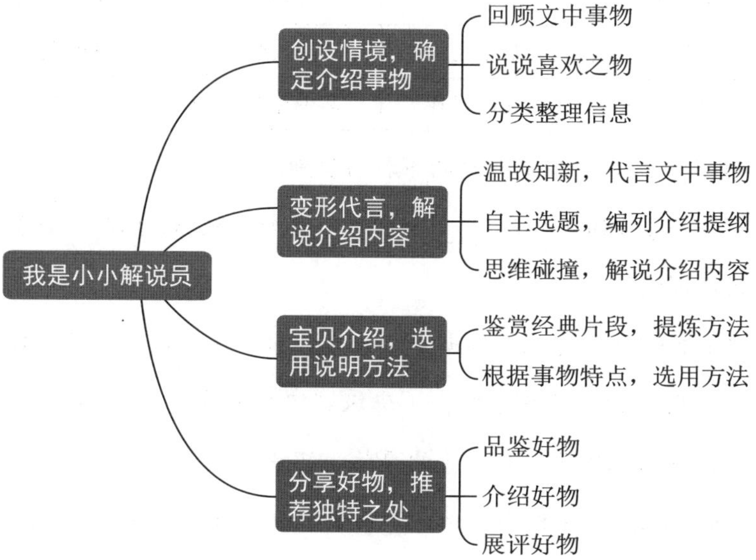

学习活动一

创设情境，确定介绍事物

1. 想一想。

本单元有四篇课文，分别是《太阳》《松鼠》《鲸》《风向袋的制作》，它们所写的有一个共同的名字——事物。

2. 说一说。

人世间事物多不胜数，有没有这样一种，让你很熟悉、很喜欢，眼睛一闭上，满脑子都是它？

3. 分一分。

（1）链接习作第一板块，用表格分类列举部分说明文的题目，提示思路。

与动物有关	恐龙	袋鼠的自述	动物的尾巴
与植物有关	菊花	热带植物大观园	种子的旅行
与物品有关	灯	扫地机器人	溜溜球的玩法
与美食有关	涮羊肉	怎样泡酸菜	我的美食地图
其他感兴趣的内容	火星的秘密	草原旅游指南	中国传统吉祥物

（2）启发选材，确定喜欢的事物与类别。

你熟悉并喜欢的一种是______（评价：动物、植物、物品、美食……）

4. 情境创设。

你想不想让更多的人也熟悉它，并且和你一样喜欢它？下周我们班将举行为期一周的世界万物介绍会（班级“博物展览会”），每位同学都是解说员。你可以把你熟悉和喜欢的事物介绍给大家。本次活动我们将评选出十位“解说之星”。（板书：世界万物介绍会或班级“博物展览会”）

学习活动二

变形代言，解说介绍内容

1. 温故知新，代言文中事物。

（1）思考课文《太阳》《松鼠》《鲸》《风向袋的制作》是从哪些方面来介绍事物的。结合思维导图，选择文中你喜欢的一种事物，为它代言。

（2）填一填：思维导图。

没有________，就没有我们这个__________的世界。

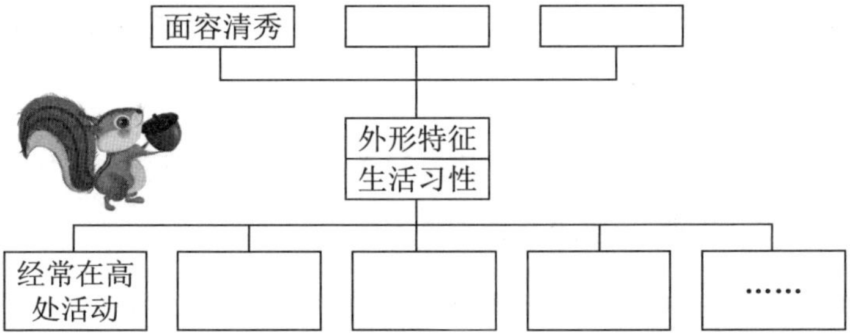

（3）说一说：我为文中的事物代言。

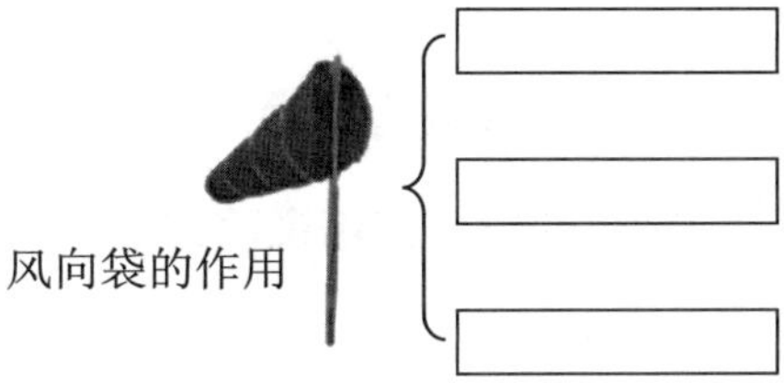

2. 自主选题，编列介绍提纲。

（1）你打算从哪些方面来介绍这种事物？请挑出 3 ~ 4 个你最拿手的方面，完成介绍的任务框架。

（2）变形代言：我是________。我从________和________介绍我自己。

3. 思维碰撞，解说介绍内容。

（1）议一议：一种事物，该介绍哪些方面才能让大家迅速了解它，并且能将它与同类事物区分开来呢？

▲如果是动物——

外形不同，习性不同（捕食、睡觉、换毛、居住），与人类的关系不同。

▲如果是植物——

产地不同，样子不同，叶子不同，花不同，果实的形状、味道不同。

▲如果是物品——

外形不同，材料不同，构造不同，做法（用法 / 玩法）不同。

▲如果是美食——

外观不同，食材不同，做法不同，味道不同。当然还可能有其他一些不同。

（2）引导总结：其实，不同种类的事物，介绍的顺序也不一样 。

动物：外形 + 生活习性。

植物：生长环境 + 生长过程（芽 + 叶 + 花 + 果）。

物品：样子 + 制作过程（玩法）+ 用处。

美食：样子 + 做法 + 味道。

学习活动三

宝贝介绍，选用说明方法

1. 鉴赏经典片段，提炼方法。

复习《太阳》《松鼠》《风向袋的制作》三篇课文的片段并交流。

片段一：

我们看到太阳，觉得它并不大，实际上它大得很，约一百三十万个地球的体积才能抵得上一个太阳。因为太阳离地球太远了，所以看上去只有一个盘子那么大。

片段二：

松鼠的窝通常搭在树枝分杈的地方，又干净又暖和。它们搭窝的时候，先搬些小木片，错杂着放在一起，再用一些干苔藓编扎起来，然后把苔藓挤紧，踏平，使那建筑物足够宽敞、足够坚实。这样，它们可以带着儿女住在里面，既舒适又安全。窝口朝上，端端正正，很狭窄，勉强可以进出。窝口有一个圆锥形的盖，把整个窝遮蔽起来，下雨时雨水向四周流去，不会落在窝里。

片段三：

第一，准备竹竿、细铁丝、粗铁丝、尖嘴钳、尼龙纱巾或其他较轻的纺织品、塑料绳、针线等材料和工具。

第二，缝制口袋。用尼龙纱巾缝一个圆锥形口袋，袋口直径约 10 厘米，袋长 40~50 厘米。用细铁丝做一个和袋口一样大小的圆圈，用针线把细铁丝固定在袋口处，把袋口撑开。

（1）三段话都出自这个单元学过的说明文，你喜欢哪一个？说一说。

图示：《太阳》用列数字、作比较的说明方法，写出太阳的“大”；《松鼠》用摹状貌的方法写出松鼠可爱的样子；《风向袋的制作》用分步骤的方法写出了风向袋的制作过程。

（2）总结：根据不同事物的特点，说明文可以采用不同的写法，可以用平实的语言，也可以生动地描摹，还可以分步骤来介绍。但是，它们有一个共同的特点：都能用恰当的说明方法把事物写清楚。

2. 根据事物特点，选用方法。

完成下列思维导图：你打算选用哪些说明方法来介绍你想推荐的事物。

在习作卡上完成习作框架，勾选主要说明方法。

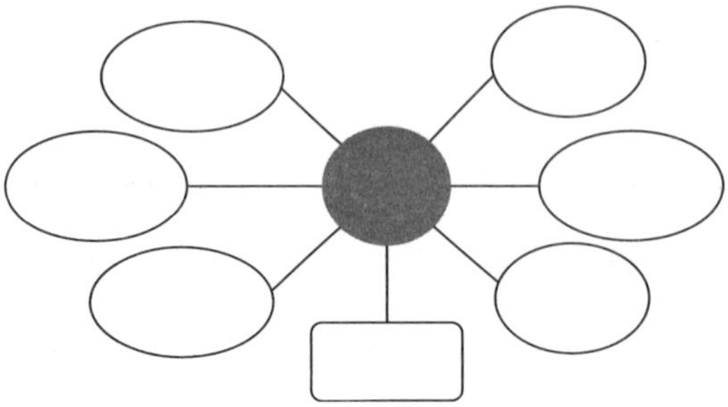

方法超市

举例子　列数字　打比方

作比较　分步骤　摹状貌

运用图片　数据表格

学习活动四

分享好物，推荐独特之处

1. 我是小小鉴赏家：独特推荐，走进美食馆。

出示例文：湘西辣子鸡真是太辣了！据说饮食界将辣度分为 5 级，湘西辣子鸡可达 4.8 级。剁椒鱼头、尖椒鸡、毛血旺、干锅辣鱼这些老牌的湘菜、川菜以辣闻名，但与湘西辣子鸡相比仍望尘莫及，即便一些无辣不欢的老食客也对湘西辣子鸡望而却步。在湘西有一家饭店，老板与点湘西辣子鸡的食客签订协议，如果食客吃这道菜后产生不良反应，饭店不承担任何责任。

（1）听了小作者的介绍，这道菜给你留下了怎样的印象？

（2）小作者是怎样通过自己的介绍将这道菜的“辣”牢牢地留在读者心中的？

（3）讨论小结：一是通过列数字表现“辣”（板书：列数字）。在介绍一种事物某个特点时，数字是最有说服力的。二是与同类事物进行比较表现“辣”（板书：作比较）。不怕不识货，就怕货比货。三是用真实具体的事例表现“辣”（板书：举例子）。一个真实可靠的例子，胜过千言万语。

（4）总结提升：要成功介绍一种事物的某个方面，必须认真观察，捕捉它的独特之处；还需要围绕独特之处，选用恰当的方法。

2. 我是小小解说员：介绍事物独特之处。

（1）写一写：要成功介绍一种事物的某个方面，必须认真观察，捕捉它的独特之处；还需要围绕独特之处，搜集资料，将独特之处写得清楚明白。结合你们课前搜集的资料，选择其中一个方面试着写一写。写完后小组内进行分享，选择代表作为小小解说员在全班分享，其他同学点评与修改。

要求：介绍清楚事物的主要特点，试着用上恰当的说明方法，让别人对你的介绍有兴趣。

（2）说一说：小组交流，组内进行分享。

（3）改一改：选择代表作为小小解说员在全班分享，其他同学点评与修改。

（4）展一展：小组模拟走进不同的场馆（天文馆、动物馆、物品馆、美食馆等），采用不同的合作形式介绍事物。

师生点评互动：说说自己喜欢哪位同学介绍的事物，并阐述理由，最后根据下表进行评价。

介绍的事物			
评价要求	自我评价	同学评价	小组推荐指数
能抓住事物最独特之处			
能恰当使用说明方法			
介绍吸引人的兴趣			

（5）引导总结：这堂课大家各自确定了介绍的一种事物，选定了这种事物要介绍的几个方面，还理清了介绍顺序。抓住事物的独特之处，选择用恰当的方法介绍，才能让别人感兴趣。

3. 我是小小解说员：线上好物推荐，选最佳。

（1）晒一晒：完成习作以后，为自己的作文配上相应的照片，以图文并茂的形式进行静态分享；或者利用视频软件，结合习作，加入图片、视频等素材，配上自己的讲解，剪辑成视频作品来分享。

（2）赞一赞：选出十佳小小解说员。

设计意图

在说明文单元大任务和大情境的统领下，围绕本单元核心要素，我设计了“我是小小解说员”这一板块的内容，共两课时。

这两课时的教学设计围绕课时学习任务“介绍一种事物”展开，创设了课时学习情境“好物推荐官——我是小小解说员”，通过四个学习活动的有序推进，让学生学会综合运用说明方法，将事物特点淋漓尽致地表达出来。

一、角色转换，明确介绍内容——重视信息筛选能力培养

创设为事物代言的学习情境，让学生选择自己喜欢的事物，结合思维导图支架，自我梳理归类《太阳》《松鼠》《鲸》《风向袋的制作》介绍的主要内容，在分享和交流中体会作者是从不同的方面介绍不同的事物的。

在回顾单元内容，明确习作要点的基础上，学生参照思维导图，根据自己前期的细致观察和资料搜集，选择自己感兴趣并且印象深刻的一种事物来编写提纲。交流提纲时，提醒学生注意选择介绍的这些方面要能表现事物的特点，而且这些方面一定不要有交叉、重复，要有顺序、有条理。学生再次变形代言，概述自己喜欢的事物，在讲述中分类整理不同的事物

需要介绍的内容和顺序。变形代言的有趣讲述，实现了知识的积累、能力的提升、思维的强化。

二、品读鉴赏，习得介绍方法——紧扣文体特点展开教学

介绍一种事物不仅要清楚解说什么内容，更要学会怎样来介绍。叶圣陶先生曾说“课文是个例子”。课文经典片段的回顾，是再一次的梳理与总结，引导学生来寻找文中的说明方法，体会作者选择这些方法的意图，从而使学生明白：要想把一件事物的特点说清楚，我们需要从不同角度深入浅出地进行阐释。

说明文教学要重视说明方法的习得和说明性语言的感悟，学生到了高年级，更需要引导他们在理解的基础上尝试着运用。根据不同事物的特点，采用不同的写法，可以用平实的语言，也可以生动地描摹，还可以分步骤来介绍。选择恰当的说明方法把事物写清楚，在鉴赏中学习表达，用好例子，促进读写结合，促进语文素养的提升。

三、角色体验，提升解说素养——强调学习情境的激发

1. 写好解说词。

走进美食馆，听小作者的介绍，化身美食鉴赏家，品品湘西辣子鸡这道菜的独特风味。学生一方面再次深刻体会不同说明方法的独特表达效果，另一方面明白要成功介绍一种事物的某个方面，必须认真观察，捕捉它的独特之处，还需要围绕独特之处，选用恰当的方法。“向读学写”，明确习作主题并编撰好提纲后，学生结合课前搜集的资料，进入创作环节，选择事物最独特的方面来写解说词。

2. 当好解说员。

勾连学生生活，引导学生变身为不同场馆的解说员，介绍不同事物的独特之处，在与学生的点评互动中，增强学生的角色意识、交际意识。“语

言建构与运用”“思维发展与提升”“审美鉴赏与创造”“ 文化传承与理解”整合在一个教学过程中，教师指导下的积极的语言实践，使学生不仅获得了知识，也在运用语言的实践中将知识转化为能力，在真实的语言运用情境中将能力转化为素养。

3. 好物云分享。

学生的学习过程是循环往复的。学生完成习作以后，为自己的作文配上相应的照片，以图文并茂的形式进行静态分享；利用图文编辑软件制作作品进行线上分享；利用视频软件，结合习作，加入图片、视频等素材，配上自己的讲解，剪辑成视频作品来分享。

在这个环节，学生学习的动力又一次被驱动，通过云端评价、互评学习，继续修改自己的作文。学生多元呈现分享，大胆积极参与，互相评价点赞。学生的“言意共生”语文生活在评价驱动下持续“在线”。

单元整体教学的解析与反思

在“博物展览会”的角色经历中学会“说明白”

蒋熙玲

生活是语文深深植根的沃土，从生活出发的真实情境，可以激活学生原有的经验，搭建起文本世界与生活世界的桥梁。当这两个世界建立起了关联，学生就能感觉到，学的东西跟现在的生活、未来的生活都是有关系的，学习是有用的、有意义的。

《课标》设置“实用性阅读与交流”学习任务群，意在引导学生在语文的实践活动中，通过倾听、阅读、观察，获取有价值的信息，根据具体交际情境和交流对象，清楚得体地表达，有效传递信息，满足家庭生活、学校生活、社会生活交流沟通的需要。

五年级上册第五单元的内容是学写说明文，“说明”既是本单元的文本特点，也是本单元的习作要求。说明性文章，是一种集知识与方法于一体，熔信息与事理于一炉的实用性文体。如何根据选文之间的联系与共性，灵活运用教材对接学习任务群，在单元整合教学中相互照应，助力学生素养呢？

一、整体关照，把握单元独特价值

1. 研读素材，解构单元。

本单元是习作单元，围绕“搜集资料，用恰当的说明方法，把某一种事物介绍清楚”这一语文要素，精心编排了精读课文《太阳》《松鼠》、习作例文《鲸》《风向袋的制作》学习资源。这些资源都是习作教学和训练的素材，它们是语文要素的“实践体”，目标指向“把某一种事物介绍清楚”。

两篇精读课文让学生分别从名家名篇中，学习体会说明性文章的不同类型，了解基本的说明方法，感受平实、活泼等不同的语言风格；两篇习作例文通过介绍事物和介绍制作流程两种不同的说明方法，引导学生恰当地使用说明方法，学会有条理地表达。这些资源为学生完成单元习作《介绍一种事物》提供了优秀的表达范例，有利于学生从多角度了解不同的说明方法，体会使用说明方法的好处，感受说明性文章与现实生活的紧密联系，为他们在习作中进行表达实践打下扎实的基础。整个单元各项内容之间环环相扣，体现了语文教学的整体性和综合性。

2. 分类重组，遵循规律。

教学应当以学习者为中心，以学生积极的学科实践构建主线，这应是学习任务群的第一要义。研读中我们从课文的特点与习作的要求出发，对教材进行重新组合，学习活动设计先从相对容易的程序说明文开始，然后是一般性说明文，最后是文艺性说明文。尊重学生的认知特点，把握单元教材的内在层次和梯度，围绕“把某一种事物介绍清楚”的单元核心目标，将各项学习材料作为一个整体进行规划，开展教学，引导学生通过“学得、习得、用得”三个台阶，做到前后贯通、彼此呼应、拾级而上！

二、提炼主题，设计结构任务框架

1. 真实的情境激发有意思的学习。

《课标》指出，义务教育语文课程培养的核心素养，“是学生在积极的语文实践活动中积累、建构并在真实的语言运用情境中表现出来的，是文化自信和语言运用、思维能力、审美创造的综合体现”。其中，情境是语言运用与发展的重要基础。只有将语言与运用语言的社会、文化、历史以及使用者个人背景等情境信息相结合，才能获得与之相适应的语言理解。

因此，决定语言意义的不仅是语言形式本身，更是语言所处的语境。

说明类习作教学要与单元教学紧密结合，链接学生生活经验，激发内在交际需求，把学习活动置于真实有趣的语境之中。本单元的教学内容包含自然万物，适宜创设“博物展览会”的大情境来统领教学。围绕单元核心目标，学生在“博物展览会”的角色经历中，在挑战不同的任务中，学会“说明白”。

2. 真实的任务驱动有意义的学习。

《课标》强调设计语文学习任务，要围绕特定学习主题，确定具有内在逻辑关联的语文实践活动。语文学习任务群由相互关联的系列学习任务组成，共同指向学生的核心素养发展，具有情境性、实践性、综合性。

聚焦举办“博物展览会”的大主题，创设任务性的真实情境，搭建结构化任务框架，五大任务群分七课时完成。任务群一：“我来教你学制作”，重在例文引路，学会把制作过程介绍清楚，并且整理一份自己的制作分享。任务群二：“把太空星球说明白”，重在初步了解说明方法，搜集资料，运用多种方法来说明感兴趣的一个星球。任务群三：“把海洋动物说明白”，重在分类说明，说生动，结合搜集资料描写海洋动物，会点评。任务群四：“把大自然的精灵说明白”，重在对比阅读，改写文章，初步运用不同语言风格来说明事物的特点。任务群五：“介绍一种事物”，重在从梳理探究中感悟方法，搜集资料，用恰当的说明方法，在真实的生活场景中把某一种事物介绍清楚。建构真实、富有意义的学习情境，能够拓展学生语文学习任务群的实践空间。

三、有效分解转化，设计系列实践活动

学习任务群是任务导向的语文实践方式。学习活动有趣，才能调动学习的兴趣；活动真实有效，知识才会在言语结构中逐渐“内化”，在言语

实践中慢慢“活化”，在真实语境表达中成功“显化”。根据习作目标，有效分解转化，设计系列实践活动，通过任务驱动，让学生在不同的角色经历中，产生内在的“真实诉求”。多维学习实践的综合融通，极大地激发学生自主学习、自发写作、自我展示的学习内驱力。

1. 我是制作小达人——实践中提升语言表达力。

勾连真实生活，链接劳动场景，创设“我来教你学制作”工作坊招募一批善于制作的小达人的情境，设计了四大学习活动：“畅快聊”，确定介绍的事物；“例文分析”，学习怎样把制作过程介绍清楚；“互评改”，在合作学习中，完善自己的制作分享；“我推荐”，为学生提供展示的舞台，激发学生表达、创造的愿望与潜能。习作活动设计有层次、有梯度、有评价，聚焦“把制作过程介绍清楚”，实现“做中学构思”“练中悟表达”的目的。

2. 我是杂志社小编辑——体验中激活学习探究力。

从熟悉的生活场景到宇宙奥秘，设计进阶式言语实践活动：“我是太阳小编辑”，以思维导图说明白事物的特点；“我是太阳代言人”，以情境宣讲说明表达要清楚；“我是太阳鉴证员”，以比较辨析说明语言要准确；“宇宙观察站”，写清楚感兴趣的星球，延展学习探索空间。以主题统领，以任务为载体，引导学生整体阅读“悟知识”，实践体验“促表达”，建构经验，从而实现语言从“知识”向“能力”的转化。

3. 我是海洋馆里的小老师——读写中提升语言思维力。

依据例文特点，设计阅读与鉴赏、表达与交流、梳理与探究等语文实践活动，让学生用自己独特的体验去感受文本语言，内化之后进行个性化的表达，并通过教师的穿针引线，形成一张互有联系、纵横交错的“互动网”。结合课后习题，借助助学系统“批注”，本课更强调主动探究、迁移与应用、讲清楚、说明白，给予学生感悟理解、操作体验的过程，引导学生在自主、合作、探究中学会学习。内在关联、螺旋上升的学习活动，前后任务的贯串，帮助学生实现知识、能力、素养之间的转化。

4. 我是大自然的精灵——类比中感悟语言魅力。

“真实”的学习情境既可以是对学生生活体验的再现，也可以是符合生活逻辑的语言交际场景的虚拟。从神秘的海洋世界到大自然的精灵，我们依据文本特点，精心设计学习任务和多样的学习活动：梳理信息，给松鼠画名片，学得轻松；对比阅读，为松鼠代言，学得有趣；初试身手，为白鹭代言，学得有方法。最后，需要特别关注的是，类比中体会说明文语言的不同风格，目的是引导学生依据场景介绍事物，给学生营造鲜活的表达情境，使学生的习作能力得到提升，习作情感得到丰盈，体悟到习作表达的愉悦。

5. 我是小小解说员——活动中激发习作内驱力。

习作应该从学生的生活需要出发，并达到某种交际的目的，满足人与人之间情感沟通、人际交往的需要。举行班级“博物展览会”，介绍一种事物的学科实践有三大核心任务群：“变形代言，解说介绍内容”，引导学生回顾梳理，内化提升经验，在情境中提升语言表达力；“宝贝介绍，选用说明方法”，为学生搭建学习支架，在互动中提升语言沟通力；“分享好物，推荐独特之处”，学生选择自己喜欢的事物，通过仔细观察，搜集与整理相关资料，在读写中提升语言思维力，在展评实践中丰富综合体验。活动的过程饱含着快乐的情感、鲜活的体验，整合融通中，实现跨学科学习，促进学生综合素养的全方位提升。

素养导向，秉持结构思维，要做好编路、文路、学路、教路的融合统一。单元整体设计凸显学生学习与生活的联系，教学设计围绕真实生活情境，为学生创设学习的大情境和小情境；凸显学生间的交流，个人学习、小组学习、集体学习形成成长共同体，学生在学习过程中不断与同学、教师、文本进行“真对话”。

语文学习任务群是学科育人的综合体，是学科内容逻辑、生活逻辑、学习逻辑的统筹，强调以学生为主体的过程性体验，让学生在真实的学习情境中交往互动，在任务驱动中深度探究，在系列活动中灵活运用，在多元评价中进阶提升，经历完整而丰富的语文学习生活，突出正确价值观、必备品格和关键能力，重视学生文化自信、语言运用、思维能力、审美创造的全面发展，促进学生核心素养与合作、反思、创造等综合素养的整体提高和协同发展。

任务驱动，读写共进

统编版小学语文教材五年级上册第五单元整体教学设计（二）

单元整体教学的内容与构架

☆教材内容

- 太阳
- 松鼠

◎交流平台与初试身手

◎习作例文：《鲸》与《风向袋的制作》

◎习作：《介绍一种事物》

☆单元要素

人文主题：

说明文以“说明白了”为成功。——叶圣陶

语文要素：

阅读简单的说明性文章，了解基本的说明方法。

搜集资料，用恰当的说明方法，把某一种事物介绍清楚。

☆整体构架

任务群： 发展型学习任务群——实用性阅读与交流。

单元任务： 阅读简单的说明性文章，了解并运用恰当的说明方法介绍一种事物。

单元情境： 我是小小解说员。

设计理念： 任务驱动，读写共进。

单元导图

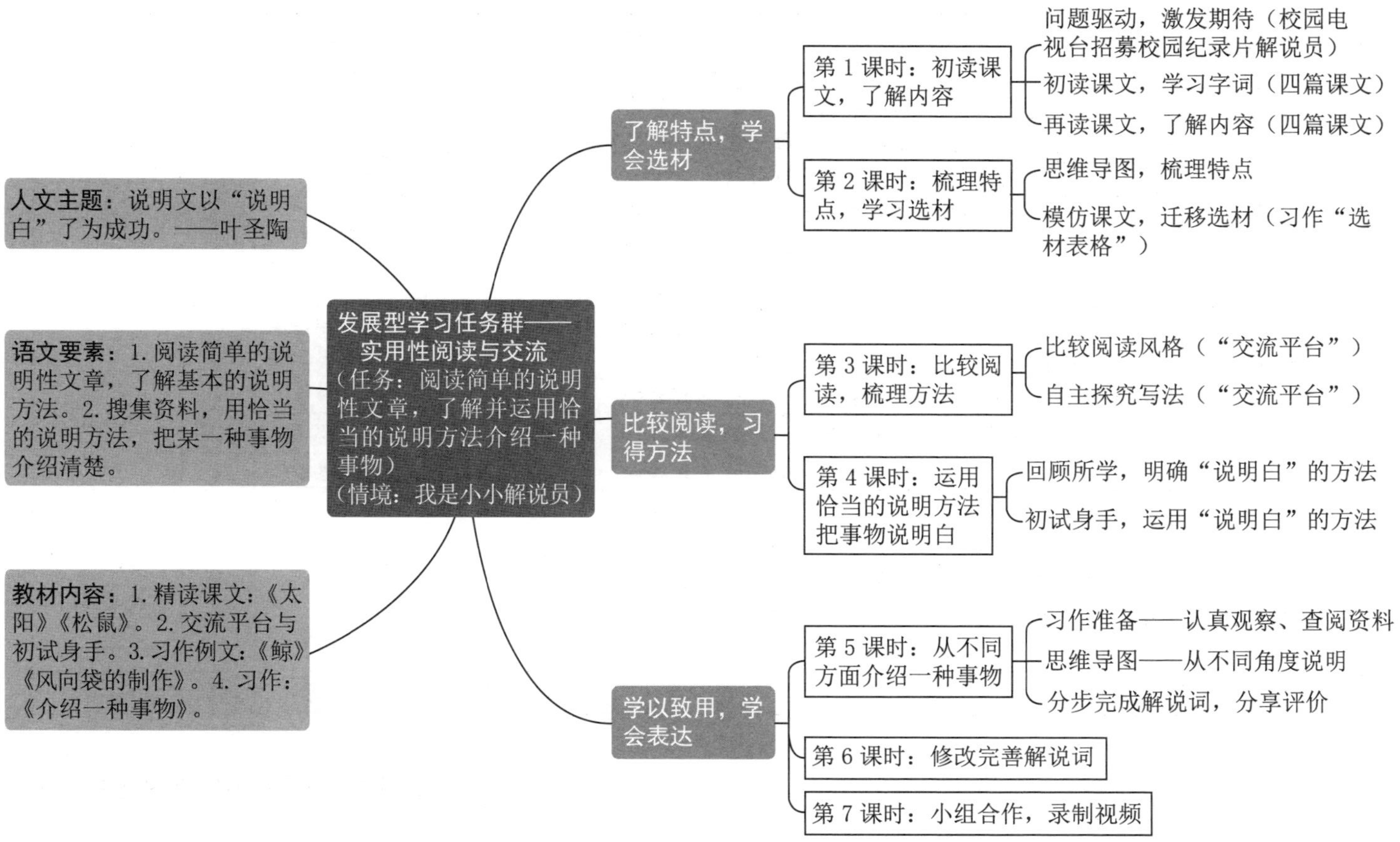
人文主题：说明文以“说明白”了为成功。——叶圣陶
语文要素：1. 阅读简单的说明性文章，了解基本的说明方法。2. 搜集资料，用恰当的说明方法，把某一种事物介绍清楚。
教材内容：1. 精读课文：《太阳》《松鼠》。2. 交流平台与初试身手。3. 习作例文：《鲸》《风向袋的制作》。4. 习作：《介绍一种事物》。
发展型学习任务群——实用性阅读与交流
（任务：阅读简单的说明性文章，了解并运用恰当的说明方法介绍一种事物）
（情境：我是小小解说员）
了解特点，学会选材
第 1 课时：初读课文，了解内容
问题驱动，激发期待（校园电视台招募校园纪录片解说员）
初读课文，学习字词（四篇课文）
再读课文，了解内容（四篇课文）
第 2 课时：梳理特点，学习选材
思维导图，梳理特点
模仿课文，迁移选材（习作“选材表格”）
比较阅读，习得方法
第 3 课时：比较阅读，梳理方法
比较阅读风格（“交流平台”）
自主探究写法（“交流平台”）
第 4 课时：运用恰当的说明方法把事物说明白
回顾所学，明确“说明白”的方法
初试身手，运用“说明白”的方法
学以致用，学会表达
第 5 课时：从不同方面介绍一种事物
习作准备——认真观察、查阅资料
思维导图——从不同角度说明
分步完成解说词，分享评价
第 6 课时：修改完善解说词
第 7 课时：小组合作，录制视频

单元整体教学的设计与意图

<table>
<tr><th>板块</th><th>课时</th><th>课时任务</th><th>课时情境</th><th>说明风格</th><th>落实要素</th><th>习作训练</th><th>教学内容</th></tr>
<tr><td rowspan="2">了解特点，学会选材</td><td rowspan="2">2</td><td>初读课文，了解内容</td><td rowspan="2">我是小小解说员——学习选材</td><td>阅读简单的说明性文章，了解主要内容</td><td rowspan="2">学习怎样选材</td><td rowspan="2">识字写字，概括内容，梳理特点，模仿选材</td><td>四篇课文</td></tr>
<tr><td>梳理特点，学习选材</td><td>梳理说明对象的主要特点</td><td>四篇课文 + 习作“选材表格”</td></tr>
<tr><td rowspan="2">比较阅读，习得方法</td><td rowspan="2">2</td><td>比较阅读，梳理方法</td><td rowspan="2">我是小小解说员——运用方法</td><td>了解基本的说明风格和方法</td><td rowspan="2">用恰当的说明方法介绍一种事物</td><td rowspan="2">比较阅读，梳理方法，运用方法，尝试表达</td><td>四篇课文 + “交流平台”</td></tr>
<tr><td>运用恰当的说明方法把事物说明白</td><td>尝试运用恰当的说明方法介绍一种事物</td><td>“初试身手”</td></tr>
<tr><td rowspan="3">学以致用，学会表达</td><td rowspan="3">3</td><td>从不同方面介绍一种事物</td><td rowspan="3">我是小小解说员——尝试解说</td><td>搜集资料，从不同方面介绍一种事物</td><td rowspan="3">搜集资料，用恰当的说明方法，把某一种事物介绍清楚</td><td rowspan="3">借助资料，运用方法，体现风格，尝试解说</td><td rowspan="2">习作</td></tr>
<tr><td>修改完善解说词</td><td>运用恰当的说明方法，把某一种事物介绍清楚</td></tr>
<tr><td>小组合作，录制视频</td><td>把某一种事物介绍清楚</td><td>完成解说视频</td></tr>
</table>

梳理特点，学习选材

曹美华

学习任务：梳理特点，学习选材。

学习情境：我是小小解说员——学习选材。

学习目标：

1. 学会根据介绍需要抓事物特点，整体构思解说词，并绘制层次清晰的思维导图。
2. 能根据所抓事物特点，有目的地搜集、整理相关材料，为习作做好初步准备。

学习课时：1 课时。

学习活动：4 个。

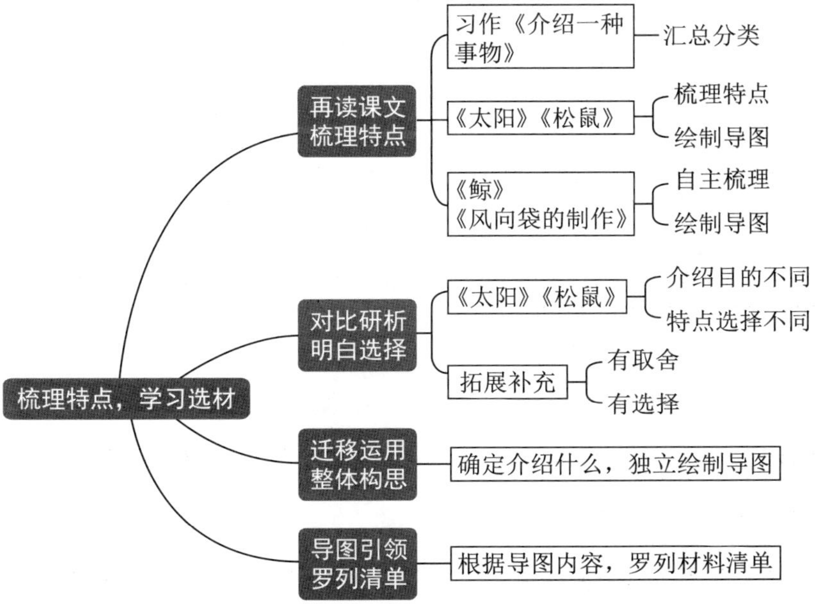

学习活动一

再读课文，梳理特点

1. 再入情境，展示介绍对象。

上课伊始即带领学生走入真实情境：校园电视台要招募纪录片解说员，今天我们将进行选拔赛第一关的考核。（课件出示：校园小小解说员选拔赛第一关）

（1）学生展示解说对象，说说选择的理由。

第一关共有三道题，请看第一题——用图片或视频展示解说对象，并说明选择的理由。（第 1 课时结束后，布置学生对熟悉的校园进行深层次了解，思考选择准备介绍的对象，并对准备介绍的对象拍照或拍视频，在第二课进行展示）

（2）根据学生的展示，利用表格汇总并分类。

学生展示结束后，课件出示汇总表格。表格源于学生的展示，再结合习作“介绍什么”部分，将选择解说的对象分类呈现。

与动物有关	黑天鹅的自述　亲水湾的小锦鲤　狼山鸡
与植物有关	校园爬山虎　我是一朵小睡莲　童耕园的葫芦
与物品有关	汉白玉浮雕　我是一块电子班牌
与美食有关	校园特色美味　让你垂涎的午餐　多样的加餐
其他感兴趣的内容	亲水湾游览指南　我们的四大盛会　奇幻的童创中心

2. 再读课文，梳理介绍内容。

现在已经初步选择好介绍的对象，那么可以从哪些方面来介绍？可以介绍些什么呢？再回到课文《太阳》和《松鼠》中去学习。由扶到放，梳理特点，绘制思维导图。

（1）再读《太阳》一文，老师引领，辅助梳理，绘制思维导图。

（2）《松鼠》一文，学生自主学习，组内合作，自行绘制思维导图。

（3）两篇习作例文《鲸》和《风向袋的制作》，学生独立完成个性化的思维导图。

学习活动二

对比研析，明白选择

1. 对比课文，学习选择。

对比《太阳》和《松鼠》两课读后的感受，初步感知为什么选择这些内容来介绍。

《太阳》一文读后，我们了解了太阳远、大、热等特点，知道了它与人类关系密切，没有太阳就没有一切。这是典型的科普说明文，没有掺杂作者的个人情感。《松鼠》一文读后，我们充分感受到了松鼠的可爱，不管是外形、性情，还是行为等，文章的字里行间都透露着作者对松鼠的喜爱之情。

两篇文章介绍目的不同，所选择介绍的特点也不同。

2. 尝试补充，明白选择。

（1）出示学生绘制的优秀导图，说一说：如果让你来介绍太阳或松鼠，你还能补充哪些内容？

（2）对比补充后的介绍，再给学生读被编者删除的片段，让学生更深刻地感受到，介绍一种事物，并不是越全面、越细微越好，要根据介绍的目的，有选择，有取舍，抓事物的主要特点。

3. 影响特点选择的因素。

聚焦“写特点也需要有选择”，启发学生思考：特点的选择，需要考虑哪些因素？（如：小小解说员解说时的对象意识。创设情境，介绍同一

种事物，面向不同的听众，介绍的侧重点自然不同）

4. 小组合作，调整思维导图。

学习活动三

迁移运用，整体构思

1. 确定内容，整体构思。

（1）回到大情境，回到上课伊始的选择，再次确认即将介绍的内容。

（2）迁移运用，根据自己选择介绍的内容，整体构思，绘制思维导图。

2. 情境选拔，展示交流。

校园小小解说员选拔赛第一关第二题——自主模拟情境，带导图进行“粗”解说。

（1）学生带着自己的导图，到讲台前展示交流。

学生在自主模拟的情境中进行解说，如：今天我给即将升入小学的幼儿园大班小朋友介绍学校的亲水湾……然后粗略说一说准备介绍亲水湾的哪些特点、哪些内容。

（2）老师和同学相机点评，及时给建议，讲述的同学即时调整。

3. 总结方法，选择有方向。

特点的选择需要考虑介绍对象本身的特色、真实的介绍目的、解说面向的对象等。

学习活动四

导图引领，罗列清单

1. 根据导图，独立罗列材料清单。

学生根据自己的导图，确定需要搜集的素材，自主罗列材料清单。

2. 组内交流，合作调整清单。

组内交流准备搜集的素材及搜集的方式，调整材料清单。

3. 情境选拔，展示交流。

校园小小解说员选拔赛第一关第三题——自主模拟情境，“粗”解说，重点展示材料清单，说明即将着手准备的材料及搜集方式、来源等。

点评总结时再次提醒：面向不同需求的听众，所抓的特点、所选择的材料，要有所区分。

4. 学生再次调整材料清单，定稿，课后开始整理相关素材。

设计意图

统编版小学语文教材五年级上册第五单元是习作单元，同时，也是一个说明文单元。本单元属于“发展型学习任务群”中的“实用性阅读与交流”任务群。本单元我们围绕任务情境“我是小小解说员”来展开，共分成三个大的任务群，需要用 7 课时来完成教学。任务群一：了解特点，学会选材（2 课时）；任务群二：比较阅读，习得方法（2 课时）；任务群三：学以致用，学会表达（3 课时）。本课时是第一任务群的第 2 课时，在“初读课文，了解内容”的基础上，“梳理特点，学习选材”。教学内容涉及精读课文《太阳》《松鼠》，习作例文《鲸》《风向袋的制作》，以及习作《介绍一种事物》。

本单元的导语引用了叶圣陶先生的名言：说明文以“说明白了”为成功。本单元的语文要素有两条：1. 阅读要素：阅读简单的说明性文章，了解基本的说明方法；2. 习作要素：搜集资料，用恰当的说明方法，把某一种事物介绍清楚。本课时需要完成的任务是“梳理特点，学习选材”，解决“介绍什么”及“如何搜集资料”的问题，为本单元的习作《介绍一种事物》做好准备，走好坚实的第一步。

本课时的教学围绕课时学习任务“梳理特点，学习选材”展开，在任务情境“我是小小解说员——学习选材”中，有序推进四个学习活动，最终实现教学目标。

一、任务驱动，梳理特点，了解介绍什么

上课伊始即带领学生走入真实任务情境：校园电视台要招募纪录片解说员，今天我们将进行选拔赛第一关的考核。学生用图片或视频展示解说对象，勾连习作《介绍一种事物》“介绍什么”部分，将学生所选择的介绍对象用表格归类，做一次统整，便于学生做出第一次选择的调整。

在学生第一次展示交流结束后，抛出问题：可以从哪些方面来介绍？可以介绍些什么呢？有了内在任务的驱动，学生学习的主动性积极性是不一样的，探索求知欲望会更强烈。

第 1 课时学生已经初读了精读课文《太阳》和《松鼠》，理清了两篇课文的脉络，在这个基础上教师带学生借助思维导图来梳理课文“介绍了什么”，由扶到放，到了习作例文时，完全由学生独立绘制导图。在这个教学过程中，教师要有意识地围绕语文要素，根据写作需要，有规划、有节奏地渗透说明文的写作因子，让学生步步深入地获得对说明文的认知与了解。

二、对比研析，聚焦目的，明白取舍选择

这个学习活动中，先让学生对比说说两课读后的感受，初步感知为什么选择这些内容来介绍。《太阳》一文是典型的科普说明文，没有掺杂作者的个人情感。读后，读者可以了解太阳远、大、热等特点，知道它与人类关系密切，没有太阳就没有一切。《松鼠》一文轻松活泼，文章的字里行间，不管是外形、性情还是行为等描写都透露着作者对松鼠的喜爱。读后，我们充分感受到了松鼠的可爱。此环节学生可以初步感受到“介绍目的不同，所选择介绍的特点也不同”。

接着出示学生绘制的优秀导图，让学生说一说：如果让你来介绍太阳或松鼠，你还能补充哪些内容？对比补充后的介绍，再给学生介绍被编者删除的片段——《松鼠》一文中，编者删除了“松鼠叫声比黄鼠狼还尖锐”“松鼠也吃鸟兽”等内容，让学生更深刻地感受到，介绍一种事物，并不是越全面、越细微越好，要根据介绍的目的，有选择，有取舍，抓事物的主要特点。在习作中的体现就是：“知道的材料”并不全都是“写作的内容”，我们要具备处理资料的能力。

特点的选择需要考虑哪些因素？聚焦“写特点也需要有选择”，启发学生思考。学生借助创设的情境，在解决情境问题的过程中明白如何选择。如：同样是介绍亲水湾，如果是向即将升入小学的幼儿园小朋友介绍……如果是向来参观学习的老师介绍……如果是向来访的设计师介绍……解说需要有对象意识，介绍同一种事物，面向不同的听众，介绍的侧重点自然不同。

一层一层地推进后，再让学生小组合作，调整思维导图。

三、迁移运用，整体构思，优化介绍框架

在任务情境中，让学生再次确认即将介绍的内容，迁移运用，整体构思，绘制思维导图，然后继续进行选拔：校园小小解说员选拔赛第一关第二题——自主模拟情境，带导图进行“粗”解说。

学生带着自己的导图，到讲台前展示交流，自主模拟情境进行解说。老师和同学相机点评，及时给建议，让讲述的同学即时调整。

四、导图引领，罗列清单，高效准备素材

这个学习活动中，先让学生根据自己的导图，确定需要搜集的素材，自主罗列材料清单，再组内合作交流，讨论准备搜集的素材及搜集的方式，调整材料清单。之后在任务情境中选拔：校园小小解说员选拔赛第一关第三题——自主模拟情境，“粗”解说。重点展示材料清单，说明即将着手准备的材料及搜集方式、来源等。教师在学生展示交流过程中相机提醒：面向不同需求的听众，所抓的特点、所选择的材料，要有所区分。最后，学生再次调整材料清单，定稿，课后开始整理相关素材。

本课时的设计没有满足于将目标仅仅定为“阅读 + 习作”，而是充分发掘了这个单元的学习价值，基于说明文的特性，站在学生长远发展的角度，站在提升学生语文核心素养的角度，在发展学生的语言和思维这两个维度有明确的目标定位。

本课时学习活动的重点落在“特点”二字，方法落在“选择”二字，解决了“介绍什么”的问题。朱光潜先生说：“材料只是生糙的钢铁，选择与安排才显出艺术的锤炼刻画。”通过这一课时的学习，学生在写作说明文前，能根据介绍的目的抓取介绍对象的特点，整体构思搭好大框架，并能根据需要选择合适的材料，为接下来的学习做好了充分的准备。至于如何介绍，如何安排，怎样充分体现“艺术的锤炼刻画”，请看小组伙伴后续的介绍。

比较阅读，梳理方法

姚姝颖

学习任务： 比较阅读，梳理方法。

学习情境： 我是小小解说员——运用方法。

学习目标：

1. 在比较阅读中体会说明性文章不同的语言风格。
2. 能结合课文内容，了解列数字、作比较、打比方等基本的说明方法，体会运用这些说明方法的好处。

学习课时： 1 课时。

学习活动： 4 个。

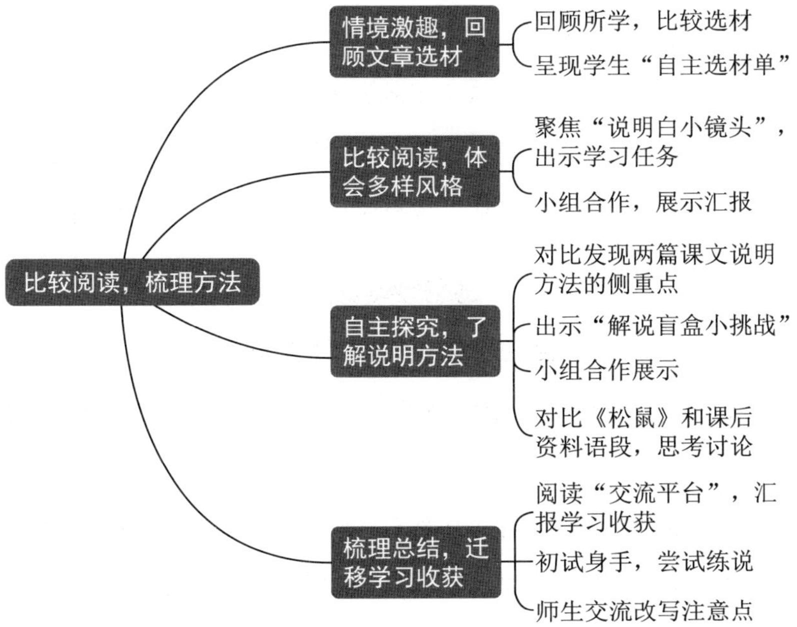

学习活动一

情境激趣，回顾文章选材

1. 回顾上一课所学，比较《太阳》《松鼠》选材的不同之处。

2. 出示“纪录片解说员素材库”，相机出示“自主选材单”，学生展示交流想要解说的事物的主要特点。

3. 小结：选定素材后，抓住事物鲜明的特点来说，就能让大家清楚地了解事物。

学习活动二

比较阅读，体会多样风格

1. 出示“说明文以‘说明白了’为成功”。

2. 聚焦“说明白小镜头”，出示学习任务：

对比阅读《太阳》《松鼠》部分语段，开展“小镜头配音”，并说一说在表达风格上有什么不同之处。

3. 小组展示，多种形式朗读、汇报表达。

4. 小结：说明性文章的语言风格可以多样——《太阳》的语言比较平实，《松鼠》的语言比较活泼，无论用哪种风格，都要把事物“说明白”。

学习活动三

自主探究，了解说明方法

1. 不同的作家有不同的风格，他们都运用了哪些说明方法来把事物“说明白”呢？

2. 引导学生整体把握，对比发现《太阳》《松鼠》说明方法的侧重点。

3. 小结：恰当运用说明方法可以把事物介绍得更准确、更生动形象。

4. 出示“解说盲盒小挑战”，学习小组从《太阳》或《松鼠》中摘抄一处最感兴趣的语段，说一说：作家选择了什么说明方法，介绍了事物的什么特点？这样介绍好在哪里？再自选一款“任务盲盒”，合作展示。

盲盒1：夸夸作家的表达，展示“语段点赞卡”。

盲盒2：读读作家的表达，展示“语段解说秀”。

5. 对比《松鼠》第1自然段和课后资料语段，思考讨论：两段文字都是在写松鼠的外形特点，表达上有什么不同？

6. 教师小结。

学习活动四

梳理总结，迁移学习收获

1. 学生自主阅读“交流平台”，交流汇报学习收获，教师相机出示“说明白百宝箱”。

2. 出示“初试身手”第二题，阅读《白鹭》第2~5自然段，初步感受散文与说明性文章语言的不同，发现作者是从哪几个方面写白鹭外形的，引导学生抓住主要特点。

3. 以《白鹭》第5自然段为例，出示白鹭科普卡片，引导学生尝试运用恰当的说明方法说一说。

4. 师生交流在改写时要注意什么。

小结：说明性文章要说清楚、说明白，可选择适宜的说明方法和语言风格来表达。

设计意图

根据大单元整合设计思路，在第2课时，学生已经借助思维导图，初步感知、了解了本单元说明文的特点，关注了不同作家及习作资料中丰富的选材内容，打开了更为广阔的说明文天地。因此，第3课时重点落实“了解基本的说明方法”这一学习目标，通过“比较阅读”的方式来实现。引导学生走进说明文的大千世界，在对比中感知不同的说明文风格和说明方法，体会用恰当的说明方法表达的精妙之处，从而更真切地跟着作家学语言表达，探知说明文“说明白”的文字密码。

这节课通过四项学习活动，让学生拾级而上，在比较阅读中明风格，在自主探究中习写法。

一、情境激趣，回顾文章选材

在课堂教学伊始，引导学生回顾上一课所学，说一说《太阳》《松鼠》选材的不同之处。沿用“校园电视台招募纪录片解说员”这一情境，出示“纪录片解说员素材库”，相机出示学生完成的“自主选材单”，让学生充分地打开思路，展示上节课的学习成果，在广阔的天地里了解说明对象，交流想要解说的事物的主要特点。学生更加明确地认识到，选定素材后，抓住事物鲜明的特点来说，就能让大家更清楚地了解事物。这一板块的教学勾连故知，让学生在现有学习经验的基础上找到了可持续的生长点。

二、比较阅读，体会多样风格

针对本节课的教学重难点“了解基本的说明方法”，把“说明白”作为教学的落脚点，以任务驱动的方式，引导学生整体把握本单元的两篇课文《太阳》《松鼠》，聚焦“说明白小镜头”，完成学习任务：对比阅读《太阳》《松鼠》部分语段，开展“小镜头配音”，并说一说在表达风格上有什么不同之处。在小组合作展示中，学生以读为媒，在多种形式的朗读、汇报表达中，感受着说明性文章语言风格的多样性——《太阳》的语言比较平实，《松鼠》的语言比较活泼，但无论哪种风格，都是以把事物“说明白”为指向。

三、自主探究，了解说明方法

此处重在引导学生了解基本的说明方法。启发学生思考：不同的作家有不同的风格，他们都运用了哪些说明方法来把事物“说明白”呢？以大问题统领，让学生整体感知，在对比中发现《太阳》《松鼠》两篇文章在说明方法的运用上其实各有侧重。在交流体悟中，他们更深切地感受到，运用说明方法是手段，而恰当的运用才是把事物介绍得更准确、更生动形象的根本所在。

教学时重视开展小组学习活动，安排了“解说盲盒小挑战”的学习任务，以“盲盒”这一学生喜闻乐见的形式，激发起学生透过现象看本质、触摸文本肌理的阅读和探究兴趣。学习小组从《太阳》或《松鼠》中摘抄一处最感兴趣的语段，说一说：作家选择了什么说明方法，介绍了事物的什么特点？这样介绍好在哪里？再自选“任务盲盒”，合作展示。给出的两个任务既有书面的梳理探究，也有口头的个性表达，学生在做任务、真合作中感受说明方法的巧妙，在活学活用中将原本看似理性的方法解析为活泼的听说读写实践活动，有意思且有意义。在此基础上，我又相机出示《松鼠》第 1 自然段和课后资料语段，让学生再次对比阅读，思考讨论。将语言风格和说明方法糅合在一起，学生会发现不同的语言风格、合宜的说明方法相得益彰，互为映衬。

四、梳理总结，迁移学习收获

最后引导学生回扣本单元需习得的写作章法，让学生自主阅读“交流平台”，交流汇报学习的收获，教师相机出示“说明白百宝箱”，帮助学生提纲挈领地进行归纳总结。

本单元为习作单元，“读”是为了更好地服务于学生的“写”。此时学生读写融合的练说便显得水到渠成了。出示书本“初试身手”第二题，学生阅读《白鹭》第 2~5 自然段，初步感受散文与说明性文章语言的不同。此时顺势引导学生抓住主要特点，发现作者是从哪几个方面写白鹭外形的。以《白鹭》第 5 自然段为引子，出示带有部分数据和图片的白鹭科普卡片，启发学生变换描述的语言系统，尝试着运用恰当的说明方法说一说。学生在练说中逐渐明白：说明性文章要说清楚、说明白，可选择适宜的说明方法和语言风格来表达。这样以小切口渗透说明方法的即学即用，也有效降低了学写说明文的难度。

以上教学设计始终注重将“比较阅读”贯串教学的全程，从以下对比着手，层层递进，步步深入：一是教材中不同课文语言风格的对比；二是单元课文说明方法的对比；三是课文和同类素材的拓展对比；四是不同文体的对比改写。由对比阅读到对比练写，实现由读到写的能力提升，让学生在读写融合中发掘说明文恰当表达的奥妙，为下节课恰当地用好说明方法进行写作做好铺垫。

运用恰当的说明方法把事物说明白

李爱芸

学习任务：运用恰当的说明方法把事物说明白。

学习情境：我是小小解说员——运用方法。

学习目标：

1. 比较阅读，引导学生体会不同的语言风格。
2. 合作讨论，学会选择恰当的说明方法。
3. 学以致用，学会运用恰当的说明方法。

学习课时：1 课时。

学习活动：3 个。

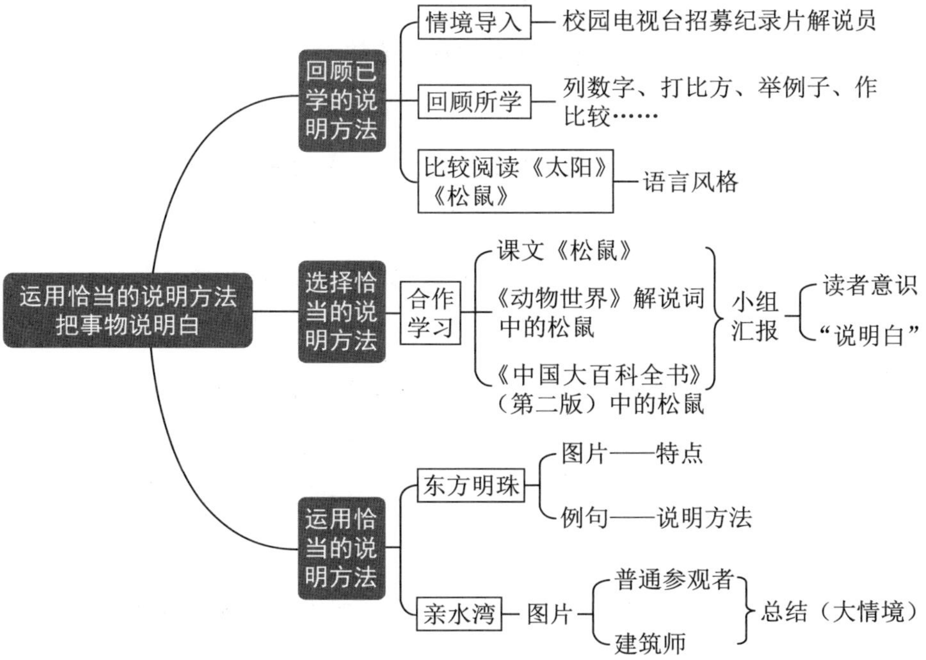

学习活动一

回顾已学的说明方法

1. 情境导入。

校园电视台要招募小小解说员，大家都知道吧！要想成为一名优秀的解说员，写好解说词是首要前提。

2. 回顾所学。

我们先回顾一下，通过前三课的学习，你都知道了哪些说明方法？（列数字、打比方、举例子、作比较……）

3. 比较阅读。

我们再浏览一下课文《太阳》和《松鼠》，又有些怎样的收获与启示？

4. 评价小结。

学习活动二

选择恰当的说明方法

1. 合作学习。

同学们，我们来看看几段描写松鼠的文字，它们分别出自课文《松鼠》、《动物世界》解说词和《中国大百科全书》（第二版），说说你有什么发现。同样的事物却有不同的描述，这是为什么呢？请大家分小组讨论一下。

2. 小组汇报。

预设 1：作者的身份不一样，选择的语言风格不一样。

预设 2：作者的写作目的不一样，选择的语言风格不一样。

预设 3：介绍面向的对象不一样，选择的语言风格也不一样。

3. 比较说明方法。

再读一读这几段文字，说说他们分别运用了什么妙招来介绍松鼠的。

学习活动三

运用恰当的说明方法

1. 初试身手。

（1）这是“东方明珠”（即东方明珠广播电视塔）的图片，说说“东方明珠”的特点，你想用什么方法来介绍它？

（2）读一读介绍“东方明珠”的例句，分析运用了哪些说明方法。

（3）如果我们想把它介绍得更生动活泼些，你会怎么写呢？小组内说一说。

2. 牛刀小试。

（1）看看图片中的亲水湾，说说你最想介绍这里的什么事物。如果你面对的是来学校参观的客人，你准备怎样介绍它？如果你面对的是一位建筑师，他也准备建一个这样的生态中心，你觉得他想了解什么？你又准备怎样介绍它？

（2）根据下表中的评价标准，独立完成片段练习。

评价标准	星级
说清事物的主要特点	★
运用适合的语言风格	★
运用恰当的说明方法	★

（3）互相评价。

（4）集体点评。

3. 总结方法。

设计意图

根据研讨，在前面两位老师完成“梳理特点，学习选材”“比较阅读，梳理方法”的基础上，我设计了本课时的教学内容“运用恰当的说明方法把事物说明白”。学生已经掌握了如何选定素材，抓住事物鲜明的特点来说，体会到两篇精读课文的语言风格，都是以把事物“说明白”为指向，发现《太阳》《松鼠》两篇文章在说明方法的运用上其实各有侧重，并尝试了将状物散文的句段改写为说明性的文字。在本课时，学生应通过比较阅读的方法，体会不同的语言风格，学会如何选择恰当的说明方法，最后学会根据交际语境即读者对象、写作目的的不同，选择恰当的说明方法，尝试把事物说明白。

基于以上的认识，将本课时的教学目标设定为如下几点：

1. 比较阅读，引导学生体会不同的语言风格。

2. 合作讨论，学会选择恰当的说明方法。

3. 学以致用，学会运用恰当的说明方法。

这节课通过以下三个活动板块，由扶到放，让学生在比较阅读中回顾所学，明确方法，初试身手，尝试表达。

一、回顾所学，比较风格

继续用“校园电视台招募纪录片解说员”这一情境，在课堂教学伊始，引导学生回顾上一课所学，说一说已经了解的说明方法（列数字、作比较、打比方、举例子……）。在对《太阳》和《松鼠》两篇精读课文的再次浏览下，引导学生发现作者语言风格的不同——《太阳》严谨平实，《松鼠》生动活泼，了解介绍不同的事物需用不同的语言风格。在此环节，充分利用学生对精读课文的熟悉，让学生在现有学习经验的基础上找到了语文活动延伸的抓手。

二、比较阅读，学会选择

本课时的教学重难点在于学会选择“恰当”的说明方法，因此把选择说明方法的依据作为教学点。为学生提供了三段关于松鼠的资料，分别是课文《松鼠》、《动物世界》解说词和《中国大百科全书》（第二版）中的对松鼠的介绍，以合作学习为主，让学生进行讨论。

第一次讨论，学生通过对资料的对比阅读，发现作者的身份、写作目的、面向的对象不一样，所以选择的语言风格也会不一样。说明性文字的表达相较于其他文体而言，读者意识体现得更为明显。

第二次讨论，引导学生关注说明方法。《中国大百科全书》（第二版）运用了列数字的说明方法，简洁明了，准确严谨；《动物世界》解说词采用了打比方的说明方法，形象生动；布封运用了打比方的说明方法和拟人的修辞手法，生动活泼，让人喜爱。在第一次讨论的基础上，学生能够知道，根据不同的接受对象，说明方法的运用也有不同的选择，以达到“说明白”的目的。

三、初试身手，尝试表达

语文活动最终的落脚点是语言实践。学习活动三旨在让学生尝试选择恰当的说明方法进行语言实践。首先，利用课本“初试身手”的第一题，引导学生选取说明对象“东方明珠”的特点，并选择恰当的说明方法，进行第一次练说，这样就给学生提供了表达思路。接着，出示亲水湾的图片，明确了读者对象，让学生进行第二次练说，再次强化读者意识。

《课标》提出，语文实践应是基于真实情境的，因此在学生掌握运用不同的说明方法介绍一种事物后，相机任命他们为校园小小解说员，与大情境相扣，引导学生从普通参观者和建筑师两种不同的对象的角度进行思考，进而选择不同的说明方法和内容进行片段练习。因为此处是学生的书面表达尝试，为了明确训练目标，需要设置评价标准作为学生思考的参考以及评价的重要抓手。

最后，让学生对学习进行总结，将大情境贯串始终。

综观以上教学，我注重将“比较阅读”作为学习增长点，充分利用精读课文，选择适当的内容进行拓展阅读以丰富学生的知识，使学生能更好地学会选取恰当的说明方法和语言风格，最终走向语言实践表达的目的。我还特别关注评价对学生学习的促进作用，采用学生自评、生生互评、教师评价等评价形式，以提高学生的学习能力。

从不同方面介绍一种事物

张　艺

学习任务：从不同方面介绍一种事物。

学习情境：我是小小解说员——尝试解说。

学习目标：

1. 学会从不同方面去介绍一种事物。
2. 能选择恰当的说明方法，分段将事物的特点介绍清楚。
3. 在修改和分享中，提升说明性文章的写作能力和表达兴趣。

学习课时：1 课时。

学习活动：4 个。

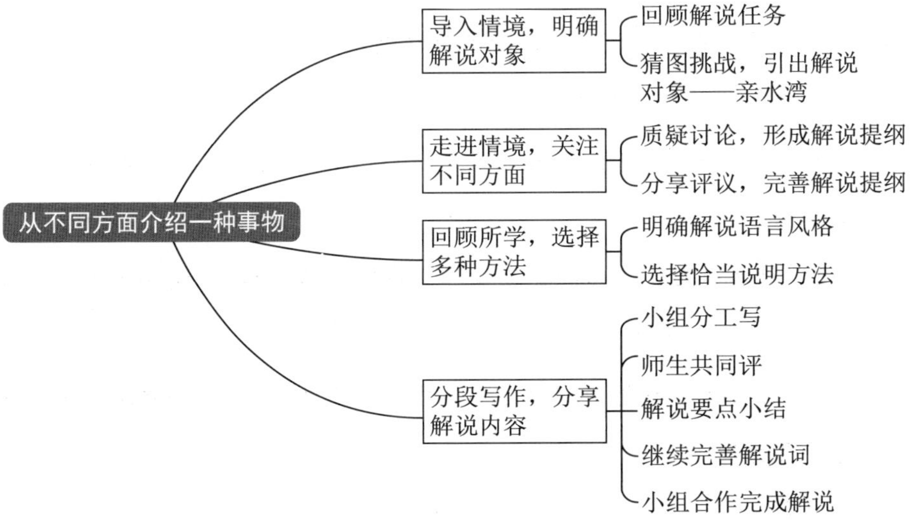

学习活动一

导入情境，明确解说对象

1. 回顾解说任务：作为校园小小解说员，介绍学校特色事物。

2. 猜图挑战，引出解说对象——校园亲水湾。

学习活动二

走进情境，关注不同方面

1. 讨论。

（1）如果你从来没看见过亲水湾，你最想知道它哪些方面的信息？（预设：位置、布局）

（2）作为解说员，你认为参观者还需要知道哪些方面的信息？（预设：设施、功能、活动等）

2. 拟写提纲。

每个人想要介绍的方面可能各不相同，那请大家拿起笔把你想要介绍的几个方面写下来，拟写亲水湾的解说提纲。

3. 分享提纲，指导修改。

（1）这几个方面中，哪些是可以合并的？（指导要点：方面的概括、表述要准确）

（2）对于这几个方面的介绍顺序，有修改建议吗？（指导要点：介绍要由浅入深，层层递进）

（3）这里面你最想介绍的是哪些方面？为什么？（指导要点：重点介绍的方面要详写）

4. 小结。

提纲中，各方面的表述尽量准确，按一定顺序来排列，重点介绍的方面要做好详写的标记。

学习活动三

回顾所学，选择多种方法

1. 说一说。

作为解说员，怎样才能让听众对你介绍的事物留下深刻印象呢？说说你的看法。（预设：解说的语言要尽量显得生动、活泼）

2. 明方法。

读一读《松鼠》中写松鼠不同方面的特点时的精彩语段。你发现布封用了哪些妙招把松鼠的各个方面介绍得生动、活泼？（预设：打比方、拟人体、作比较、举例子）

3. 完善提纲。

请结合亲水湾的相关资料，根据你解说的需要，想一想每个方面打算使用哪些说明方法，补充在你的提纲上。

4. 分享提纲，指导修改。

你想选择哪些说明方法来介绍亲水湾的各个方面？说说你的想法。（指导要点：不同的方面对应不同的说明方法，力图说明白）

学习活动四

分段写作，分享解说内容

1. 小组分工。

组内商议，每人选一个方面写一段解说词，尽量不重复。（生写，师巡视指导）

2. 自我评价。

写完之后，自己读一读，看看你喜欢不喜欢自己写的解说词。

3. 师生评价。

听了同学的解说，你喜欢上亲水湾了吗？是哪些句子打动了你？

4. 修改建议：如果还不够喜欢，请你说说哪些地方可以再改改。

5. 小结。

从参观者的想法与感受出发，从不同方面来介绍亲水湾，按一定顺序来介绍，介绍时要讲究详略，运用多样的说明方法。相信参观者一定会喜欢上大家的讲解，喜欢上我们的亲水湾。

6. 课后任务。

继续完善解说词，组内推选出最优秀的解说词，合作完成解说视频录制。

设计意图

在单元大任务和“我是小小解说员”单元大情境的统领下，本课要解决的是将说明文知识学以致用，学会表达的问题。在前面四课时学习的基础上，本课时将重点放在了让学生学会从不同方面介绍一种事物上。为了达成这一目标，课堂围绕单元大情境与课时任务，实施了以下三方面的策略。

一、从情境角色出发，发现解说路径

在单元大情境下，我设定了具体的课堂情境：即将有校外参观者来校参观亲水湾，你作为校园解说员代表，会如何向大家介绍亲水湾呢？以此激发学生的表达欲望。再提出问题：“假如你是参观者，你想要知道哪些信息呢？”“假如你是解说员，你认为哪些信息必须介绍给参观者呢？”“怎样的解说词才能让参观者对亲水湾印象深刻呢？”问题层层深入，角度不断完善，让学生在情境中进行角色转化，换位思考，梳理出解说亲水湾时必不可少的重要信息，构思好要解说的框架和要使用的说明方法，这其实就在引导学生学会从不同方面来介绍事物，初步落实课时教学目标。

二、拟提纲到写片段，实现能力生长

好的解说词就是一篇说明文，那整篇说明文该如何写？这是本单元习作要解决的问题之一。其实说明文也是作文，也需要从谋篇布局开始，需要从课堂上的片段练习与指导开始。在课堂上，我从介绍事物的不同方面出发，引导学生搭建起整个解说词的框架，形成写作提纲。在学生分享提纲初稿的基础上，引导他们关注到不同角度的表述与顺序，学会准确概括要介绍的方面，学会有顺序地介绍不同方面，学会提前构思好各个方面的详略安排，突出重点，实现习作能力的生长。

不仅如此，从拟提纲到写片段，学生能更真切地领悟到作文的生成过程，更能在片段写作中锤炼真实写作能力。在提纲的基础上，让学生分段介绍其中的一个方面，在有限时间里，结合所学说明方法和所给资料，进行解说词的撰写。在师生分享与点评中，学生发现说明方法要为说明对象服务，要为介绍的各方面的特点服务。表达绝不是杂乱、随兴的行为，背后一定有其表达目标作为动力与方向。

三、创作与分享交融，激发表达兴趣

情境创设的目的是激发表达兴趣，提升语言运用能力。课堂上的分享互动也是。教学环节中，共设计了三次课堂写作、三次分享评价和三次修改指导，让学生围绕介绍的不同方面拟提纲，再精心挑选典型提纲，指导学生修改，再让学生根据完善后的提纲写片段。这个过程中，让学生主动分享发现，说倾听的感受，再从解说员与参观者的角度提出修改建议。学生写，师生评，自主改，在多次的书面表达与口头表达的往来中，学生的表达兴趣更真实、更浓厚，表达能力也实现增长。

文不加点，书面表达全面又生动；娓娓道来，口头表达得体又准确。——这是小小解说员应有的风采，也是所有习作课上应有的亮丽风景。

单元整体教学的解析与反思

任务驱动，读写共进

顾石红

在语文教学中，如何实现从单篇教学走向单元整体教学？在习作教学中，如何实现从先读后写到读写共进？我们以统编版小学语文教材五年级上册第五单元为例，进行了一些思考和尝试。

一、单元解析

五年级上册第五单元是习作单元，同时，也是一个说明文单元，其人文主题是“说明文以‘说明白了’为成功”。语文要素有两个：（1）阅读简单的说明性文章，了解基本的说明方法；（2）搜集资料，用恰当的说明方法，把某一种事物介绍清楚。学生在之前的学习中，也都接触过说明文单元，但是，正式提出了解并使用恰当的说明方法来介绍事物的要求，这还是第一次。

教材按照习作单元体例的思路编排（如下图），以“介绍一种事物”

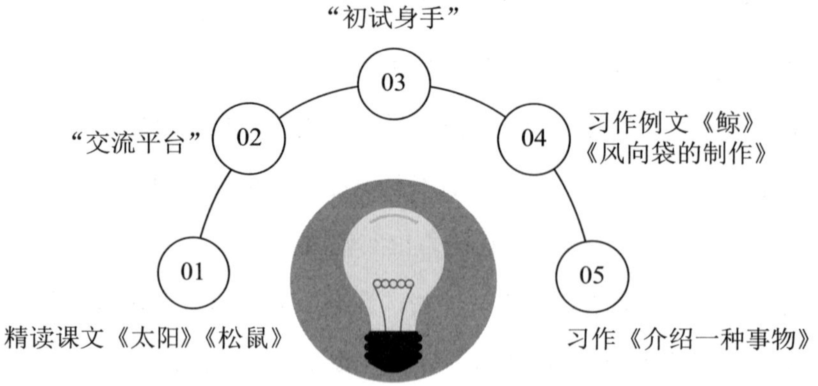

为主题，系统地设计了五个板块：两篇精读课文《太阳》《松鼠》，“交流平台”“初试身手”，两篇习作例文《鲸》《风向袋的制作》，以及习作《介绍一种事物》。

其中，《太阳》是一篇科普性说明文，主要介绍了太阳距离地球远、体积大、温度高以及与地球关系密切等四个方面的内容，语言平实，通俗易懂。《松鼠》则是一篇文艺性说明文，与科普性说明文不同，它以叙事和抒情的笔调介绍松鼠可爱的外形、驯良的习性和乖巧的行为，语言活泼，描述生动。习作例文《鲸》运用多种说明方法，准确、具体、形象地介绍了鲸的特点；习作例文《风向袋的制作》有条理地介绍了风向袋的制作方法与流程。几篇课文，语言风格迥异，说明方法多样，但描述时用词都十分准确，具有一定的条理性，是培养学生阅读不同语言风格说明文能力的好材料。

本单元我们围绕任务情境“我是小小解说员”来展开教学，分成了三个大的任务群，一共七课时，教学内容从单篇走向整合。

任务一：“了解特点，学会选材”，分成两课时来教学。任务二：“比较阅读，习得方法”，分成两课时教学。任务三：“学以致用，学会表达”，分成三课时教学。

二、教学策略

（一）以驱动性问题贯串单元整体学习

所谓驱动性问题，是指一个能够连接学习目标和学习过程的问题。它基于真实情境，激发学生探究欲望以及寻找解决方案的需求，能够有效组织学生自主、合作、探究学习的问题。驱动性问题是单元整体学习的“引擎”，兼具知识性与真实性，是沟通学生学习兴趣与真实情境的桥梁，对学生的学习活动起到积极的推动作用。为此，我们认为，设计能够驱动本习作单元的驱动性问题是教学设计的重要一环。

设计驱动性问题的方向在哪里？我们首先对本单元传统的教学方式进行了反思：按照常规的习作单元教学，是先引导学生“阅读简单的说明性文章，了解基本的说明方法”，再在习作中“搜集资料，用恰当的说明方法，把某一种事物介绍清楚”。这样的教学，还是单篇思维，单元整体性不足。要突破这样的教学范式，就要以驱动性问题作为统领，“提领而顿，百毛皆顺。”我们组通过讨论认为，作为习作单元，让学生学会用所学方法进行表达，是本单元的核心任务。所以，基于习作单元的独特体例，我们决定把表达任务前置，学习本单元前首先设置驱动性情境任务：校园电视台招募纪录片解说员，要为校园纪录片写解说词。学生带着学习怎样表达这样的目标，来学习精读课文和习作例文，变“要我学”为“我要学”。学生带着学习任务与问题进入本单元学习，让他们清楚地知道本单元的主要文体就是说明性文章，有利于学生在接下来开展的一系列活动中树立文体意识，自觉选择恰当的阅读策略和学习策略。

在整个单元学习过程中，第 1 课时，初读课文，学习生字词，了解课文内容。第 2 课时，回顾两篇课文和两篇习作例文，结合“交流平台”学习怎样选材。第 3 课时，结合课文梳理说明方法和语言风格，体会说明文的作用及写作特点。第 4 课时，结合“初试身手”，尝试根据表达需要，选择本单元习得的不同说明方法来说明事物。第 5 课时，学习从不同方面，运用恰当的方法分段介绍事物，从而完成不同训练梯度的“作品”，逐步学会写一篇完整的说明文。第 6、7 课时，完成解说词，进行视频录制。这一过程不仅是学生发现写作规律、习得写作知识的过程，同时也是学生高阶思维发展的过程。

在整个单元的学习过程中，从学习纪录片解说词写作方法，到学习例文，了解例文中事物的特点，梳理说明方法；从尝试选用不同的说明方法和语言风格写片段，到运用说明方法尝试从多方面分段介绍事物，写整篇说明文，最后根据解说词配上画面，制作简单的纪录片，驱动性问题一直贯串始终，形成一个闭环（如下图）。在问题情境驱动中，学生于阅读中得法，于习作中实践，于实践中完成学习目标，培养了学生的语文核心素养。

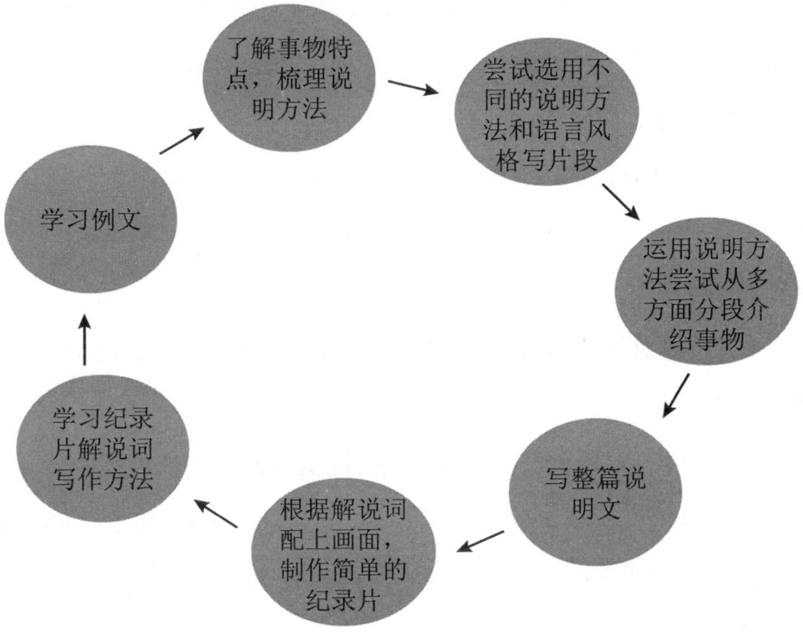

（二）以 KUD 进阶实现单元深度学习

所谓 KUD（Know、Understand、Do 的首字母），K 是知道，U 是理解，D 是能做。围绕这三个维度进行学习目标设定，既能提供不同层面心智处理的清晰描述——在事实性层面上能“知道”，在概念性层面上能“理解”，在技能和过程层面上能“做”；又能从知识的结构和过程的结构保障学生越过低层次的知识与技能，进而形成深度的学科素养；同时，又恰巧符合克拉申提出的“i+1”理论（i 代表习得者现有的语言水平，1 代表略高于习得者现有水平的语言材料），有助于学生明确学习目标，让学生清晰地知道自己学习后应该知道哪些内容，理解哪些概念，利用所学能做哪些事情。

基于这样的认识，我们制定了如下学习目标：

1. 知道。

（1）知道本单元是一个说明文单元，本单元的学习目标是学会用不同的方法介绍一种事物。

（2）《太阳》作为本单元的第一篇课文，主要呈现了太阳很远、很大、很热这三大特点以及太阳和人类的关系；而从法国作家布封对松鼠外形和活动细致地描述，学生知道了松鼠乖巧驯良的样子。

（3）在对精读课文、“初试身手”和习作例文的学习中，知道课文用列数字、作比较、举例子、分类别等不同方法来介绍事物。

2. 理解。

（1）通过对精读课文和习作例文的学习，理解课文是如何用说明方法介绍事物的。

（2）在对例文的学习中，感受说明性文章或平实或活泼的语言风格，以及表达的准确性和条理性，感受说明文与其他文体风格的不同，理解用不同语言风格叙述事物，往往会有不一样的表达效果。

3. 能做。

搜集资料，抓住事物的不同特点，运用恰当的说明方法和语言风格，把某一种事物介绍清楚。

确立了这样的学习目标，我们就在教学中，指导学生尝试把所学方法分步进行运用：

1. 仿照例文，学习选材。

借助思维导图进行构思，搭建习作框架，合理安排写作顺序。

2. 运用方法，尝试介绍。

通过精读课文与习作例文的学习，初步掌握所学的说明方法，并尝试运用恰当的说明方法介绍事物的一个方面。

3. 运用方法，进行写作。

运用所学方法，多方面分段介绍一种事物，做到介绍事物抓特点、有条理、有方法，并借助情境进行配图解说与视频制作。

（三）以表现性评价促进学生主体学习

与传统的纸笔测试不同，表现性评价没有一个统一的标准答案，它不仅要评价学生行为表现的结果，而且要关注学生行为表现的过程；不仅能评价素养目标，而且能在过程中促使学生素养的形成。

表现性评价的关键特征指向了以学生学习为特征的深度学习。那么如何利用表现性评价在课堂中引领和促进学生深度学习，促使学生素养的形成呢？

在本单元教学中，我首先设计了一个表现性任务来驱动学生深度学习：校园电视台要招募纪录片解说员，我们需要做哪些准备呢？以此来引发学生学习的动机，激发学习兴趣。在整个单元学习中，学生都是带着这样的任务：我要学习怎样的方法来写纪录片的解说词呢？通过《太阳》《松鼠》和习作例文的学习，学生逐步学会如何选材，用怎样的方法、怎样的语言风格来表现，等等。学生在学习过程中能积极扮演角色，完成任务，而不是被动地接受知识。而这些任务，学生在学习中“跳一跳”就能“够得着”。把一个个整体任务分解成若干个小小的训练点，最后让学生尝试创作，制作纪录片，在表现性评价中让学生学有所获，体会到学习的成就感，从而激发学生习作兴趣。

总之，整个单元的学习不仅指向最终的习作成果，更在学习过程中，从“任务驱动，读写共进”的角度进行解读与教学，引导学生于阅读中得法，于习作中实践，切实培养学生的语文核心素养。

鲁迅单元

穿越百年的相遇，走近鲁迅

统编版小学语文教材六年级上册第八单元整体教学设计（一）

单元整体教学的内容与构架

☆教材内容

- 少年闰土
- 好的故事
- 我的伯父鲁迅先生
- 有的人——纪念鲁迅有感

◎习作：有你，真好

◎语文园地

☆单元要素

人文主题：

有的人活着，他已经死了；有的人死了，他还活着。——臧克家

语文要素：

借助相关资料，理解课文主要内容。

通过事情写一个人，表达出自己的情感。

☆整体构架

任务群：发展型学习任务群——文学阅读与创意表达。

单元任务：借助相关资料，了解鲁迅。

单元情境：穿越百年的相遇。

设计理念：基于要素，循序渐进。

单元导图

人文主题：有的人活着，他已经死了；有的人死了，他还活着。——臧克家

语文要素：1. 借助相关资料，理解课文主要内容。2. 通过事情写一个人，表达出自己的情感。

教材内容：1. 精读课文：《少年闰土》《好的故事》。2. 略读课文：《我的伯父鲁迅先生》《有的人——纪念鲁迅有感》。3. 习作：《有你，真好》4. 语文园地。

发展型学习任务群——文学阅读与创意表达
（任务：借助相关资料，了解鲁迅）
（情境：穿越百年的相遇）

- 遇见自由向上的少年
  - 课文+“阅读链接”：借助老师提供的资料理解课文内容
    - 自由纯真的同伴
    - 自由美好的梦想
    - 自由精神的追寻
- 遇见追寻真理的斗士
  - 课文+“交流平台”：借助课文及相关资料，感受鲁迅在生活中的形象
    - 处处碰壁的斗士
    - 不惧碰壁的斗士
- 遇见甘当老牛的英雄
  - 课文+“日积月累”：体会作者如何运用对比手法，体现鲁迅的高尚品质
    - 对底层人民的同情
    - 对进步青年的爱护
    - 对下一代的关心
- 遇见更多的遇见
  - 习作+“词句段运用”：选择一个人，向他倾吐自己的心声
    - 回忆美好往事
    - 表达真挚情感
    - 期待更多遇见

单元整体教学的设计与意图

板块	课时	课时任务	课时情境	落实要素	习作训练	整本书阅读要求	语言训练点	教学内容
遇见自由向上的少年	4	通过了解鲁迅生活的时代，了解课文主要内容	穿越百年的相遇，走近鲁迅	借助相关资料，理解课文主要内容	搭建故事框架	借助资料初步了解鲁迅生活的时代，理解故事主要内容	扣住人物语言、动作、想象等细节描写，感受鲁迅表达的特点	课文＋“阅读链接”
遇见追寻真理的斗士	2	了解鲁迅的斗争精神、高尚品质	云上“印象·鲁迅”纪念馆	借助相关资料，从不同视角更全面地感受鲁迅的人物形象	学习如何通过事情写一个人	借助鲁迅的作品，了解当时社会的黑暗	用小标题概括全文	课文＋“交流平台”
遇见甘当老牛的英雄	1	了解鲁迅的高尚品质	穿越百年的相遇，走近鲁迅	借助相关资料，理解诗歌的深刻内涵，学习鲁迅的伟大精神	了解对比手法的运用，体会其好处	借助他人评价鲁迅的作品，了解鲁迅的高尚品质	学习对比手法的运用	课文＋“日积月累”
遇见更多的遇见	2	抒发自己内心的情感	穿越，有你，真好	通过事情写一个人，表达出自己的情感	综合运用	以读促写		习作＋“词句段运用”

《少年闰土》第2课时教学设计

胡晓燕

学习任务：通过了解鲁迅生活的时代，了解课文主要内容。

学习情境：穿越百年的相遇，走近鲁迅。

学习目标：

1. 扣住人物语言、动作等细节描写，想象生动场景，感受闰土农村生活的丰富多彩。
2. 通过对比，体会儿时的鲁迅和闰土之间的差别，感受鲁迅对自由生活的向往，体会少年的纯真美好。
3. 抓住关键语句，体会鲁迅和儿时玩伴短暂而真诚的友谊及鲁迅对儿时玩伴的怀念之情。

学习课时：1课时。

学习活动：4个。

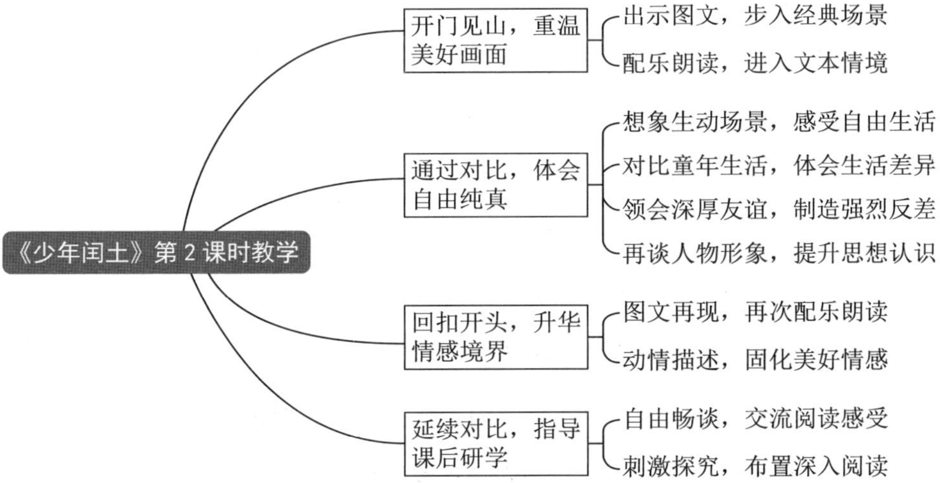

学习活动一

开门见山，重温美好画面

1. 出示图文，步入经典场景。

鲁迅的笔下有一个少年，名叫闰土。闰土儿时的伙伴一想起他，眼前就出现了这样一幅画面……

2. 配乐朗读，进入文本情境。

朗读第 1 自然段。

学习活动二

通过对比，体会自由纯真

1. 想象生动场景，感受自由生活。

少年时的闰土究竟是个什么样的孩子，能让人印象如此深刻呢？让我们跟随文中的“我”一起去认识少年闰土吧！结合插图仔细默读课文第 2~18 自然段，圈画关键词句，在有感触的地方做做批注。

（1）交流“机智勇敢”（看瓜刺猹部分）。

① 借助关键词句体会闰土的机智勇敢。

② 关注写猹的语句，体会写猹的狡猾，也是在反衬闰土的机智勇敢。

③ 朗读相应自然段。

（2）交流“聪明能干”（雪地捕鸟部分）。

① 借助关键词句体会闰土的聪明能干。

② 抽出动词，利用白板完成填词游戏。

③ 练习朗读，边读边想象画面。

④ 补白省略号：如果你是闰土的小伙伴，你还想怎样夸夸他？

（3）交流“见多识广”（海边拾贝和潮汛看鱼部分）。

① 说说从“红的绿的”读懂了什么。

② 朗读相应自然段。

（4）感悟写法：在这几件事中，哪些写得详细，哪些写得简略？为什么这样处理？

小结：有详有略，突出重点，略写的事情不能去掉，去掉就不能体现“闰土的心里有无穷无尽的希奇的事”。

2. 对比童年生活，体会生活差异。

少年时“我”的生活是什么样的呢？再读课文，说说你的发现。

（1）结合自读感受，分享自己的体会。

（2）读课后习题 3 的句子，注意加点的部分，说说从中感受到“我”怎样的内心世界。

① 扣住“不知道”“素不知道”“我往常的朋友”“院子里高墙上的四角的天空”等词句，体会“我”对所处生活的不满。

② 观察课本插图，进一步体会“我”对自由的向往，对闰土生活的羡慕。

③ 朗读：阿！闰土的心里有无穷无尽的希奇的事，都是我往常的朋友所不知道的。他们不知道一些事，闰土在海边时，他们都和我一样只看见院子里高墙上的四角的天空。

（3）他们的生活为什么会有这么大的差别？先自己思考，小组成员再互相交流。

小结并板书：身份、地位、家境、生活环境、生活经历、见识……

（4）因为闰土和“我”的身份、地位、家境、生活环境不一样，所以生活经历不同，见识也不一样。难怪，鲁迅会有这样的感叹——

再次朗读：阿！闰土的心里有无穷无尽的希奇的事，都是我往常的朋友所不知道的。他们不知道一些事，闰土在海边时，他们都和我一样只看见院子里高墙上的四角的天空。

3. 领会深厚友谊，制造强烈反差。

默读课文，找出与两个少年情感有关的语句，细细品读体会。

（1）品读重点句 1：可惜正月过去了……

（2）品读重点句 2：他后来还托他的父亲……

（3）用词语形容“我”和闰土之间的感情。（美好、真挚、纯洁……）

（4）借助资料了解封建社会等级制度森严。

① 文字资料：在封建等级社会里，人的行为规范不是以人的个性的价值为标准的，而必须以特定的等级关系为转移。这种处世之学从人在儿童时期便开始灌输，使其从小就知礼懂礼，知道在何种人面前应有何种态度、何种表现。

② 视频资料：少爷和小姐欺负仆人的片段。

4. 再谈人物形象，提升思想认识。

（1）封建等级制度那么森严，两个孩子的身份、家境又如此迥异，但是他们却能够成为朋友，说说他们的相同之处。

（2）小结并板书：他们之间本来有一条鸿沟，那就是封建等级制度，但是他们自由纯真，跨越了等级制度，收获了真挚的友谊。

学习活动三

回扣开头，升华情感境界

1. 图文再现，再次配乐朗读。

“我”一想起闰土，脑海里便会浮现出这样一幅画面……（播放背景音乐，教师朗读第 1 自然段）

2. 动情描述，固化美好情感。

在“我”心中，与闰土相处的时光是美好的，“我”和闰土之间的情感也是美好的。穿越百年与鲁迅相遇，我们和鲁迅一起享受了一段美好的童年生活。

学习活动四

延续对比，指导课后研学

1. 自由畅谈，交流阅读感受。

（1）课文中说“我”和闰土从此没有再见过面，其实三十年后，“我”和闰土再次相遇了。课前，大家阅读了《故乡》，长大后的闰土变成什么样子了呢?

（2）说说中年闰土外貌、语言等方面的变化。

2. 刺激探究，布置深入阅读。

是什么原因使一个天真活泼、对生活充满热情和希望的少年变成了麻木迷信的“木偶人”呢？课后，请大家再读《故乡》。

（1）制作思维导图，对比少年闰土和中年闰土的形象，谈谈封建社会对人的迫害。

（2）对比少年时的故乡与现实中的故乡，体会鲁迅对故乡的感情变化。

设计意图

长久以来，鲁迅在课堂上仿佛自带“政治化”“革命化”的标签，说起他，不管是老师，还是学生，脑海里首先浮现的是“文学家、思想家、革命家”，是“民族魂”，讲到他的作品，就要谈到当时社会的黑暗，放大鲁迅的革命精神。殊不知，这是对鲁迅形象的一种严重的“窄化”“神化”。鲁迅先生在生活中其实是一个爱开玩笑、非常幽默和蔼的人，他是一个伟大的人物，但也和普通人一样有温情，有人情味。如果面对小学生，不管什么作品，不顾鲁迅立体、丰富的形象，一味给学生灌输鲁迅伟岸的一面，不仅不符合儿童身心发展特征，而且会让学生觉得难以亲近，这与教材搭建学生与鲁迅之间的桥梁，使一代又一代人传承鲁迅先生不朽精神、挺起中国脊梁、学习经典文学作品的初衷背道而驰。遵循儿童发展规律，让学生感知一个可亲可近的鲁迅，才是给学生适切的教育。

《少年闰土》是六年级上册第八单元的第一篇课文，是统编版小学语文教材中安排学生认识鲁迅、感知鲁迅的第一部作品，非常经典，串联了几代人的学习记忆。《少年闰土》选自鲁迅的短篇小说《故乡》，以第一人称写成。小说取材自鲁迅的亲身经历，闰土这一人物现实中有原型，即鲁迅儿时的玩伴章闰水；文中的“我”虽不等同于鲁迅，其思想感情却真实地反映了鲁迅的思想感情。因此我们在教学《少年闰土》时，引导学生根据课文去了解鲁迅所处的时代，推想鲁迅少年时的经历，体会鲁迅的思想与性情。关于这一点，后文不再赘述。

为了在这篇作品的学习中，让学生能牢牢被鲁迅吸引，激发他们持续领悟鲁迅形象、阅读鲁迅故事、研究鲁迅作品的兴趣，我结合文本特点，双线扣“智”、抓“趣”、寻“真”、唤“灵”，进行教学设计。

一、扣住人物动作，表现“智”的风采

《少年闰土》对人物的外貌、语言、动作进行了描写。扣住其中任何一个方面，都能很好地对人物形象进行体味。其中，人物动作描写用词准确，非常传神。文中“捏”“刺”“缚”等描写闰土动作的词语，把闰土的智慧、勤劳、勇敢展现得活灵活现。教学时，教师让学生自读，画出表

示动作的词，体会动词的用法，通过比较体会动词使用的准确。比如雪地捕鸟一段，抽出动词，打乱顺序，让学生完成填词游戏。“一字未宜忽，语语悟其神。”尤其是像鲁迅这样的大文学家，用字用词极为考究，教师在教学中如果忽略了这些表示动作的字词，学生对闰土这一形象的领悟必然不够透彻，同时学生也就缺少了与精练、传神的语言文字亲近、琢磨的机会。此外，在面对大自然的时候，闰土有独特的生活智慧，这一点深深吸引了鲁迅。带领学生感受闰土的生活智慧，以及鲁迅对闰土生活智慧的羡慕，无形中也是在启迪学生亲近大自然，拥抱大自然，在生活中提升动手能力，培养生活智慧。

二、还原生动场景，展现“趣”的样貌

《少年闰土》这一课中，站在儿童视角，学生最感兴趣，最觉得生动有趣的是什么内容呢？当然是月下刺猹、雪地捕鸟、海边拾贝这些富有儿童情趣的场景。尤其是当代儿童，生活在高楼林立之中，即使偶尔深入大自然，也很难再有月下刺猹这类生活体验，所以更能激发学生的向往之情。在“想象生动场景，感受自由生活”这一环节中，让学生畅谈体会，引导学生读出一个机智勇敢、聪明能干、见多识广的闰土；同时在这样的语言文字训练中，一幕幕有趣的场景变成了一幅幅生动的画面。在概括、分享、想象、交流“希奇”事儿的过程中，学生的概括能力、想象能力、表达能力都不同程度地得到提升。

此外，在这个环节中，相机引导学生领悟反衬、有详有略等写法，回顾倒叙的写法。比如：“这畜生很伶俐，倒向你奔来，反从胯下窜了。”越是写猹狡猾，越是突出闰土的机智勇敢。另外，看瓜刺猹写得详细，而且是鲁迅印象最深刻的事情，所以是文章倒叙开头的内容。海边拾贝和潮汛看鱼这两件事写得比较简单，但是不能去掉。有详有略，才能突出重点，去掉就不能体现闰土的心里有无穷无尽的稀奇事。特级教师姜树华说，过“言意共生”的语文生活，便是将语言学习与儿童成长规律更好地相融，在“言”与“意”的双向往来通途中遇见生活的风景，让语文课堂真正成为提升儿童生活品质的“主场”。在这一环节中，学生不仅在有情有趣的生活场景中感悟了闰土的形象，而且巩固并习得了多种写作的技巧；既关乎内容方面的“意”，也关乎表达形式的“言”。

三、运用隐性对比，显现“真”的情态

对比是本课主要采用的教学策略之一，既比较不同，也比较相同。先让学生对比闰土和“我”童年生活的差异，体会他们身份、家境、地位、生活经历不同，因而见识不同。在当时那种社会背景下，本来这两个少年是无法接触的。但“我”完全没有门第之见，少时更是天真无邪，还与闰土成为亲密的伙伴，这说明他们之间有相同之处，那就是自由、纯真。

教学中让学生找出体现“我”与闰土感情的语句，扣住关键词体会两个少年的情感，比如“我也很高兴”“日日”“好容易”“飞跑的”“可惜”……学生先自由谈体会，再集中出示这些语句，让学生从中进一步体会“我”和闰土相识、相知、相伴，友谊逐渐深厚的情感轨迹。在此基础上，相机对第 2 自然段进行学习，学生能比较出身份、家境等不同，再适当补充资料让学生深刻体会封建社会等级制度的森严。然后引出问题：两个身份、家境如此迥异的孩子，能够成为朋友，你有什么体会呢？此时，学生自然而然能体会出少年鲁迅是一个纯真的人。在本课教学时，虽然不过多地涉及当时社会的黑暗、森严的等级观念，但为了让学生更好地体会鲁迅的形象，也为本单元后续几课的学习打下基础，所以引导学生关注两个孩子的身份、家境的悬殊，通过对比体会鲁迅的“真”，其实是对儿童纯真心灵的一种召唤。

四、唤醒奇特想象，呈现“灵”的境界

课堂教学应追求神韵，讲究“灵”的境界。综观整篇文本，不难发现课文第 1 自然段涌动着鲁迅灵动的才思。就文本内容来说，鲁迅并没有亲眼看见闰土月下刺猹，只是根据闰土的描述展开想象，这是鲁迅灵性的表达。从教学处理来看，鲁迅在塑造闰土这一人物形象时，运用倒叙手法，镜头似的展现闰土在他心目中的美好形象，显现出深厚的文学功底。

教学时，教师应该让学生边读边想象，体会环境的清幽、画面的生动，然后问学生：这样的画面是鲁迅真实看到的吗？接着让学生说说这样的想象好在哪里，从而体会闰土在鲁迅心目中的形象非常美好，并体会鲁迅高超的写作技巧：用人物素描的写法吸引读者，再慢慢铺陈开来，讲述人物故事，很容易吸引读者的注意力。本来这些学习活动在第 1 课时已经完成，但是对于这样经典的文字、倒叙开头的写法，如果第 2 课时就完全放置一边，这与高年段学习要关注“文本是怎么写的”这一理念相背离。所以第 2 课时开始，仍然带领学生朗读，创设美好情境，营造美好氛围，为接下来带领学生品味闰土是一个怎样的少年打下良好的基础。在学习完第 2 课时，体会两个小伙伴的美好情感后，再朗读第 1 自然段，闰土的形象此时已经更加丰满，学生也可以借此进一步体会鲁迅的写作技巧，欣赏作家塑造艺术形象的深刻功力。这样，教学既体现了层次性，也充分尊重学生的情感体验。

值得一提的是，本单元的语文要素是“借助相关资料，理解课文主要内容”，紧扣这一要素，在帮助学生体会闰土和鲁迅的不同时，适时地引入资料：一是文字类资料，能让学生深刻体会封建等级制度的森严；二是视频类资料，能让学生形象化理解封建社会少爷和仆人之间的区别。此外，本课还组织学生拓展阅读《故乡》，分课前和课后两步：课前让学生初

读《故乡》，旨在带领学生感受当时的社会环境，让学生能在课堂教学中体会鲁迅这段童年生活的可贵和他对玩伴的情感的真挚；课后再布置学生带着任务读《故乡》，目的是让学生进一步借助对比的学习策略实现深层阅读，同时为后面全面而立体地感受鲁迅形象搭建平台。

“双线”，指教师既营造充溢“智”“趣”“真”“灵”的课堂，又巧妙结合文本，带领学生体会人物的智慧、有趣的场景、纯真的感情、充满灵性的想象，二者暗合，使童心教育理念、文本解读、课堂学习实现高度的统一，一节课的“精”“气”“神”都水乳交融，浑然一体。初识鲁迅，童年的无忧无虑激发了学生对美好生活的向往，童年与好伙伴至纯至美的情谊展现了一幅生命教育的美丽风景。

《好的故事》第 2 课时教学设计

郁　伟

学习任务： 通过了解鲁迅生活的时代，了解课文主要内容。

学习情境： 穿越百年的相遇，走近鲁迅。

学习目标：

1. 能借助关键语句和资料，展开想象，感受梦境的美丽、幽雅、有趣。
2. 借助“阅读链接”、视频资料，理解“昏沉的夜”所隐藏的深意。
3. 通过课文及补充资料的阅读感受鲁迅对自由美好的梦想和自由精神的追寻。

学习课时： 1 课时。

学习活动： 3 个。

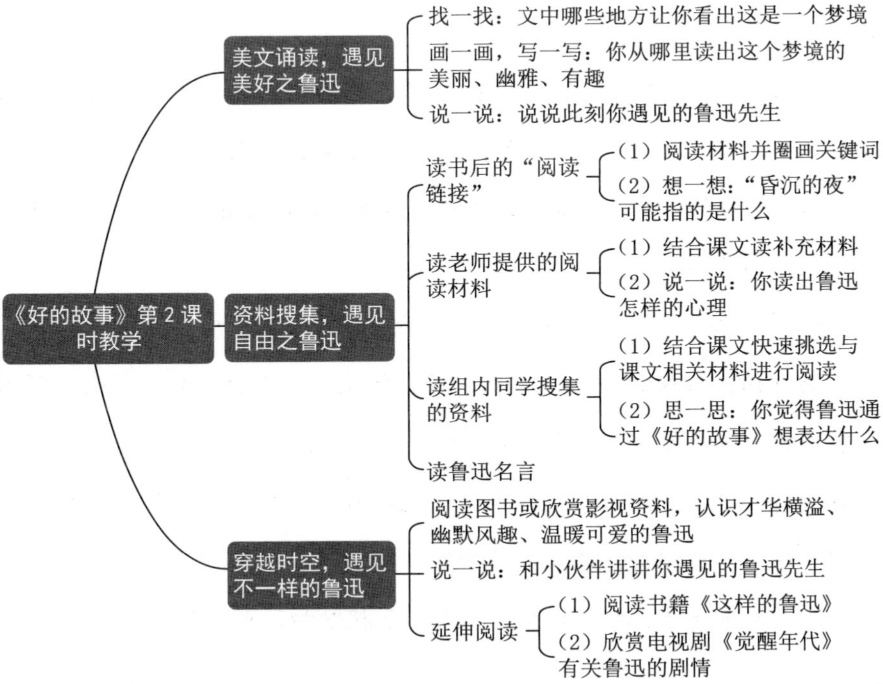

学习活动一

美文诵读，遇见美好之鲁迅

1. 找一找：文中哪些地方让你看出这是一个梦境？

这个梦可用三个词语概括：美丽、幽雅、有趣。

2. 画一画，写一写：你从哪里读出这个梦境的美丽、幽雅、有趣？在相应语句旁写下你的感受。

预设补充材料：

（1）赏一赏：云锦因其色泽光丽灿烂，美如天上云霞而得名。云锦的图案布局严谨庄重，纹样变化概括性强，用色浓艳对比性也强，又常以片金勾边，白色相间并以色晕过渡，图案具有浓厚朴质的传统风格，色彩华丽，别具一格。

（2）记一记：梦境的开头和结束都写了这个梦境的特点——美丽、幽雅、有趣，还反复写到“美的人和美的事”，这就是“前后呼应”，此为文眼。

（3）读一读：山阴道的美留在了鲁迅的梦里，究竟是怎样迷人之景呢？让我们走进明代袁宏道的诗中：“钱塘艳若花，山阴芊如草。六朝以上人，不闻西湖好。平生王献之，酷爱山阴道。彼此俱清奇，输他得名早。”

预设链接生活：

（1）文中描写这些景物的方法很别致：罗列名词。比如“乌桕，新禾，野花，鸡，狗，丛树和枯树，茅屋，塔，伽蓝，农夫和村妇，村女，晒着的衣裳，和尚，蓑笠，天，云，竹，……”

读一读：这么多美的人美的事，浮现眼前，应接不暇，画面真丰富。

想一想：一名学生读课文，其余学生闭眼想象画面。

（2）“无不解散，而且摇动，扩大，互相融和；刚一融和，却又退缩，复近于原形。”景物都照映在水中，一打桨，水中的景象就散开了，散开的景象会互相融合，但是随着水面逐渐平静下来后，又慢慢恢复成最初的倒影的景象。这样的变化过程很有趣。

议一议：你在何处见过类似的变化？（打水漂、井里打水、鱼群吃食、扔小石子等泛起的涟漪）

读一读：真是个好的故事，这梦境如此美丽、幽雅、有趣。

（3）“带织入狗中，狗织入白云中，白云织入村女中……。在一瞬间，他们又将退缩了。”

观一观：观察这句话，上一句末尾与下一句开头采用了相同的字词，这是顶真的写法。

读一读：体会这样表达的节奏感。

写一写：你还可以试着续写两句。

……（　　　　）织入（　　　　）中……

虽然这些画面都是水中倒影，转瞬即逝，但是这一切无不让我们感受到梦境的美丽、幽雅、有趣。

3. 说一说：说说此刻你遇见的鲁迅先生。

小结：鲁迅向往美好生活，鲁迅的梦是自由的梦、美好的梦。

学习活动二

资料搜集，遇见自由之鲁迅

1. 读书后的“阅读链接”。

（1）阅读材料并圈画关键词。

（2）想一想：“昏沉的夜”可能指的是什么？鲁迅为什么不把黑暗的现实直接写在文中？

2. 读老师提供的阅读材料。

（1）结合课文读补充材料。

（2）说一说：你读出鲁迅怎样的心理？

3. 读组内同学搜集的资料。

（1）结合课文快速挑选与课文相关材料进行阅读。

（2）思一思：你觉得鲁迅通过《好的故事》想表达什么？

小结：哪怕是在黑暗的现实中，鲁迅先生仍然向往着这样美丽的生活，强烈地追求美好的事物。

4. 出示鲁迅的名言。

聊以慰藉那在寂寞里奔驰的猛士，使他不惮于前驱。——鲁迅

愿中国青年都摆脱冷气，只是向上走。——鲁迅

（1）读一读：体悟鲁迅“不惮于前驱”、向往美好生活的勇气，“向上走”的豪气，以及那颗追求自由的心灵。

（2）朗读单元导语作家卡片。

学习活动三

穿越时空，遇见不一样的鲁迅

1. 阅读图书或者欣赏影视资料，认识才华横溢、幽默风趣、温暖可爱的鲁迅。

2. 说一说：和小伙伴讲讲你遇见的鲁迅先生吧！

3. 延伸阅读与欣赏。

（1）图书《这样的鲁迅》（阎晶明著）。

（2）电视剧《觉醒年代》有关鲁迅的剧情。

设计意图

穿越百年的相遇，那是一份属于历史的厚重凝望。走进鲁迅的文字，遇见他自由纯真的同伴，触摸他自由美好的梦想，从而更立体地认识自由向上的鲁迅。我负责的是“遇见自由向上的少年”板块下课文《好的故事》第2课时的教学设计，围绕语文要素“借助相关资料，理解课文主要内容”进行设计，帮助学生从文入境，感受鲁迅对自由美好的梦想和自由精神的追寻。

课程一开始，就直接提出本课主题：“走进百年前的旧中国，遇见那个追寻美好的鲁迅。”激发学生走进课文，品文字，找寻文字背后鲁迅先生的身影。

教学设计的主要意图，一是让学生读懂课文，二是希望依托一些补充材料，帮助学生亲近鲁迅，遇见一个立体的、感性的、真实的鲁迅，一个有少年感的鲁迅。本课时的教学主要设置了三个大学习活动。

一、美文诵读，遇见美好之鲁迅

1. 走进课文，品悟梦境。

“文中哪些地方让你看出这是一个梦境？”虽然鲁迅先生没有说这是个梦，但是会品读文章的学生还是能找到蛛丝马迹。接着请学生通过“画一画，写一写”的方式，找出这个梦境美丽、幽雅、有趣之处，在相应语句旁写下感受。都说《好的故事》难读，那么学生能读懂的地方，他们能品出梦境特点的地方，教师就不需要再纠缠不清，放手让学生朗读与体会。比如，有一位学生大胆质疑：鲁迅先生描绘的景物很常见，虽然很美好，但是这样写是不是更加凸显了鲁迅在当时社会中的孤独与茫然？其实这是这位学生经过了充分预习，了解了鲁迅的生平事迹后进行的思考，这是真正有质量的阅读思维，也正是"'言意共生'学语文"的特质。

2. 资料补充，化解难点。

我预设了几处学生可能有困难的地方，采用了及时补充资料的方法帮助解决。比如第 4 自然段"云锦"和学生有一定距离，所以我用图文资料稍加补充；同时这个自然段和第 8 自然段是梦境的开头和结束，都写了这个梦境的特点，此处的描写好似一张整体风景照，学生也发现了本文文眼所在。第 5 自然段，学生结合注释，知道山阴道是江南水乡的景致，也正是鲁迅故乡的景致。补充明代袁宏道的诗《山阴道》，这一补充，让山阴道的美景留驻学生心间，学生也似乎明白了故乡之所以入梦的缘由。

3. 主动联想，链接生活。

在发现描写景物的方法很别致时，通过朗读并想象这些画面，发现即使是寻常之景也无不绚烂美好，这定然是鲁迅日思夜想的心中之梦。至于文中表现变化的动词的妙用，也让学生联想到生活中类似的变化，如打水漂、井里打水、鱼群吃食、扔小石子等泛起的涟漪，也是"无不解散，而且摇动，扩大，互相融和；刚一融和，却又退缩，复近于原形"，顿觉妙趣横生，更领悟到了短句的音律美、节奏美。

师生都情不自禁地感叹，如果自己是摄影师，定然能拍摄出一幅幅有意蕴的作品了，但是一定要迅速，因为这些画面都是水中倒影，转瞬即逝。漫步鲁迅先生的梦境，这一切无不让人感受到梦境的美丽、幽雅、有趣。此刻遇见鲁迅先生，自然得出鲁迅先生的梦是追求自由美好的梦。

二、资料搜集，遇见自由之鲁迅

1. 递进找寻，深刻品悟。

书后的"阅读链接"让学生了解到这篇创作于 1925 年的散文诗《好

的故事》选自《野草》，当时鲁迅生活在北洋军阀统治下的北京，切身感受到社会的黑暗，就像处于异常昏沉的夜里。鲁迅后来回忆当年在北京生活时的感受说“实在黑暗得可以”，北洋军阀统治时期，政治混乱，民生凋敝，身处其中的正直知识分子倍感压抑。文中的“昏沉的夜”，从表面看是指作者写作的夜晚时分，其实另有深意，暗指当时中国的黑暗社会。

老师提供的阅读材料让学生通过思考及讨论读出鲁迅在梦境中看见富有水乡特征的事物的倒影在水中交织融合、起伏变幻的景象，真是美丽而有趣，但这一风景刚出现即消逝，表现出他的怅惘和失望。1925 年前后的鲁迅充满了矛盾，有理想与现实的矛盾，有希望与失望的矛盾，还有光明与黑暗的矛盾。

在此基础上，引导学生自己生发对资料的需要，然后借助组内同学搜集的资料加深对课文的理解。通过相互间提供的资料补充，学生更加深刻地认识到当时整个中国都沸腾在大矛盾、大分裂中，鲁迅的苦痛是与整个时代相关联的，这不是失败主义者的心情，恰恰相反，虽然里面包含着悲观绝望的成分，但是鲁迅的伟大就在于他能够通过大悲观而走向真实的大希望，通过绝望而开始去学习“别种方法的战斗”。课文中对梦境里“好的故事”的描绘，就表现了鲁迅对美好生活的向往。

2. 名言补充，读懂内心。

出示鲁迅两句名言“聊以慰藉那在寂寞里奔驰的猛士，使他不惮于前驱”“愿中国青年都摆脱冷气，只是向上走”，让学生体悟鲁迅“不惮于前驱”、向往美好生活的勇气，“向上走”的豪气以及那颗追求自由的心灵。

这篇《好的故事》把我们的视线拉回到 100 年前，那是思想奋进的年代，是暗流汹涌的年代。那个时代渴望出现拯救它的人，一批文化大师和一群理想飞扬的热血青年演绎出一段充满激情、燃烧理想的澎湃岁月。向往美好生活是鲁迅在这个阶段强烈的愿望。

三、穿越时空，遇见不一样的鲁迅

毛泽东说过，鲁迅是伟大的革命家，他尊称鲁迅是“中国的第一等圣人”。如果你能穿越时空，你还会遇见一位不一样的鲁迅先生。

1. 才华横溢。

作品呈现：他是一位耀眼的文学大师，还是中国第一代书刊设计人，北大校徽的设计者，实力派翻译家、收藏家，木刻版画的推动者。

2. 温暖可爱。

照片呈现：他坐在学生中间，笑容和煦温暖，那是对中国未来的深切之爱。这样外表冷峻、内心热烈的鲁迅更加真实，也更能激起读者的敬仰。

最后，再次让学生讲讲遇见的鲁迅先生。还要郑重告诉学生，我们的人生很长，总有陷入昏沉的夜的时候，不要放弃追求美好。借助资料，我们向鲁迅又靠近了些。此刻的遇见，是心灵上穿越百年真正的懂得、真正的景仰，这才是真正的遇见鲁迅，遇见美好。

《我的伯父鲁迅先生》第2课时教学设计

邱婷婷

学习任务：了解鲁迅的斗争精神、高尚品质。

学习情境：云上“印象·鲁迅”纪念馆。

学习目标：

1. 快速默读，借助小标题，知道课文回忆了鲁迅的哪几件事，理清结构。
2. 质疑式阅读，抓人物的动作、语言、神态等细节描写，结合资料，丰富鲁迅形象。
3. 借助相关资料，从不同视角更全面地感受鲁迅的人物形象。

学习课时：1课时。

学习活动：5个。

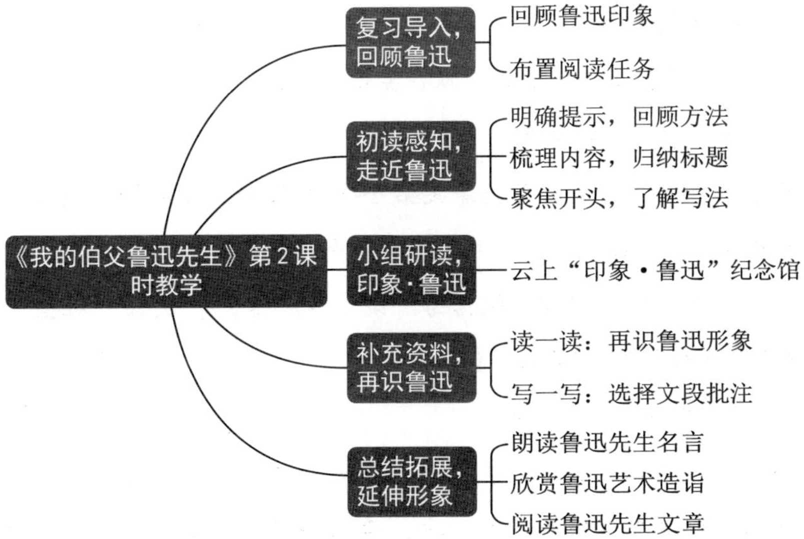

学习活动一

复习导入，回顾鲁迅

1. 回顾鲁迅印象。

同学们，我们在《少年闰土》中走近身处宅院的少年鲁迅，了解了少年鲁迅对丰富多彩的农村生活的向往；在《好的故事》里，走近中年时期在黑暗的社会下生活的鲁迅，了解了中年鲁迅对美好生活的憧憬。

2. 布置阅读任务。

本节课，我们将走进鲁迅先生的侄女周晔写的一篇纪念性文章《我的伯父鲁迅先生》，通过周晔的笔触，亲近鲁迅，进一步丰富鲁迅的形象。

学习活动二

初读感知，走近鲁迅

1. 明确提示，回顾方法。

从题目上的星号我们就可以发现这是一篇略读课文。这篇略读课文给我们的学习提出了这样的任务（出示任务）。那么有哪些方法可以提高我们的阅读速度呢？

预设：集中注意力不回读；抓住关键词句读；跳读。

2. 梳理内容，归纳标题。

出示学习要求：快速默读课文第 2~26 自然段，了解课文写了关于鲁迅的哪几件事。小组交流，给每件事加一个小标题。

预设：五件事分别可以概括为“谈《水浒传》”“笑谈‘碰壁’”“燃放花筒”“救助车夫”“关心女佣”。

3. 聚焦开头，了解写法。

小组交流展示：除了这五件事，课文开头和结尾还各有一段。开头先写鲁迅先生去世，很多人来悼念，再写鲁迅生前的事情，这样的写法叫作倒叙。

学习活动三

小组研读，印象·鲁迅

云上“印象·鲁迅”纪念馆即将开馆！请以小组为单位，选择印象最深刻的一件事，联系搜集到的鲁迅生活的时代背景及文中描写鲁迅语言、动作、神态的句子来谈谈鲁迅给自己留下了怎样的印象，完成学习任务单。

文中印象最深的一件事	运用了哪些描写手法	查找到的资料	鲁迅给你的印象

预设：

（1）引导学生从文中找出“我”和伯父在谈论《水浒传》时分别都是怎样表现的，体会“我”读书时“囫囵吞枣”，因而犯下了“张冠李戴”的错误。相机出示资料：鲁迅送给周晔两本书《小约翰》《表》，让人感受到鲁迅先生的善解人意，对年龄尚小的周晔的关爱。

（2）体会“你想，四周黑洞洞的，还不容易碰壁吗”这句话中“黑洞洞的”指什么，“碰壁”指什么。

设疑：为什么鲁迅那么大的人，走路还会碰壁？相机出示资料：鲁迅先生“碰壁”的事例。他把自己与反动派斗争时屡遭挫折和迫害，说成是“碰壁”，把当时的社会现实说成“四周黑洞洞的”；而且当时他谈笑风生，可见他不怕挫折、不惧迫害、顽强战斗，有着自信乐观的斗争精神。

（3）体会“他的脸上不再有那种慈祥的愉快的表情了，他变得那么严肃”。适时点拨学生思考：鲁迅的表情为什么变得那么严肃？他为什么叹气？

预设：

叹息车夫生活艰难，同情车夫；

叹息自己以后可能无法再遇到车夫并向他提供帮助；

叹息街上这么多人没有同情心；

叹息像车夫一样的中国老百姓生活贫苦，谁来帮助他们……

从鲁迅先生救助车夫时的动作描写中感受他对贫苦百姓的同情与关心。

在周晔的回忆录里，这一件件有详有略的事例，这细致描写的语言、动作及神态，让我们看到周晔眼中的鲁迅是一位关心晚辈、幽默风趣、慈祥和蔼的亲人，也是同情穷人、为自己想得少而为别人想得多的值得尊敬的人，所以作者为这篇回忆录取名《我的伯父鲁迅先生》，既用了对鲁迅的亲切称呼，又充满了对鲁迅的崇敬与爱戴之情。

学习活动四

补充资料，再识鲁迅

1936年，55岁的鲁迅先生在上海的公寓里与世长辞。很多人前来追悼他，向他致敬，其中有工人，有学生，各色各样的人都有。16位重要人物抬棺，宋庆龄、蔡元培扶棺，送行的队伍绵延十几千米。（出示鲁迅先生逝世时的照片）而且很多人后来也留下了文章纪念鲁迅。为什么鲁迅先生受到这么多人的崇敬？你们课前读过有关的哪篇文章？我们结合资料让鲁迅先生的形象更加丰富起来。

出示三篇文章的节选：阿累《一面》、萧红《回忆鲁迅先生》、巴金《悼鲁迅先生》。学生选择其中一个片段，在旁边做批注，再次感受鲁迅形象。

交流：

阿累的《一面》让我感受到鲁迅先生对进步青年的关心……

萧红的《回忆鲁迅先生》让我感受到鲁迅先生对青年的要求是严格的，对青年的关心是真切的……

巴金的《悼鲁迅先生》让我觉得鲁迅先生是青年的朋友，更是伟大的导师、战士……

学习活动五

总结拓展，延伸形象

鲁迅先生在周晔眼中是慈祥和蔼、令人敬仰的亲人，在青年心中是爱护他们的知己朋友。他不怕反动派的压迫，与敌人不断进行斗争，很乐观地面对敌人的迫害，在人民大众心里是勇敢的战士和精神导师。

1. 朗读鲁迅先生名言。（“日积月累”）

2. 欣赏鲁迅艺术造诣。

3. 阅读鲁迅先生文章。

总结：正如毛泽东评价——鲁迅先生是中国文化革命的主将，是伟大的文学家，而且是伟大的思想家和革命家。他一生写过很多小说、诗歌、杂文等，我们可以阅读更多关于他的作品，了解他的故事，亲近鲁迅，更尊敬鲁迅！

设计意图

统编版小学语文教材六年级上册第八单元围绕“走近鲁迅”这一主题，编排了《少年闰土》《好的故事》《我的伯父鲁迅先生》《有的人——纪念鲁迅有感》四篇课文。其中前两篇精读课文为鲁迅的作品，意在让学生初步接触鲁迅的文学作品，了解鲁迅的写作风格；后两篇略读课文，为他人写的关于鲁迅的作品，其中一首为诗歌，旨在让学生多角度、多渠道了解鲁迅，了解其在现代文学史上的成就，感知其性格特点，体会其精神境界。

这个单元的语文要素之一是“借助相关资料，理解课文主要内容”。

通过前两课的学习，学生对鲁迅已经有了一定的了解。本课《我的伯父鲁迅先生》是在学完前两篇精读课文的基础上安排的第一篇略读课文。在教学中，如何引导学生借助这些资料，理解课文主要内容，一步一步走进鲁迅先生的精神世界呢?《我的伯父鲁迅先生》是鲁迅侄女周晔写的一篇纪念性文章，回忆了伯父鲁迅生前给自己留下深刻印象的五件事。遇见鲁迅，遇见那个追寻真理的斗士。走进这篇课文，就可以走进百年前的旧中国，走近那个爱憎分明，为自己想得少，为别人想得多的鲁迅。根据我们小组的大单元整合设计思路，我负责的是《我的伯父鲁迅先生》第 2 课时的教学。

基于以上认识，这一课时的教学目标设定为如下几点：

1. 快速默读，借助小标题，知道课文回忆了鲁迅的哪几件事，理清结构。

2. 质疑式阅读，抓人物的动作、语言、神态等细节描写，结合资料，丰富鲁迅形象。（教学重点）

3. 借助相关资料，从不同视角更全面地感受鲁迅的人物形象。（教学难点）

为了达成目标，本节课的教学设计了五大活动：复习导入，回顾鲁迅；初读感知，走近鲁迅；小组研读，“印象・鲁迅”；补充资料，再识鲁迅；总结拓展，延伸鲁迅的形象。

这个单元以鲁迅为专题，开启了学生与鲁迅的首次相遇。我们教学时要借助资料，将学生的身心意识浸润到具体的故事情境和文化语境之中，为学生学好当下的文本奠基，更为学生后续学习鲁迅先生的作品指明方向。这应该成为每一位教师教学这个单元所必须遵循的理念。

《有的人——纪念鲁迅有感》教学设计

丁佳铃

学习任务： 了解鲁迅的高尚品质。

学习情境： 穿越百年的相遇，走近鲁迅。

学习目标：

1. 能用合适的感情基调来朗诵这首诗，初步感受这首诗歌的魅力。
2. 了解诗歌中对比手法的运用，体会这种手法运用的好处。
3. 借助相关资料，理解诗歌的深刻内涵，学习鲁迅的伟大精神，感受鲁迅对底层人民的同情，树立正确的人生观。

学习课时： 1 课时。

学习活动： 4 个。

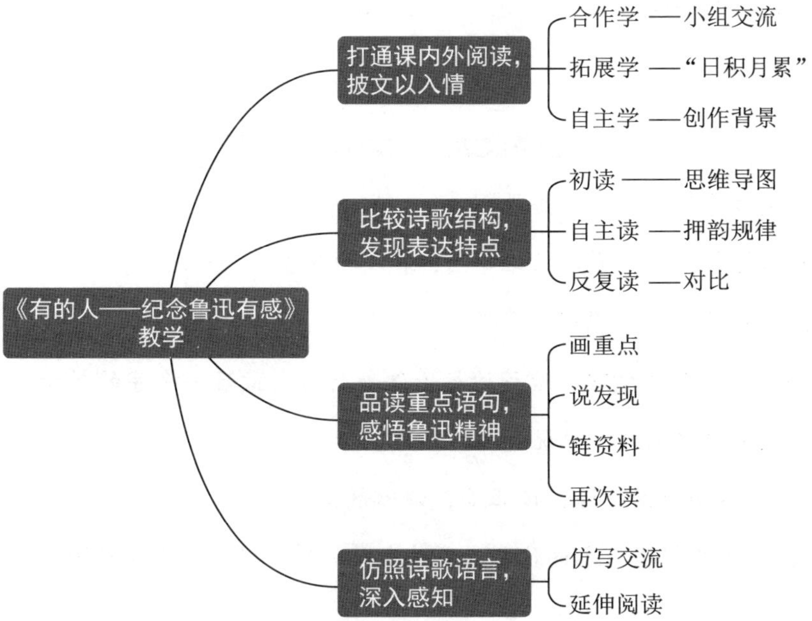

学习活动一

打通课内外阅读，披文以入情

导入：同学们，本单元我们一起走近了一位伟人，他就是鲁迅先生。通过前几篇课文的学习，相信大家对他已经有了一定的了解，小组内就预习时准备的思维导图，先交流，再形成组内见解。

1. 合作学：小组交流“我们眼中的鲁迅”。

引导学生注意倾听，补充说。

2. 拓展学：学习语文园地中的“日积月累”。

3. 自主学：介绍创作背景，初步朗读课文。

引导：鲁迅，一位伟大的文学家、思想家、革命家……今天我们学习的《有的人——纪念鲁迅有感》就是诗人臧克家为纪念鲁迅逝世十三周年而写的。

（1）读诗的主标题和副标题。

（2）读学习提示，说说怎么学这首诗。

学习活动二

比较诗歌结构，发现表达特点

1. 初读感知，完成思维导图。

标出诗歌小节，完成思维导图，在小组交流中说清理由。

2. 自主朗读，发现押韵规律。

小声反复朗读诗歌，边读边标出偶数行诗句最后一个字的韵母，再圈画出重复出现的词句，说说自己的发现。

（1）自由通读一遍，读正确，读出韵律。

（2）学生根据自己的体会，再次朗读诗歌，给诗歌画上分隔号。

（3）交流反馈：抽学生朗读不同的小节，关注朗读的节奏与停顿。

3. 反复朗读，体会对比手法。

学习活动三

品读重点语句，感悟鲁迅精神

1. 画重点，批注发现。

同学们，这首诗专为纪念鲁迅而作，没有一行诗提及鲁迅的名字，又分明处处都有鲁迅的形象。请画出重点词句，结合课内外阅读材料，批注你对鲁迅先生的发现。

2. 说发现，读出画面。

在批注交流的基础上，指导学生从简短的诗行中读出一个个生动鲜活的画面，读出一个血肉丰满、灵魂高尚的鲁迅。

3. 链资料，体会语言。

过渡：同学们的朗读仿佛带领老师穿越百年，走到了鲁迅身边。请以小组为单位，链接课内外相关资料（如《我的伯父鲁迅先生》《野草》《朝花夕拾》等），体会诗歌语言，再次穿越时空，谈谈鲁迅给自己留下的印象。

预设：

（1）“有的人俯下身子给人民当牛马。”我能联系到《我的伯父鲁迅先生》和诗句“横眉冷对千夫指，俯首甘为孺子牛”，感受到鲁迅先生甘为人民服务的精神。

（2）“有的人情愿作野草，等着地下的火烧。”结合散文诗集《野草》，我体会到野草这一意象的象征意义——以生生不息的生命力寓意着希望、坚韧与顽强，感受到鲁迅先生的顽强。

（3）“有的人他活着为了多数人更好地活。”回顾《我的伯父鲁迅先生》中的几个典型事例，体会到鲁迅先生对劳苦大众的同情与关爱。结合

《好的故事》，体会到先生对美好生活的向往。

（4）“有的人死了，他还活着。”体会到鲁迅先生虽已离去，却成为民族魂的象征，永远活在人们心中。

……

4. 再次读，感受精神。

再次比较阅读每节诗和每节诗中的前后两行，思考诗人是怎样写出鲁迅精神的。

学习活动四

仿照诗歌语言，深入感知

1. 仿写诗歌，交流分享。

2. 延伸阅读，深入感知。

对鲁迅先生的感知永远没有尽头，让我们继续保持探究的热情，去了解，去领悟。推荐阅读鲁迅先生的作品和其他描写他的文章，如《呐喊》《野草》《朝花夕拾》……阿累的《一面》、萧红的《回忆鲁迅先生》等。

设计意图

《有的人——纪念鲁迅有感》作为本单元最后一篇，且是自主阅读课文，对单元主题和语文学习要素有总结提升的作用。学生在阅读中大体把握诗意，体会作品的情感，回溯前三篇课文和查找的资料，学习鲁迅的伟大精神，感受鲁迅对底层人民的同情，认识一个更加丰富立体的鲁迅，从而让鲁迅精神在心里扎根。

这一课时的教学设计围绕课时学习任务“了解鲁迅的高尚品质”展开，创设了课时学习情境“穿越百年的相遇，走近鲁迅”，通过四个学习活动的有序推进，最终实现教学目标。

一、打通课内外阅读，披文以入情

学生对鲁迅的了解主要来自两个方面，一是本单元课文，二是课外资料。课上我让学生先在小组里交流对鲁迅先生的认识，再全班分享。从课文出发拓展到语文园地中的“日积月累”，由名言出处引介文学作品，认识鲁迅在现代文学史上的开创者地位和以笔为枪的战斗者形象。重新回读单元主题页上的人物资料卡片，再推出毛泽东给予的高度评价：“鲁迅是在文化战线上，代表全民族的大多数，向着敌人冲锋陷阵的最正确、最勇敢、最坚决、最忠实、最热忱的空前的民族英雄。鲁迅的方向，就是中华民族新文化的方向。”[①]

接着介绍这首诗的创作背景。对于这样一位伟大人物，亲朋用散文回忆，毛泽东用评价定位，诗人又是怎样用诗歌纪念的呢？提出问题后，让学生自由朗读课文。

二、比较诗歌结构，发现表达特点

这项学习活动旨在从诗歌整体入手，明确各小节组织结构上的内在逻辑，在研读中发现诗歌的表达特点，并依据特点进行诵读。该活动要在学生自主阅读的基础上以小组合作方式进行，要保证充足的自主探究和讨论交流的时间。

这首诗总分结构明显，对于六年级的学生来说，完成思维导图可作为铺垫。

阅读欣赏诗歌，不但要读懂内容，体会含义，还要发现诗人在表达形式上的独具匠心，真正进入诗歌审美情境之中。臧克家受老师闻一多先生

① 新民主主义论 [M]// 毛泽东 . 毛泽东选集：第 1 卷 . 北京：人民出版社，1964.

影响，作诗非常注重表现形式。全诗每节均为4行，每行字数不同，最多的有14个字，最少的只有3个字。从每小节来看，前两行与后两行字数基本相等，呈现为有规则的排列，形成小节内部严格的对照映衬。《课标》中关于学生的核心素养“审美创造”提出如下目标：“感受语言文字的美，感悟作品的思想内涵和艺术价值，能结合自己的经验，理解、欣赏和初步评价语言文字作品，丰富自己的情感体验和精神世界。”这一环节我主要想引导学生做诗人的知音，在相互启发中不断发现表达上的奥秘，实现“言意共生”，形式的学习与内容的理解“两不误”，因此，我让学生进行同桌、男女生和师生间两行一换和一节一换的接龙朗诵，在课堂上真正过上“言意共生”的语文生活。

三、品读重点语句，感悟鲁迅精神

这是本课的重点，在阅读这首诗时，我引导学生浸润于字里行间，抓住重点语句深入品读赏析，体会诗人对鲁迅精神的赞颂，进而受到感染与激励。

我在课堂上出示学习任务，在批注交流的基础上，指导学生从简短的诗行中读出一个个生动鲜活的画面，读出一个血肉丰满、灵魂高尚的鲁迅，读出鲁迅对底层人民的同情。

“有的人俯下身子给人民当牛马。”——让学生回顾《我的伯父鲁迅先生》中的“为自己想得少，为别人想得多”，特别是鲁迅对待车夫和女佣的态度，再扩展到鲁迅的诗句“横眉冷对千夫指，俯首甘为孺子牛”，感受诗句化用的巧妙和以鲁迅的自评来评价鲁迅的精妙。进而补充资料，让学生充分了解鲁迅先生：鲁迅先生当年弃医从文，决定用笔来改造国民性格，唤醒民众，一生呕心沥血，坚持写作到最后一刻，还帮助了大量青年作家，比如我们熟悉的萧红。

“有的人情愿作野草，等着地下的火烧。”——引出散文诗集《野草》的题辞，结合诗句“野火烧不尽，春风吹又生”，让学生体会野草这一意象的象征意义——以生生不息的生命力寓意着希望、坚韧与顽强。

“有的人他活着为了多数人更好地活。”——让学生再次回顾《我的伯父鲁迅先生》中的几个典型事例，体会鲁迅先生对劳苦大众的同情与关爱，并结合《好的故事》体会他对美好生活的向往。引入鲁迅先生去世前一月写下的名句“无穷的远方，无数的人们，都和我有关”，以及他的诗句“心事浩茫连广宇”，让学生体会其对人民真挚而又深沉的爱。

“给人民作牛马的，人民永远记住他！”——补充资料：《鲁迅全集》、鲁迅纪念馆、鲁迅文学艺术奖、鲁迅美术学院及各种鲁迅文学研讨与纪念活动。

“只要春风吹到的地方，到处是青青的野草。”——再次照应野草，意即鲁迅精神永在，被一代又一代人传承。

“他活着为了多数人更好地活的人，群众把他抬举得很高，很高。”——结合《我的伯父鲁迅先生》开头描写的送殡场面，重温毛泽东的评价。

“有的人死了，他还活着。”结合全诗，深入体会“死”与“活”背后的深刻含义。这里的“死”与“活”超越了生命结束与存在的自然意义，以人的价值重新定义了生死。那些作威作福、视人民如草芥却妄想不朽的人，不过是行尸走肉罢了；而为人民奉献一生的鲁迅先生，虽已离去，却成为民族魂的象征，永远活在人们心中。

在前面的朗读中，学生已经充分感受到小节内部结构上的对称，接下来要让他们发现对比与对照的表达效果。诗人在小节之内，有意用可鄙可恨的反动派形象反衬出鲁迅先生可敬可爱的光辉形象；在小节之间，以他们对待人民的态度和人民对待他们的态度进行关联，构成强烈的对立与反差，生成了是非分明、爱憎分明的艺术效果。之后，可设计打破诗歌顺序的诵读：共读第 1 节，对照读第 2 节和第 5 节、第 3 节和第 6 节、第 4 节和第 7 节。如此一爱一恨相对比，一态度一结果相关联，鲜明地表达出对两类人截然相反的情感。

四、仿照诗歌语言，深入感知

通过前面的学习活动，学生对这首诗的语言形式、节奏韵律，特别是鲁迅精神有了深度体验和领悟，提高了诗歌欣赏水平。最后我让学生延续诗人是非分明的态度，观察生活中的现象，与诗人唱和，仿写一首《有的人》。我在课堂中提供贫穷与富有、健康与残疾、谦虚与骄傲、勇敢与胆怯等几组主题，让学生选择后试着用对比方法仿写诗歌。可以写一节，也可以写几节；可以用韵，也可以不用韵。学生发挥独创精神，内化言语经验，感受鲁迅精神。

最后，推荐阅读《呐喊》《野草》《朝花夕拾》，以及其他作家写鲁迅先生的文章，如阿累的《一面》、萧红的《回忆鲁迅先生》，让学生继续保持探究的热情，去了解，去领悟。

这节课，让学生在语文课堂中充分学“听”、学“读”、学“品”、学“述”，实现语文素养的全面提升。

单元整体教学的解析与反思

穿越百年的相遇，走近鲁迅

顾海梅

鲁迅先生是伟大的文学家、思想家、革命家，是中国现代文学的奠基人。六年级上册第八单元选用一组与鲁迅相关的文章，意在通过不一样的视角，运用不一样的表现手法，从多角度展现鲁迅的形象，让学生初步了解鲁迅先生伟大的文学成就，感知鲁迅先生独特的个性特征，体会鲁迅先生崇高的精神境界。

本单元的语文要素是“借助相关资料，理解课文主要内容”，一方面是对五年级上册“结合资料、体会课文表达的思想感情”这一方法的延续与推进，体现了针对不同难度的文章，资料发挥的作用不同；另一方面，该语文要素也体现了对本单元选文特质的观照。鲁迅先生生活的年代离当代的学生较为久远，当时的语言表达也与现在的语言表达有所差异，所以想要真正读懂课文，必须借助一定的资料，在情境中循序渐进。鲁迅也曾说：“不过我总以为倘要论文，最好是顾及全篇，并且顾及作者的全人，以及他所处的社会状态，这才较为确凿。”①这也告诉我们，借助相关资料这一教学支架，可以帮助学生拉近与作者、文本的距离，帮助学生读懂作者的言外之意和触摸隐含的情感。

① “题未定”草（六至九）[M]// 鲁迅 . 鲁迅全集：第 6 卷 . 北京：人民文学出版社，1981.

一、借助资料，走近鲁迅

本单元中的任何文本都可以和其他文本互收或转化，它们相互参照，彼此牵连，从而促进学生对整个单元的深度思考。整组单元中的助学资料形式多样，既有文字资料，也有图片资料，除了鲁迅本人的名言，还有名人对鲁迅作品的论述和解读。这些资料作为学生阅读、理解文本的有力补充，能丰富学生的认知，拓宽学生的视野，帮助学生深入理解课文内容，感受人物形象。

（一）借助课内资料

1. 图文并茂，走进鲁迅童年。

《少年闰土》一课的教学中，教师利用课文中的插图导入，让学生图文结合走进鲁迅笔下经典的画面，让少年闰土的形象，一下子深入学生内心。文字与图片的互补让每一个学过这篇课文的学生，说到闰土都会在眼前浮现出这样一幅画面：“深蓝的天空中挂着一轮金黄的圆月，下面是海边的沙地，都种着一望无际的碧绿的西瓜，其间有一个十一二岁的少年，项带银圈，手捏一柄钢叉，向一匹猹尽力的刺去，那猹却将身一扭，反从他的胯下逃走了。”

2. 名家解读，走进鲁迅内心。

《好的故事》课后的“阅读链接”分别选取了文艺理论家冯雪峰和鲁迅研究奠基人李何林关于此文的论述及注解，两则材料都挖掘了课文的深刻内涵，点明了作者写作的深层意图，即表达对故乡的怀念和对美好生活的追求。教学中，教师让学生明白，哪怕是在如此黑暗的现实中，鲁迅先生仍然向往着这样美丽的生活，强烈地追求美好的事物，也让学生更深切地体会到鲁迅先生对于这个黑暗社会的深恶痛绝。

3. 积累名言，体悟鲁迅品格。

鲁迅先生的经典名言即便在当下，也对我们有着重要的教育和启迪意义。在当时的社会背景下，鲁迅先生敢言人所不敢言。毛泽东曾评价他，“骨头是最硬的，他没有丝毫的奴颜和媚骨”，是“民族英雄”。在《有的人——纪念鲁迅有感》一课中，教师借助“日积月累”中鲁迅的名句，来帮助学生丰富鲁迅真实、立体的形象。例如：“其实地上本没有路，走的人多了，也便成了路。”这是《故乡》的结尾，表达了鲁迅对民众的希望。鲁迅先生激励民众，如果敢于打破陈旧、腐朽的枷锁，勇敢地走新生活之路，新的生活就会到来。在鲁迅先生的很多作品中，都有这样发人深省、催人奋进的句子。边积累边感悟，学生心中的鲁迅形象更清晰，也更高大了。

六年级上册第八单元助学资料编排情况详见下表：

教材内容	资料内容	资料作用
单元篇章页	现代诗节选、人物简介、插图	感知鲁迅形象
《少年闰土》	注释、插图	理解课文内容
《好的故事》	注释、插图、“阅读链接”	理解课文内容
《我的伯父鲁迅先生》	课前导读	感受人物形象
《有的人——纪念鲁迅有感》	课前导读、插图	感受人物形象
语文园地“日积月累”	鲁迅名言	体会人物品质

（二）借助课外资料

1. 借助资料，增长见识。

《少年闰土》一课中，教师借助文字和视频资料让学生了解封建社会人与人之间的不同，学生对封建等级制度有了一定的了解。

2. 借助资料，了解背景。

《好的故事》一课中，教师出示了云锦的图文资料，以及袁宏道的诗《山阴道》，让学生通过朗读想象美好的画面，从而对鲁迅先生日思夜想的心中之梦有更深的体悟。

3. 借助资料，发现暗示。

教师在教学《我的伯父鲁迅先生》时出示鲁迅先生“碰壁”的事例，帮助学生理解“碰壁”。原来“碰壁”是指鲁迅与反动派斗争时屡遭挫折和迫害。“四周黑洞洞的”，是指当时的社会无比黑暗。

4. 借助资料，深化思考。

在《有的人——纪念鲁迅有感》这一课的最后，教师推荐学生阅读鲁迅的《呐喊》《野草》《朝花夕拾》以及阿累的《一面》和萧红的《回忆鲁迅先生》，让学生通过阅读去更深入地了解鲁迅和鲁迅的作品。

六年级上册第八单元课外资料详见下表：

课文	资料内容	获取方法	资料作用
《少年闰土》	封建等级制度 《故乡》写作背景 《故乡》中关于成年闰土的节选	教师优选	理解文章主旨，拓宽阅读视野
《好的故事》	云锦的资料 袁宏道《山阴道》 《野草》	引导学生生发需要	理解课文内容，了解社会背景
《我的伯父鲁迅先生》	鲁迅与反动派斗争的事例 巴金《悼鲁迅先生》 萧红《回忆鲁迅先生》 阿累《一面》	教师优选，学生自主查找	理解课文内容，感受人物形象
《有的人——纪念鲁迅有感》	《呐喊》《野草》《朝花夕拾》 阿累《一面》 萧红《回忆鲁迅先生》	课外阅读	理解课文内容，感受人物品格

借助课内外的相关资料，将本单元语文学习要素“借助相关资料，理解课文主要内容”分解细化到单元四篇课文中，每一篇课文对应不同的学习活动，并借助支架解决每篇课文教学中的重难点，让学生离了解鲁迅更近了一步。

二、巧用对比，走近鲁迅

本单元的对比描写特色鲜明，给读者留下了深刻印象。分析这些对比描写，对于理解课文的主题思想和艺术特色具有重要意义，也能帮助我们更好地读懂鲁迅。

1. 在对比中，体会人物情感。

在《少年闰土》一课的教学中，教师通过让学生思考少年时的“我”和闰土的生活分别是什么样的，引导学生对比闰土和“我”的童年，来体会其生活的差异，在对比中感受“我”对自由的向往，对闰土的敬佩与羡慕。

2. 在对比中，揭示社会现状。

教师引导学生把少年闰土与三十年后的中年闰土进行对比，意在让学生去发现生活重重的压迫让闰土喘不过气来。“少年闰土”强调了“少年”这个人生阶段。在《故乡》中，少年闰土和成年闰土在作者心中的形象和情感都有着很大的差别。在作者心中，最珍贵的不是“闰土”，而是“少年”。因为“少年闰土”其实是一种生命和精神状态的代表，更是那个还算美好的时代的代表。所以鲁迅在最后写道：“我想：希望是本无所谓有，无所谓无的。这正如地上的路；其实地上本没有路，走的人多了，也便成了路。”故乡是回不去了，无论是现实层面的还是精神层面的，但最后他还是给自己、给读者留下了一点希望。

3. 在对比中，感受美好愿望。

鲁迅心中憧憬的好的故事美丽、幽雅、有趣，与现实中黑暗、昏沉、悲凉的夜形成鲜明的对比，表现了鲁迅对美好生活的无比向往。

4. 在对比中，领悟伟大人格。

在课文《有的人——纪念鲁迅有感》中，作者全篇运用对比手法，写了两种人：一种人甘为牛马、愿作野草、大公无私，他们“虽死犹生”；一种人压迫人民、沽名钓誉、自私自利，他们“虽生犹死”。在对比中伟大者和卑微者不言而喻，鲁迅“横眉冷对千夫指，俯首甘为孺子牛”的形象深入每一个人的心田。

这就是鲁迅，“横眉冷对千夫指，俯首甘为孺子牛”；这就是鲁迅，关心着青少年的成长、贫苦百姓的生活；这就是鲁迅，用手中的笔与当时黑暗的社会做斗争。鲁迅先生虽然死了，但他将永远活在我们的心中！在对比中我们渐渐走近鲁迅。

三、创设情境，走近鲁迅

语文学习任务群教学强调以学生为主体的过程性体验，因此，教师在开展学习任务群教学时，要注意创设生动的阅读情境，激发学生的文学阅读兴趣。鲁迅是一位性格刚强、笔锋如剑，却又内心柔软，对劳动人民充满同情热爱的革命人物，而且本单元作品中所蕴含的鲁迅精神含义深刻，较难理解，为了激发学生的学习兴趣，降低学习难度，本单元的教学我们设置了“穿越百年的相遇”情境。

1. 创设情境，遇见纯真同伴。

《少年闰土》一课，教师创设情境，让学生跟着“我”回到童年，一起去认识少年闰土，去近距离接触闰土，以玩伴的独特视角去观察闰土、了解闰土，拉近了学生与闰土的距离。结合书中三处“我”和“我”的朋友对这些“新鲜事”不知道的评论，从鲁迅回忆自己童年生活的其他文字中感受“院子里高墙上的四角的天空”，引导学生走进“我”的内心世界，引导学生说说自己眼中的少年闰土形象，从鲁迅的文字中了解闰土，触摸鲁迅少年时代的生活。

2. 创设情境，遇见美好梦境。

《好的故事》一课中，上课伊始教师就揭示主题“走进百年前的旧中国，遇见那个追寻美好的鲁迅”，引领学生迅速进入情境，在感受美好梦境的过程中，遇见鲁迅生活的时代，遇见梦境背后的现实，遇见鲁迅对未来的希望。

3. 创设情境，遇见不屈斗士。

教师在执教《我的伯父鲁迅先生》一课时，引领学生在云上“印象·鲁迅”纪念馆的情境下，跨越时空，与人物对话，品悟鲁迅先生关心民众、胸怀国家的高尚品格。

4. 创设情境，遇见民族英雄。

《有的人——纪念鲁迅有感》这首诗歌的重点是朗读和体会语言，教师通过学生的朗读将大家带入情境——鲁迅所处的时期，穿越百年体验鲁迅生活，感受鲁迅形象。整个任务情境都重在引导学生浸润于字里行间，抓住重点语句深入品读赏析，体会诗人对鲁迅的赞颂，因而受到感染与激励。

真实学习情境引导学生搜集、整理课外资料，走进鲁迅的童年生活、精神世界，在此基础上，致敬鲁迅的民族之魂与不朽精神。在这样的任务群统领下，学生不仅仅是接受者和阅读者，而且化身为鲁迅人格的欣赏者，甚至是精神信念的实践者，能更近距离地了解鲁迅。

单元学习任务群的设计要关注教材的灵活使用，本单元设计打破教材既有顺序，调整文本在单元中的次序，进行跨文本的结构化设计。通过让学生阅读关于鲁迅的大量课外材料，探究鲁迅不同角度的人物形象，引导学生在已有经验的基础上，层层递进地建构对人物的进一步认识和理解，在课内外联结的人物读写中多角度进行分享交流。以上三点架构，主要通过一系列语文学习活动来体现语文核心素养，提高学生实践能力和创新能力，落实社会主义核心价值观，具有一定的普适性。当然，不同单元有不同的人文主题和语文要素，具有一定的差异性，有的需进行个性化架构。因此，学习任务群的普适性架构与个性化架构在某种程度上可做适当调整，使其互融互鉴，这需要我们边实践、边研究、边探索。

印象鲁迅——我们来当鲁迅宣讲人

统编版小学语文教材六年级上册第八单元整体教学设计（二）

单元整体教学的内容与构架

☆教材内容

- 少年闰土
- 好的故事
- 我的伯父鲁迅先生
- 有的人——纪念鲁迅有感

◎习作：有你，真好

◎语文园地

☆单元要素

人文主题：

有的人活着，他已经死了；有的人死了，他还活着。——臧克家

语文要素：

借助相关资料，理解课文主要内容。

通过事情写一个人，表达出自己的情感。

☆整体构架

任务群：发展型学习任务群——文学阅读与创意表达。

单元任务：我们来当鲁迅宣讲人。

单元情境：学校筹备纪念活动招募鲁迅宣讲员。

设计理念：整体施教，分步推进。

单元导图

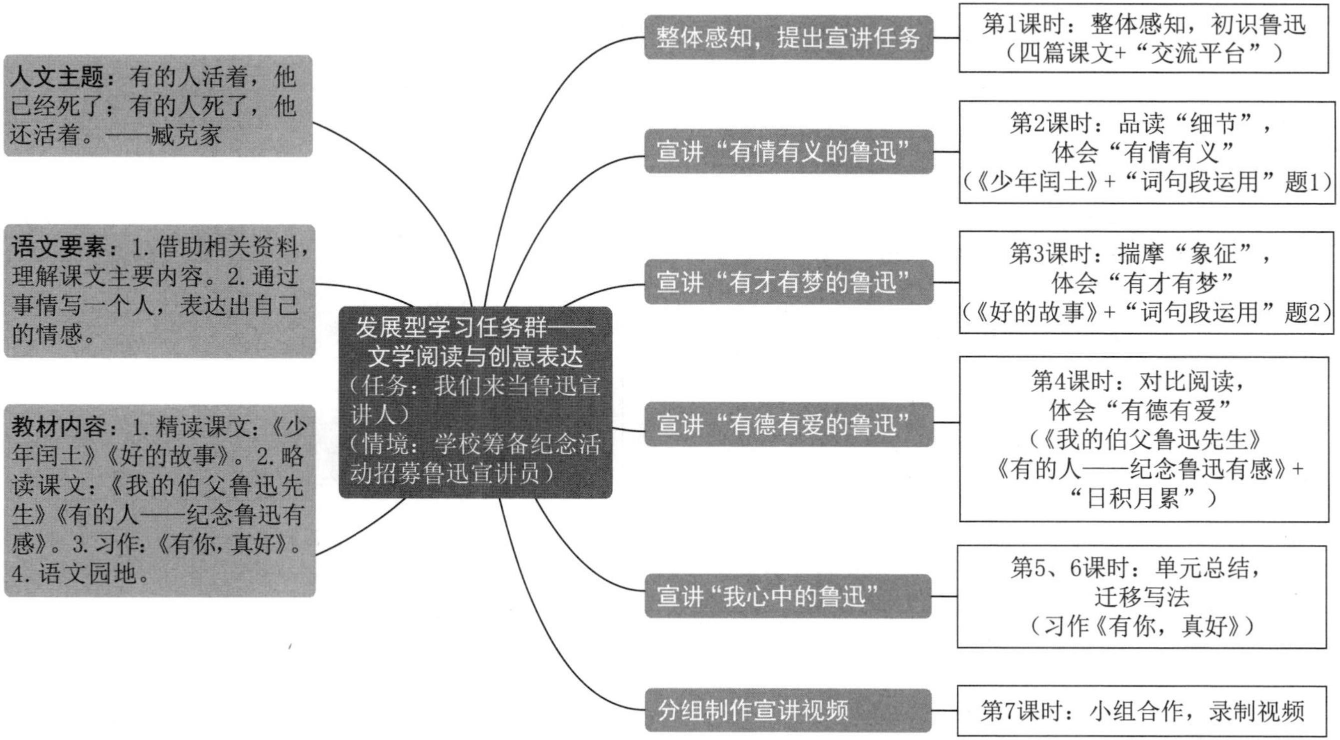
人文主题：有的人活着，他已经死了；有的人死了，他还活着。——臧克家
语文要素：1. 借助相关资料，理解课文主要内容。2. 通过事情写一个人，表达出自己的情感。
教材内容：1. 精读课文：《少年闰土》《好的故事》。2. 略读课文：《我的伯父鲁迅先生》《有的人——纪念鲁迅有感》。3. 习作：《有你，真好》。4. 语文园地。
发展型学习任务群——文学阅读与创意表达（任务：我们来当鲁迅宣讲人）（情境：学校筹备纪念活动招募鲁迅宣讲员）
整体感知，提出宣讲任务
第1课时：整体感知，初识鲁迅（四篇课文+“交流平台”）
宣讲“有情有义的鲁迅”
第2课时：品读“细节”，体会“有情有义”（《少年闰土》+“词句段运用”题1）
宣讲“有才有梦的鲁迅”
第3课时：揣摩“象征”，体会“有才有梦”（《好的故事》+“词句段运用”题2）
宣讲“有德有爱的鲁迅”
第4课时：对比阅读，体会“有德有爱”（《我的伯父鲁迅先生》《有的人——纪念鲁迅有感》+“日积月累”）
宣讲“我心中的鲁迅”
第5、6课时：单元总结，迁移写法（习作《有你，真好》）
分组制作宣讲视频
第7课时：小组合作，录制视频

单元整体教学的设计与意图

板块	课时	课时任务	任务情境	落实要素	语言训练点	教学内容
整体感知，初识鲁迅	1	整体感知，提出宣讲任务	学校筹备纪念鲁迅逝世87周年活动，招募小小宣讲员	借助相关资料，整体感知课文，初识鲁迅	1. 概括课文主要内容；2. 联系资料搜集，进行句式表达	四篇课文 + “交流平台”
宣讲“有情有义的鲁迅”	1	宣讲“有情有义的鲁迅”		借助相关资料，体会鲁迅的“有情有义”	联系“参读”，宣讲“有情有义的鲁迅”	《少年闰土》+“词句段运用”题1
宣讲“有才有梦的鲁迅”	1	宣讲“有才有梦的鲁迅”		借助相关资料，体会鲁迅的“有才有梦”	1. 看词语，想画面，练表达；2. 联系“阅读链接”，宣讲“有才有梦的鲁迅”	《好的故事》+“词句段运用”题2
宣讲“有德有爱的鲁迅”	1	宣讲“有德有爱的鲁迅”		借助相关资料，体会鲁迅的“有德有爱”	借助“参读”“日积月累”，宣讲“有德有爱的鲁迅”	《我的伯父鲁迅先生》+《有的人——纪念鲁迅有感》+“日积月累”
宣讲“我心中的鲁迅”	1	宣讲“我心中的鲁迅”		借助相关资料，整合鲁迅形象	以“有您，真好”为题，宣讲“我心中的鲁迅”	四篇课文
	1	《有你，真好》单元习作指导		通过事情写一个人，表达出自己的情感	以“有你，真好”为题，表达真情实感	习作《有你，真好》
制作宣讲视频	1	分组制作宣讲视频			从多角度宣讲鲁迅	四篇课文

整体感知，初识鲁迅

陈　娟

学习任务： 整体感知，提出宣讲任务。

学习目标：

1. 能扫清字词障碍，读通读顺课文。
2. 运用多种方法把握文章的主要内容。
3. 能从搜集到的资料和本单元的四篇课文中初步认识鲁迅的形象。

学习课时： 1 课时。

学习活动： 3 个。

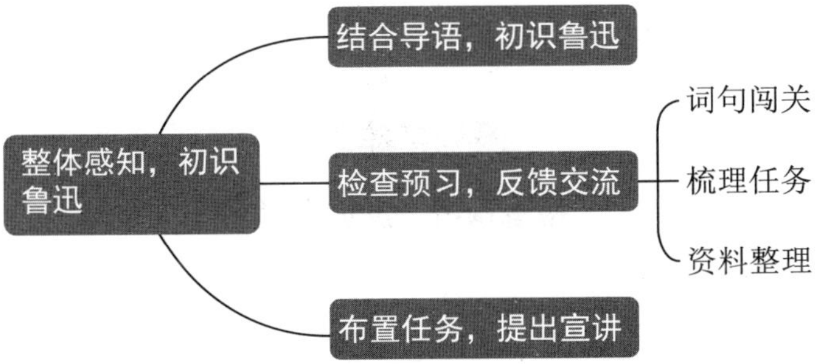

学习活动一

结合导语，初识鲁迅

1. 出示鲁迅照片，引导学生“识其形”。

2. 出示文字：

有的人活着，

他已经死了；

有的人死了，

他还活着。

——臧克家

3. 提问：这句话在本单元中出现了几次？分别出现在哪里？

（**单元导语以及《有的人——纪念鲁迅有感》的开头**）

4. 这是诗人为纪念鲁迅逝世十三周年写的一首诗中的开头。“有的人死了，他还活着”，你们认为这指的是哪些人？（鲁迅以及像鲁迅这样的人）这是作者对鲁迅一生的充分肯定和赞扬，因此编者把这句话作为单元导语。

5. 接下来，我们就走进本单元的学习，这是统编版小学语文教材中第一次为一位作家单独设置一个单元——鲁迅单元，由此可见，鲁迅在中华民族的文学史上是一个标志性的人物。

6. 课前大家预习了本单元的四篇文章《少年闰土》《好的故事》《我的伯父鲁迅先生》《有的人——纪念鲁迅有感》，并完成了助学单。这节课我们就围绕这份助学单展开学习。

学习活动二

检查预习，反馈交流

任务一：词句闯关

1. 我会读。

（1）**词语关**。

项带（戴）银圈	检（捡）贝壳	希（稀）奇	蒙胧（眬）
鞭爆	膝髁	伽蓝	石油
鹁鸪	獾猪	刺猬	一匹猹
逝世	殡仪馆	追悼	吊唁

① 出示第一行，引导学生正确认读并发现鲁迅那个年代有的用字与现在不同。

② 出示第二行，引导学生正确认读并发现这些富有年代感的词与我们现在的说法不一样。

③ 出示第三行，引导学生正确认读《少年闰土》中出现的比较难读的关于动物名称的词。

④ 出示第四行，引导学生正确认读并发现这一组词出自《我的伯父鲁迅先生》，同时通过比较发现：

《我的伯父鲁迅先生》《有的人——纪念鲁迅有感》是别人写鲁迅的作品；《少年闰土》《好的故事》是鲁迅自己的作品。

（2）句段关。

深蓝的天空中挂着一轮金黄的圆月……（《少年闰土》第 1 自然段）

我仿佛记得曾坐小船经过山阴道……（《好的故事》第 5 自然段）

河边枯柳树下的几株瘦削的一丈红……（《好的故事》第 7 自然段）

① 朗读《少年闰土》第 1 自然段，说说这段话讲的是什么。

② 朗读《好的故事》中的两段话，说说这两段写的是什么。

2. 我会写。

• “那一年，我家是一件大祭祀的值年。这祭祀，说是三十多年才能轮到一回，所以很 zhèng zhòng [ ][ ]；正月里供祖像，供品很多，祭器很讲究，bài [ ] 的人也很多。”

- 紫色的圆脸，头戴 zhān mào（　　）（　　），颈套银项圈。这是“我”第一次在 chú fáng（　　）（　　）里见到闰土形象。那时他见人很 pà xiū（　　）（　　），只是不怕“我”。

- 闰土捕鸟时，用短棒支竹匾，sǎ（　　）秕谷，等时机将 fù（　　）在棒上的绳子一拉，鸟雀便到手了；闰土看瓜时，管的不是贼，而是獾猪、cì wei（　　）（　　）、猹。那猹可 líng lì（　　）（　　）了，倒向人奔来，从胯下 cuàn（　　）了。

- 这故事很美丽，幽雅，有趣。许多人和物都倒影在 chéng bì（　　）（　　）的小河中，一打桨，便和水里的 píng zǎo（　　）（　　）游鱼一同 dàng yàng（　　）（　　）。

- “我正要 níng shì（　　）（　　）他们时，zhòu rán（　　）（　　）一惊，睁开眼，云锦也已皱蹙，凌乱，仿佛有谁 zhì（　　）一块大石下河水中，水波 dǒu rán（　　）（　　）起立，将整篇的影子撕成片片了。”

（1）挑选学生的助学单展示。

（2）挑选学生易错字“拜”进行识记、范写。

任务二：梳理内容

1. 结合语文园地“交流平台”，引导学生用不同的方法概括文章的主要内容并完成表格。

课文	主要人物	主要内容	人物形象
《少年闰土》			
《好的故事》			
《我的伯父鲁迅先生》			
《有的人——纪念鲁迅有感》			

2. 师生交流。

（1）《少年闰土》：列提纲、抓关键句。

《好的故事》：借助题目、抓关键句。

《我的伯父鲁迅先生》：列提纲。

《有的人——纪念鲁迅有感》：列提纲。

（2）交流过程中相机板书。

（3）交流过程中相机梳理《少年闰土》和《我的伯父鲁迅先生》这两篇文章中的事例（用小标题的形式）。

《少年闰土》：雪地捕鸟、海边拾贝、看瓜刺猹、潮汛看鱼。

《我的伯父鲁迅先生》：谈《水浒传》、笑谈“碰壁”、燃放花筒、救助车夫、关心女佣。

任务三：资料整理

四、五年级时，我们学会了搜集资料的方法，如查找图书、网络搜索、请教别人等。请你搜集有关鲁迅的资料，照样子，完成表格。

搜集方法	鲁迅形象	内容依据
网络搜索	乐于奉献	我好像一只牛，吃的是草，挤出的是牛奶，血。 ——鲁迅

1. 出示语文要素：借助相关资料，理解课文主要内容。引导学生回忆：四、五年级时学会的搜集资料的方法有哪些？（查找图书、网络搜寻、请教别人等）

2. 引导学生以下列句式进行交流。

通过________（方式）走近鲁迅，我认识到他是一个________（什么样）的人，因为________（原因）。

（范例：通过网络搜索鲁迅名言的方式走近鲁迅，我认识到他是一个乐于奉献的人，因为他说：我好像一只牛，吃的是草，挤出的是牛奶，血）

3. 梳理的过程中相机板书。

文学家

思想家

革命家

学习活动三

布置任务，提出宣讲

1. 结合板书小结。

通过课前搜集资料以及刚才的交流，我们初步认识了鲁迅先生，认识了这位文学家、思想家、革命家，认识了这位爱憎分明，无私奉献，为自己想得少、为别人想得多的伟大人物，认识了这深受人民爱戴、敬重、缅怀的民族脊梁。

2. 产生阅读期待。

难道我们在这节课所了解到的浅浅的印象就能代表鲁迅先生吗？不，今天，我们仅仅初步了解了鲁迅先生，在这个单元接下来的品读中，我们还会借助新的参读（参读是鲁迅本人总结的读书方法，即读书时不能孤立理解一篇文章，要学会参考作者的传记、书信、日记或其他资料来帮助理解）资料来学习，我们会对他的作品、人品有更深入的了解。

3. 齐读单元导语。

有的人活着，
他已经死了；
有的人死了，
他还活着。

——臧克家

4. 布置宣讲任务。

同学们，这是臧克家为纪念鲁迅逝世十三周年写的。最近，学校也在筹备纪念鲁迅逝世87周年活动，正在六年级同学中招募小小宣讲员，准备请宣讲员宣讲鲁迅的光辉形象。在接下来的单元学习中，请你们都来当鲁迅宣讲员，在老师的带领下试着分类进行宣讲。

设计意图

本课时是本单元的起始课时，我努力用系统思维去解读教材、使用教材，从单元整体上思考、设计教学。这一课时旨在引导学生从整体上感知四篇课文，初识鲁迅形象，为本单元四篇课文的品读、对比阅读做铺垫。

一、借助“导语”，与编者对话，揭示学习主题

教学伊始，引导学生根据鲁迅的图片初识其外貌，根据单元导语初识其人品，从而揭示本单元的主题，走进本单元的学习，让学生慢慢地与鲁迅拉近距离，激发他们亲近鲁迅的兴趣。

在小学六年级编排鲁迅单元具有独特的教学价值，因此在本单元教学之初我就引导学生与编者对话，思考“有的人活着，他已经死了；有的人死了，他还活着”这段话在单元中出现过几次，分别出现在哪里，从而让学生明白编者把它作为单元导语是因为这段话是臧克家对鲁迅一生充分的肯定与赞扬。随后，告诉学生这是统编版小学语文教材中第一次为一位作家单独设置一个单元，再次让学生感受到鲁迅在中华民族的文学史上是一个标志性的人物。这样的设计就是让学生感受到“鲁迅单元”不是一个普通的人物主题单元，而是一个富含编者意图的特别单元，从而对本单元的学习产生期待。

二、借助助学单，与文本对话，初识鲁迅形象

这一板块以课前发放的助学单为载体，在三大学习任务的驱动下引导学生扫除字词障碍，通读课文，从而把握四篇课文的主要内容，初识鲁迅。助学单是学生在预习中完成的，课堂上以检查反馈为主。这一板块中我设计了三项学习任务。

任务一：词句闯关。

“我会读”中有“词语关”和“句段关”。

“词语关”挑选了四组词语：第一组是《少年闰土》《好的故事》中，用字与现在不同的词语；第二组是《好的故事》一文中，说法与现在不同的，也就是富有年代感的词语；第三组是《少年闰土》一文中，比较难读的表示动物名称的词语；第四组是《我的伯父鲁迅先生》一文中，容易读错字音的四个词语。前两组词语的出示是为了让学生明白，鲁迅那个年代与现在相隔大约一百年，用字和用词都有不一样的地方，课文遵照原文，未加改动，但我们还是要遵循现在的用法。最后一组词出示的用意，不仅是几个易错音的辨析，更重要的是与前两行词语所在课文进行比较，引导学生发现《少年闰土》和《好的故事》是鲁迅自己的作品，而《我的伯父鲁迅先生》《有的人——纪念鲁迅有感》是别人写鲁迅的作品，从而再次明白编者的意图，从潜意识里感受到本单元是从多角度立体呈现鲁迅的。

“句段关”挑选了三段话：《少年闰土》的第 1 自然段和《好的故事》的第 5 和第 7 自然段。选取这三段话的理由：一是这三段话是课文的重点段落，可以引导学生概括重点段落的大意；二是这三段话比较难读；三是这三段话呈现出了生动的画面感，可以引导学生感受到鲁迅的笔力不一般，他是名副其实的伟大的文学家、中国现代文学的奠基人。

“我会写”是把两篇精读课文后面列出的生词融入句段中，有的是书中的原句，有的是特意编写的，一方面是为了引导学生在语境中正确书写词语，另一方面也让学生借机再次熟悉课文内容。教学中，我指名学生读这四段话，其他学生边听边对照自己的书写。我特别挑选出学生的易错字“拜”，帮助学生进行识记、书写。

任务二：梳理内容。

助学单中，引导学生从主要人物、主要内容和人物形象三个方面去梳理课文。教学中，结合语文园地中的“交流平台”，引导学生与文本对话，选用“交流平台”中教给我们的方法来把握四篇文章的主要内容：《少年闰土》可以选用抓关键句、列提纲的方法；《好的故事》可以用借助题目、抓关键句的方法来把握；《我的伯父鲁迅先生》和《有的人——纪念鲁迅有感》则都可以用边读边列提纲的方法。这样的设计，一方面让学生学会把握课文主要内容的方法，另一方面为接下来四篇文章的细读、品读、对比阅读做铺垫。在引导学生初步感知人物形象时，巧妙渗透鲁迅不仅是伟大的文学家，还是伟大的思想家、革命家这一点，并相机板书。

任务三：资料整理。

这一任务主要是让本单元的“借助相关资料，理解课文主要内容”这一语文要素落地，课前布置学生运用四、五年级时学到的搜集资料的方法，即查找图书、网络搜索、请教别人等，搜集与鲁迅相关的资料，并填写助学单中的表格。教学中，引导学生把课前搜集的资料，由表格转为句式表达，即“通过________（方式）走近鲁迅，我认识到他是一个________（什么样）的人，因为________（原因）”，从而让学生多角度、多方位地去感受鲁迅的人格魅力，并相机板书，随后借助板书进行总结。

这样的设计关注了前后知识的勾连，因为查阅资料这一阅读方法学生早在四、五年级就接触了，本单元的教学是这个阅读方法的延续与推进，同时为学生的后续学习做参读准备。

三、借助“招募令”，与生活对话，提出宣讲任务

《课标》中强调：“义务教育语文课程培养的核心素养，是学生在积极的语文实践活动中积累、建构并在真实的语言运用情境中表现出来的，是文化自信和语言运用、思维能力、审美创造的综合体现。”课堂的尾声再回到单元导语“有的人活着，他已经死了；有的人死了，他还活着”，从而引出招募令，提出宣讲任务，目的就是引导学生在“我们来当鲁迅宣讲人”这样的情境任务中完成本单元的学习，从而在真实的语言运用情境中培养学生的语文核心素养。

宣讲“有情有义的鲁迅”

张　莉

学习任务：宣讲“有情有义的鲁迅”。

学习目标：

1. 能借助关键词句，感受儿时伙伴的真挚友谊。
2. 能借助资料感悟人物形象，运用不同的方法体会人物的特点。
3. 能通过课文学习与补充的资料感受情有义的鲁迅形象。

学习课时：1 课时。

学习活动：3 个。

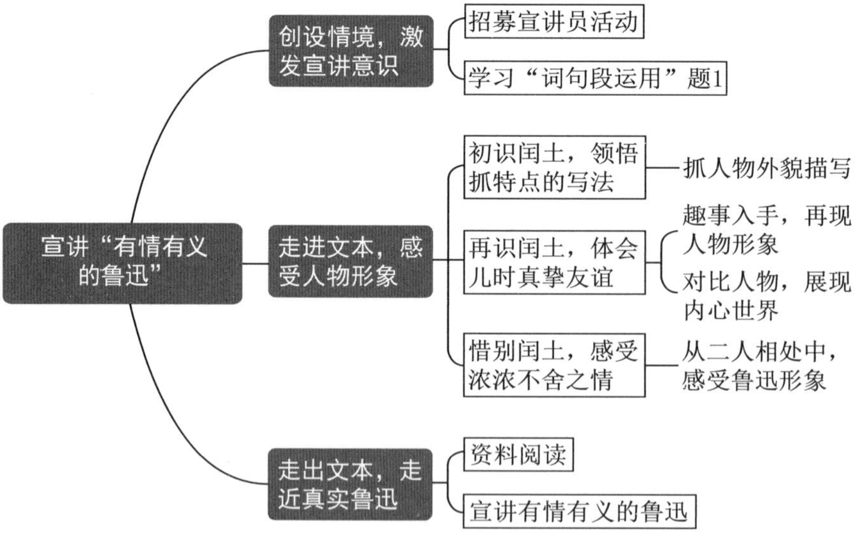

学习活动一

创设情境，激发宣讲意识

1. 活动为引，走近作家。

同学们，你们听说了吗？咱们学校在筹备纪念鲁迅逝世 87 周年活动，近来正招募小小宣讲员。老师知道大家为了争当宣讲员，已经搜集了大量的关于鲁迅的资料。

2. 走进作品，揭示课题。

但光搜集资料是不够的，想要真正地了解一个作家，还要真正走进他的作品、他的文字。今天就让我们一起先来走进鲁迅笔下的《少年闰土》。（板书课题，齐读）

3. 质疑问难，链接学习。

（1）质疑：读了课题，你发现了什么？

其实像这种以主要人物为题目的课文，我们学过不少呢。

你还知道哪些拟定题目的方式呢？

（2）引导学生学习语文园地“词句段运用”题 1。

学习活动二

走进文本，感受人物形象

任务一：初识闰土，领悟抓特点的写法

1. 识闰土，谈印象。

出示第 1 自然段。

独自学：用横线画出描写闰土外貌的句子，并在旁边做批注。

小组学：说说闰土给你留下了怎样的印象。

2. 抓特点，品妙处。

品读描写外貌的语句，感悟闰土形象。

（1）出示第 1 自然段外貌描写。

“其间有一个十一二岁的少年，项带银圈，手捏一柄钢叉，向一匹猹尽力的刺去，那猹却将身一扭，反从他的胯下逃走了。”

问：这段文字抓住了什么来描写闰土的？此时，你的眼前出现了一个怎样的少年？

（2）出示第 4 自然段外貌描写。

“他正在厨房里，紫色的圆脸，头戴一顶小毡帽，颈上套一个明晃晃的银项圈……”

问：这段文字抓住了什么来描写外貌的？闰土又给你留下了怎样的印象呢？

（3）小结：这是鲁迅先生作品的巧妙处之一——抓人物的明显特征来写人物形象。

任务二：再识闰土，体会儿时真挚友谊

1. 趣事入手，再现人物形象。

小组学：说一说四件事情中“我”印象最深刻的是哪件事。原因是什么？

（1）重点指导“看瓜刺猹”。

（2）小结：这是鲁迅先生作品的巧妙处之二——用倒叙手法引出少年闰土，特写镜头展现场景，语言优美，给人以深刻印象。

（3）问：那你觉得闰土所知道的新鲜事儿仅仅就只有这四件吗？你觉得这又是一个怎样的闰土？

（4）小结：这是鲁迅先生作品的巧妙处之三——用主人公讲述一件件新鲜有趣的事来表现闰土的见多识广。

2. 对比人物，展现内心世界。

（1）问：面对着闰土滔滔不绝的讲述，“我”有什么样的表现？

独自学：找出文中描写“我”听闰土讲新鲜事时的感受的句子，并做批注。

小组学：说说从中感受到“我”怎样的内心世界？

（2）集体交流。

① 图片感悟：“我”对闰土所讲的四件新鲜事的兴趣之高。

出示课文的第 2 张插图，提问：从图中你感受到什么？

② 文字感悟：那文字是如何表现这四件事给“我”的新鲜感的呢？

出示：

“我那时并不知道这所谓猹的是怎么一件东西——便是现在也没有知道……”

“我素不知道天下有这许多新鲜事……”

“阿！闰土的心里有无穷无尽的希奇的事，都是我往常的朋友所不知道的。他们不知道一些事，闰土在海边时，他们都和我一样只看见院子里高墙上的四角的天空。”

A. 指名交流。

B.“素不知道”是什么意思？“往常的朋友”是谁？（富家子弟）什么是“四角的天空”？

C. 你能够想到一些词语或名言警句吗？（井底之蛙、笼中鸟）

（3）小结：是的，你们所说的都是作者鲁迅先生心里所想的，也是他心中永远的遗憾。“我”和其他富家子弟一样都生活在深宅大院，不能广泛地接触社会，接触自然，像井底之蛙，见识很少。

“我”的知识贫乏不正衬托出闰土的见多识广吗？这就是鲁迅先生作品的巧妙处之四：对比人物，表现闰土的见多识广与“我”的知识贫乏。

（4）说一说：你觉得第 18 自然段表达了“我”怎样的思想感情呢？

（5）感受儿时鲁迅与闰土之间的深厚情谊。

一件件有趣的事，一件件“我”见都没见过的新鲜事，一下子就增进了“我”与闰土的感情。你看，文中闰土与“我”由相识到熟识仅仅用多长时间啊？（半日）仅仅半日的时间，他们之间就建立了深厚、真挚的友谊。

任务三：惜别闰土，感受浓浓不舍之情

1. 回顾快乐却短暂的时光，再现儿时伙伴真挚友谊。

引读课文：可惜正月过去了，闰土须回家里去，我……他也……（我俩感情深厚，已然成为好朋友，分别时是那样不舍）但终于被他父亲带走了。

2. 回顾课文所有文字，初步感知鲁迅形象。

文中从头至尾，都在写谁？（闰土）可就是从对闰土的描述，从“我”与闰土相处的过程中，我们感受到一个怎样的鲁迅？（重情重义的、有情有义的）

你看，这就是鲁迅先生的高超之处，悄无声息中一个有情有义的人物形象就展现在我们的眼前了。

3. 温馨画面多次出现，真挚友谊再现鲁迅形象。

感情再深厚也有离别的时刻，虽然不舍，但“我”与闰土终究还是离别了。这一别就是三十年。当“我”接过闰土托父亲捎给我的一包贝壳和几支很好看的鸟毛时，“我”知道他并没有忘记“我”，“我”的眼前自然地浮现出那一幅温馨、恬淡的画面：

“深蓝的天空中挂着一轮金黄的圆月，下面是海边的沙地，都种着一望无际的碧绿的西瓜，其间有一个十一二岁的少年，项带银圈，手捏一柄钢叉，向一匹猹尽力的刺去，那猹却将身一扭，反从他的胯下逃走了。”

学习活动三

走出文本，走近真实鲁迅

1. 拓展《故乡》节选。

想知道他们再次见面的场景吗？请大家读短篇小说《故乡》的节选。

出示："一日是天气很冷的午后……默默的吸烟了。"

问：从这段文字中，你体会到什么？

2. 鲁迅与儿时玩伴虽然离别多年，但他们之间真挚的感情却在鲁迅的心头长存。在后来很长的时间里，哪怕是当鲁迅家道中落，饱受丧父之痛，在外颠沛流离的时候，他还总能想起西瓜地里那个勇敢的少年。

读到这，我想说：这真是一个（　　）的鲁迅。

3. 提出宣讲任务。

此时此刻，我是小小宣讲员，我来宣讲"有情有义的鲁迅"。

设计意图

《少年闰土》是统编版小学语文教材小学语文六年级上册第八单元第一篇精读课文，选自鲁迅先生的短篇小说《故乡》。课文主要通过"我"对少年闰土的回忆，刻画了一个机智勇敢、聪明能干、见多识广的农村少年形象，表达了"我"与儿时伙伴闰土的短暂而又真挚的友谊以及对他的怀念之情。在单元教学大任务和大情境的统领下，根据单元教学要求，本课时将引导学生在感知鲁迅形象的基础上，宣讲"有情有义的鲁迅"。

一、创设情境，激发宣讲意识

兴趣是最好的老师。上课伊始，我以学校筹备纪念鲁迅逝世 87 周年活动招募宣讲员为契机，激发学生学习鲁迅作品、搜集鲁迅资料的兴趣，从而走进本课的学习，让学生慢慢地与鲁迅拉近距离，激发宣讲鲁迅的欲望。

接着引入课题，激发学生的问题意识，让学生发现题目就是文章的主要人物，激发读者兴趣，顺势进入语文园地的"词句段运用"第一题的学习中。明代学者陈献章曾说过："学起于思，思源于疑。"意思就是学习开始于思考，思考源于（对事物的）疑问。学生的积极思考往往是从疑问开始的。这一环节旨在激发学生提问的兴趣，使他们自己去发现问题，带着问题去阅读，触发思考的不断深入。"疑者，觉悟之机也。"质疑，有利于培养学生的思维能力，提高他们学习的主动性，增强自主学习的能力。

二、走进文本，感受人物形象

这部分教学分三个任务展开。

任务一：初识闰土，领悟抓特点的写法。

从"这究竟是一位怎样的少年"入手，读课文第1~4自然段，根据导学单相应要求完成独自学、小组学目标，重点抓住人物的外貌描写，了解闰土给"我"留下的朴实可爱、憨厚老实的印象。学习鲁迅作品的巧妙处之一：抓人物的明显特征来写人物形象。

学生是学习的主人，教师只是学生学习的引导者，而不是说教者。本环节旨在通过对人物外貌描写的朗读，让学生能在品味文本内涵的同时，感悟到闰土这一人物形象，从而"得法于课内，得益于课外"。

任务二：再识闰土，体会儿时真挚友谊。

环节1：趣事入手，再现人物形象。

让学生速读课文第6~18自然段，说说文中讲的四件新鲜事，再理出印象最深的事，接着围绕"那你觉得闰土所知道的新鲜事儿仅仅就只有这四件吗？你觉得这又是一个怎样的闰土？"这两个问题展开讨论，学习鲁迅作品的巧妙处之三：讲述件件趣事，表现人物见多识广的特点。

重点学习看瓜刺猹部分，引导学生通过阅读交流、图文对照等方式展开，学习鲁迅作品的巧妙处之二：倒叙手法、特写镜头，让人物形象印入脑海。

本环节主要通过让学生自由选择学习内容，自由选择学习方法，从而感悟鲁迅的人物形象。这既是对学生个性的尊重，也让学生意识到自己是真正意义上的学习的主人，从而迸发创造的活力。

环节2：对比人物，展现内心世界。

学习了四件新鲜事后，学生对闰土这个人物有了比较鲜明的印象，但对“我”与闰土之间的感情却没有深入的体会。这时引导学生体会“我”听了闰土讲新鲜事后的感受，自然过渡到对“高墙上的四角的天空”理解，这也是本课教学的难点。引导学生通过看图、想象、对比等方法进一步了解：文章是用闰土的知识丰富来反衬“我”和城里的小伙伴的见识少，表达了“我”对闰土的钦佩以及对外面广阔世界的无限向往。就这样，学生通过阅读、分析，既理解了人物的内心世界，又切身感受了鲁迅作品巧妙处之四：对比描写，表现人物的不同形象。

这一部分教学旨在帮助学生初步懂得抓重点、抓要点的学习方法，使学生在交流中训练表达能力，树立自主学习的信心，为宣讲鲁迅形象做好充分的准备。

任务三：惜别闰土，感受浓浓不舍之情。

这一任务主要是通过读最后一个自然段，来感受离别情景，再现真挚友谊，从“我”与闰土的相处中，感受鲁迅形象。

情感的体悟是学生在课堂上探究的所得，是自然生成的，而这些内容将引领学生深入地探究学习，凸显鲁迅形象这一中心的同时，也突出了本课教学的重点。

三、走出文本，走近真实鲁迅

让学生读鲁迅的小说《故乡》，拓宽阅读视野，感受多年后两人再次相见的情景，丰富对鲁迅的认识。再次出示“看瓜刺猹”的图片，让学生在牢记闰土的同时，将鲁迅先生笔下那段非常美的情景牢记心中，从而在鲁迅的作品中悟到一个有情有义的鲁迅形象。

最后情境再现：读鲁迅作品，悟鲁迅形象，我是小小宣讲员。

学生的思维是开放的，有了轻松愉快的学习氛围，他们不仅能从文本中寻找答案，还会在生活中有新的发现。这一板块让学生宣讲鲁迅形象，既源于文本，而又超越文本，从读到悟再到宣讲，不仅拓宽了语文学习的内容、形式和渠道，也增强了学生在广阔的空间里学语文、用语文的能力，同时感受“言意共生”的语文生活。

宣讲“有才有梦的鲁迅”

郁　伟

学习任务：宣讲“有才有梦的鲁迅”

学习目标：

1. 能借助关键语句和资料，展开想象，感受梦境的美丽、幽雅、有趣。
2. 借助“阅读链接”、视频资料，理解“昏沉的夜”所隐藏的深义。
3. 通过阅读课文及补充资料感受鲁迅的“有才有梦”。

学习课时：1 课时

学习活动：4 个

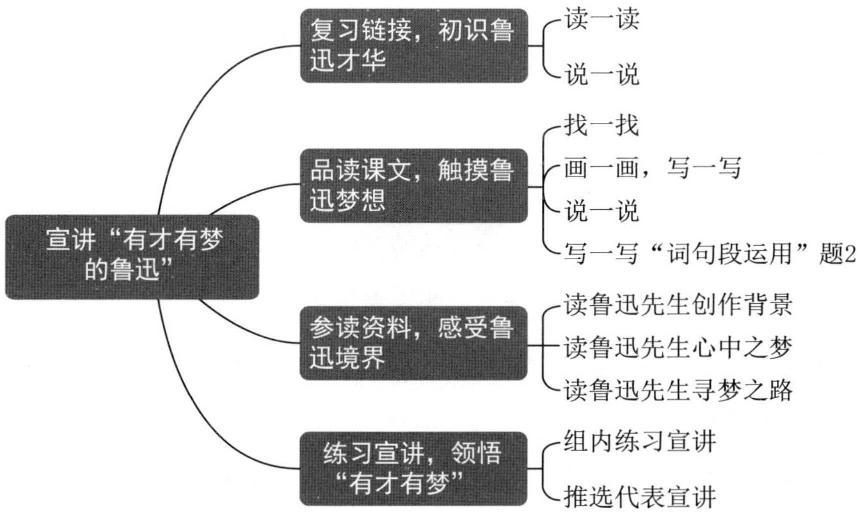

学习活动一

复习链接，初识鲁迅才华

上节课，同学们品读细节，体会人物形象，练习宣讲了“有情有义的鲁迅”。这节课，我们继续走近可敬的鲁迅，宣讲他的才华、他的梦想。（出示学习任务：宣讲“有才有梦的鲁迅”）

《好的故事》写于20世纪20年代，语言表达与现在不完全一样，有些词语比较难懂。我们用了一些方法读懂了它们，比如结合注释、联系生活实践、联系上下文、查阅资料等。接下来，请你完成以下任务。

1. 读一读：把那些具有年代感的词语放进句子中，读读你最喜欢的句子。

鲁迅研究学者夏明钊在谈到收录这篇文章的散文诗集《野草》的艺术特征时，是这么说的：语言精练、隽永而富有生命力。

这样的文章正是（出示作家卡片）“伟大的文学家、思想家、革命家，五四新文化运动的重要参与者，中国现代文学的奠基人”鲁迅创作的！所以，我们不由得为鲁迅先生的文才而叹服。你想说——真是（　　）的鲁迅？（板书：有才）

2. 说一说：结合补充资料，说说此刻你眼里的鲁迅先生。

学习活动二

品读课文，触摸鲁迅梦想

有才的鲁迅写了一篇优美的散文。读课题，通过学习，我们已知道：好的故事其实是一个梦境。

1. 找一找：文中哪些地方让你看出这是一个梦境？

（1）虽然鲁迅先生没有说这是个梦，但是我们可以从文中好多地方看出来。

（2）这个梦用三个词语概括：美丽、幽雅、有趣。（学生板书）

2. 画一画，写一写：你从哪里读出这个梦境的美丽、幽雅、有趣？在相应语句旁写下你的感受。

预设 1：第 4、8 自然段。

（1）文眼。梦境的开头和结束都写了这个梦境的特点，还反复写到“美的人和美的事”，这就是“前后呼应”。

（2）补充云锦介绍：云锦是最为华丽高贵的锦缎，被誉为“中国丝绸的皇冠”，因其绚丽多姿如彩云而得名。如果梦境也能拍照，那会是一张幻化无穷、充满生机的风景照，它是这样美丽、幽雅、有趣。

预设 2：第 5 自然段。

（1）补充山阴道介绍：看注释，这是江南水乡的景致，也正是鲁迅故乡的景致。王献之这么写道（出示文字）：“山阴道上行，山川自相映发，使人应接不暇。”山阴道之景真令人流连忘返啊！

（2）鲁迅描写山阴道景物的方法很别致——罗列名词，这与元曲家马致远的小令有着异曲同工之妙呢！出示《天净沙·秋思》：枯藤老树昏鸦，小桥流水人家，古道西风瘦马。夕阳西下，断肠人在天涯。（课件圈出名词）鲁迅先生的古文造诣可见一斑。（请一生读，其余闭眼想象画面）

（3）鲁迅先生的语言精练隽永，富有画面感，例如：诸影诸物，无不解散，而且摇动，扩大，互相融和；刚一融和，却又退缩，复近于原形。

① 诸影诸物指什么？谁来品品这句话？它妙在何处？请找体现变化的动词。

② 诸影诸物，摇动，扩大，融和，镶着日光，发出水银色焰，瑰丽多姿，令人爱恋。连读两次，边读边想象画面。

③ 你在何处见过类似的变化？（打水漂，井里打水，鱼群吃食，扔小石子……）

真是个好的故事，这梦境如此美丽、幽雅、有趣。

预设3：第7自然段。

出示："带织入狗中，狗织入白云中，白云织入村女中……。在一瞬间，他们又将退缩了。"

（1）这个句子特别有趣，你发现了吗？（前一句与后一句首尾相接）

（2）发挥你的想象：还可能会有什么织入什么中呢？

表达训练：……（　　）织入（　　）中……

（3）男女生合作读。

（4）如果你是摄影师，定然能拍摄出一幅幅有意蕴的作品了，但是你要迅速，因为这些画面都是水中倒影，转瞬即逝。这一切无不让我们感受到梦境的美丽、幽雅、有趣。

3. 说一说：说说此刻你眼里的鲁迅先生。（板书：有梦的鲁迅）

4. 写一写。

读"词句段运用"第2道中的词语，你想到了什么？选择一个词语，把你想到的用一段话写下来。

饱经风霜的脸　　饱经风霜的老屋　　饱经风霜的大树

树林的深处　　秋天的深处　　心灵的深处

有才有梦的鲁迅由"好的故事"这个词想到了这么多美好的画面，那你们看到这些词语想到了什么？咱们小试牛刀，用一段话写下来吧！

学习活动三

参读资料，感受鲁迅境界

这个梦是如此美丽、幽雅、有趣，那鲁迅是在怎样的情况下，做这个好梦的呢？

小组合作完成以下任务。

1. 读鲁迅先生创作背景。

（1）阅读王泽龙的《论鲁迅一九二五年前后的创作》选段，圈画关键词。

（2）想一想“昏沉的夜”可能指的是什么。

① 提示“象征”手法的运用。

② 思考：鲁迅为什么不把黑暗的现实直接写在文中？（把不能说的话隐含在文中，真是有才的鲁迅。要知道鲁迅因为写文章，是上过反动派的暗杀名单的）

（板书：黑暗）

2. 读鲁迅先生心中之梦。

（1）读“阅读链接”第一条内容及《社戏》选段，圈画关键词。

（2）说一说感受。（令人钦佩的有梦的鲁迅）

3. 读鲁迅先生寻梦之路。

（1）读“阅读链接”第二条内容及《故乡》选段，圈画关键词。

（2）谈一谈看法。（在艰难的情况下，作者同广大人民群众一样，期望美好的未来尽快来到。《好的故事》是《野草》中众多色调灰暗的文章中难得一见的“光明”。）

（板书：怅惘、失望）

小结：哪怕是在黑暗的现实中，鲁迅先生仍然向往着这样美好的生活。强烈地追求美好的事物，这就是鲁迅先生留给我们最宝贵的财富。我们的人生很长，总有陷入昏沉的夜的时候，不要放弃追求美好。借助资料，我们向鲁迅先生又靠近了些。（板书：理想、现实）

学习活动四

练习宣讲，领悟“有才有梦”

还记得这节课一开始出示的任务——宣讲“有才有梦的鲁迅”吗？相信此刻，你一定能以“有才有梦的鲁迅”为题，向学弟学妹们宣讲了！

1. 下表为“有才有梦的鲁迅”宣讲评价表，对照表格，组内练习，请小伙伴为你出谋划策，预祝你能通过学校的选拔！

评价内容		评价依据	评价结果
宣讲内容	紧扣“有才有梦”	只讲一个方面	☆
		两方面均有涉及	☆☆
		两方面均涉及，并有自己的感受	☆☆☆
	结合补充资料	只运用课本内容	☆
		运用课本内容和课外搜集资料	☆☆
		巧妙融合资料，有自己的思考	☆☆☆
语言表达	发音标准	比较标准，偶有错误（1~2 处）	☆
		比较标准，无差错	☆☆
		标准且吐字清晰	☆☆☆
	声音响亮	比较响亮	☆
		响亮	☆☆
		响亮且悦耳动听	☆☆☆
语言表达	讲述流利	比较流利	☆
		流利	☆☆
		流利且抑扬顿挫	☆☆☆
形象风度	举止大方	不够大方	☆
		比较大方，有一定肢体语言	☆☆
		大方自信且声情并茂	☆☆☆

2. 推选代表宣讲。

有情有义、有才有梦的鲁迅也是今天很多青少年的“男神”。一位北大学子把鲁迅《野草》中的16篇散文诗（《好的故事》《秋夜》等）写成了一首说唱歌曲，欣赏下吧！……在乐曲声中下课啦，愿你们都能拥有属于自己的好的故事。

设计意图

我们试图通过本单元的学习，在学生头脑中建构起鲁迅先生丰满、真实、立体的形象，让可亲可敬甚至好玩的鲁迅走进学生的生命中。在本单元的大任务和大情境下，我负责的是“宣讲‘有才有梦的鲁迅’”这一板块，围绕语文要素“借助相关资料，理解课文主要内容”进行设计。

一、复习链接，初识鲁迅才华

1. 单刀直入，迅速入境。

本单元导语就对鲁迅先生做了简介，作为伟大的文学家、思想家、革命家，五四新文化运动的重要参与者，中国现代文学的奠基人，鲁迅在文学史上的地位举世公认，但是对六年级学生来说，他太高大，太有陌生感和距离感了。为了能让学生产生真实的感受并激发他们对鲁迅的喜欢和景仰，我在第一板块中，首先利用贯串本单元的情境导入，简单提出本课学习任务——为宣讲鲁迅的才华和梦想做准备，走近可敬的鲁迅，简明扼要地帮助学生迅速进入情境。

2. 材料补充，初品文才。

在这一板块中设计了一个任务，即聊妙词佳句，品鲁迅之才，这是让学生在充分预习、扫清阅读障碍的基础上，有个性地品读带有年代感的句子，感受鲁迅先生作品具有“语言精练、隽永而富有生命力”的艺术特征，初步体会到鲁迅作品的美妙。尤其是看了补充资料（包括个人作品、美术造诣、书法特色、人物评价等的文字与视频介绍），学生结合资料讲出了鲁迅的“有才”，其实此处就是一个小小的宣讲练习片段。

二、品读课文，触摸鲁迅梦想

1. 聚焦任务，个性品读。

这个板块中设计了一个比较集中的任务：在初步感知鲁迅先生的才华后，再细读文本，思考“文中哪些地方让你看出这是一个梦境”。通过趣味阅读打开学生视野，营造了积极的课堂氛围。接着请学生通过“画一画，写一写”的方式，找出这个表明梦境的美丽、幽雅、有趣的语句，在相应语句旁写下感受。都说《好的故事》难读，对此，我预设了几处学生可能感觉困难的地方，及时补充资料。比如第 4 自然段“云锦”和学生有一定距离，所以我用资料稍加补充。这个自然段和第 8 自然段是梦境的开头和结束，都写了这个梦境的特点，此处的描写好似一张整体风景照，它是这样美丽、幽雅、有趣。讲第 5 自然段，王献之的文字资料补充，让山阴道的美景留驻学生心间；在提醒学生这一自然段描写景物的方法很别致时，补充了元曲家马致远的小令，两者都是罗列名词，有着异曲同工之妙。学生品读后，谈此刻对鲁迅先生的印象——有梦的鲁迅——也是水到渠成，当然这里也是小小的宣讲练习片段。

2. 链接园地，文才接力。

与语文园地“词句段运用”第 2 题产生链接：有才有梦的鲁迅由“好的故事”这个词想到了这么多美好的画面，那你们看到这些词语想到了什么？咱们小试牛刀，用一段话写下来吧！

三、参读资料，感受鲁迅境界

是否真正走近鲁迅，读懂鲁迅，就在这一板块的学习活动中见分晓。

我设计了小组活动项目，即读鲁迅先生创作背景、读鲁迅先生心中之梦、读鲁迅先生寻梦之路，完全放手，完全让学生结合课文“阅读链接”、老师呈现的补充资料和自己在课外的阅读积累来品读、畅谈。打开视野的学生，会感慨鲁迅先生的创作背景，会赞叹鲁迅先生的心中之梦，会深思鲁迅先生的寻梦之路，由衷认识到，在当时如此昏沉、黑暗、残酷的社会现实中，鲁迅并没有消沉，他执着地追求着美好的事物，追求着美丽、幽雅、有趣的生活。这是他留给我们的最宝贵的财富。在这一活动过程中，引导学生自己生发对资料的需要，然后借助课后资料加深对课文的理解。

四、练习宣讲，领悟“有才有梦”

这一板块由组内练习宣讲和代表宣讲两个小活动组成。因为后续还要深入宣讲，所以本课在此处点到即止，提醒学生要关注“有才有梦的鲁迅”宣讲评价表，它从宣讲内容、语言表达、形象风度三个方面展开，给学生在小组里练习提供参考，帮助学生顺利通过学校的选拔。

总之，本课的教学设计意在依托一些教学支架，帮助学生不再对鲁迅望而生畏，而是亲近鲁迅、读懂鲁迅，感知一个立体的、感性的、真实的“有才有梦”的鲁迅。

宣讲“有德有爱的鲁迅”

顾中华

学习任务：宣讲“有德有爱的鲁迅”

学习目标：

1. 比较两篇课文的异同，了解各自不同的内容及其写法。
2. 能够比较阅读两篇课文及语文园地“日积月累”中的名言，运用参读资料，深入认识鲁迅的精神品质。
3. 确定宣讲鲁迅的相应内容。

学习课时：1 课时

学习活动：3 个

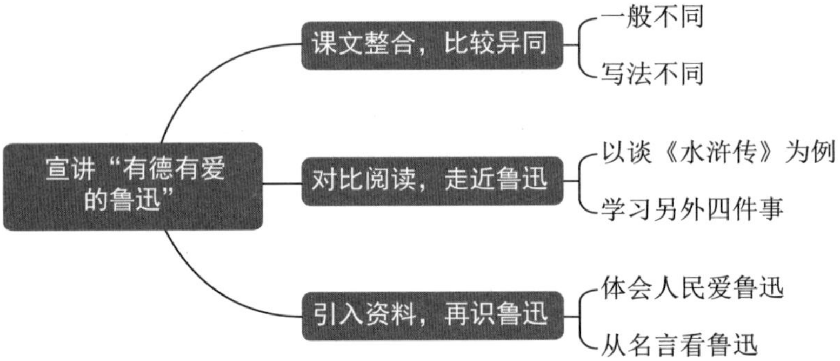

学习活动一

课文整合，比较异同

1. 引入新课，比较异同。

（1）前几节课，我们学习了《少年闰土》《好的故事》，已经为我们的鲁迅宣讲任务添加了不少资料，丰富了我们对鲁迅先生的认识。今天我们再来学习两篇新的课文《我的伯父鲁迅先生》《有的人——纪念鲁迅有感》，看看会为我们的宣讲带来哪些新的内容。

（2）一定有人好奇：为什么两篇课文一起讲呢？你能说一说这两篇课文的相同点和不同点吗？（体裁：分别是散文、诗歌。作者身份：一个是亲人，一个是作家。都是别人写的纪念鲁迅先生的，都表现鲁迅为别人着想的高贵品质。）

2. 比较写法，了解不同。

（1）两篇课文表现人物品质时各采用了什么样的方法？（用事例表现、对比表现。板书：事例、对比）

（2）《我的伯父鲁迅先生》一文中举了哪些事例呢？你能列出小标题吗？（出示：谈《水浒传》、笑谈“碰壁”、燃放花筒、救助车夫、关心女佣）

（3）《有的人——纪念鲁迅有感》一文是从哪些方面对比的？（两种人的做法、结果。板书：做法、结果）

学习活动二

对比阅读，走近鲁迅

1. 以“谈《水浒传》”为例，对比阅读，认识鲁迅。

（1）《我的伯父鲁迅先生》第一个事例“谈《水浒传》”中的鲁迅给你留下了怎样的印象？为什么？让你想到《有的人——纪念鲁迅有感》中的哪些诗句？默读课文，圈画描写鲁迅先生的词句，并简单批注。

（2）交流：谈《水浒传》。

预设 1：“伯父摸着胡子，笑了笑，说：‘哈哈！还是我的记性好。’”这句话表面上看是在夸自己记性好，实际上是在用幽默的语言、委婉的语

气批评“我”读书太马虎。追问：从哪里看出来他幽默和有爱心？（板书：语言、动作、神态）

预设2：“那天临走的时候，伯父送我两本书，一本是《表》，一本是《小约翰》。”这体现了伯父非常关心晚辈。

（3）这个事例让你想到了《有的人——纪念鲁迅有感》中的哪一句诗呢？为什么？

预设：

“有的人

他活着为了多数人更好地活。”

为了不伤“我”的自尊心，伯父没有直接批评“我”，让“我”自己认识到自己的问题。

2. 对比阅读另外四个事例，认识鲁迅。

（1）《我的伯父鲁迅先生》其他几个事例中的鲁迅给你留下了怎样的印象？为什么？这些事例让你想到《有的人——纪念鲁迅有感》中的哪些诗句？默读课文，圈画描写鲁迅先生的词句，并简单批注。

（2）交流：笑谈“碰壁”。

预设：“你想，四周黑洞洞的，还不容易碰壁吗？”

① 这句话运用了双关的修辞手法。“黑洞洞”指当时黑暗的社会，“碰壁”指与国民党反动派斗争时遇到的挫折及反动势力对鲁迅的迫害。

② 资料补充：

A. 当时社会黑暗，人民过着暗无天日的生活。鲁迅写了许多文章，揭露国民党反动派的黑暗统治，号召人民抗争，引起反动派的恐慌，他们查禁鲁迅的作品，不允许发表，甚至要逮捕、暗杀他。

B. 中国各处是壁，然而无形，像“鬼打墙”一般，使你随时能“碰”。能打这墙的，能碰而不感到痛苦的，是胜利者。

——鲁迅《“碰壁”之后》

教师引导学生明确：补充资料表明了鲁迅对黑暗现实的不满以及乐观的斗争精神。

③ 这让你想到了《有的人——纪念鲁迅有感》中的哪句诗？为什么呢？

“有的人

情愿作野草，等着地下的火烧。”

野草随时牺牲自己表现了鲁迅的奉献和斗争精神。

A. 这句诗其实来源于鲁迅的作品，你知道吗？

B. 鲁迅的散文诗集叫《野草》。这本书的题辞中写道：“我希望这野草的死亡与朽腐，火速到来。”

C. 这句诗表现了鲁迅对黑暗社会的憎恶以及继续战斗的决心。

D. 有感情地读一读诗句，读出坚决斗争到底的语气。

（3）交流：燃放花筒。

预设：“我突然注意到他脸上的表情，那么慈祥，那么愉快，眉毛，眼睛，还有额上一条条的皱纹，都现出他心底的欢笑来。那时候，他的脸上充满了自然而和谐的美，是我从来没看见过的。”

① 交流反馈：这是一位慈祥、率真、热爱生活的伯父。

② 这段话依然让我们想到《有的人——纪念鲁迅有感》中的诗句：

“有的人

他活着为了多数人更好地活。”

③ 这件事和第一件事，会让我们想到语文园地“日积月累”中鲁迅的

一句名言，想一想，是哪一句？

出示："无情未必真豪杰，怜子如何不丈夫。"

这两件事表现了鲁迅对孩子们的关心，他有一颗童心，热爱生活，慈祥率真。

（4）交流：救助车夫。

预设 1："爸爸跑到伯父家里，不一会儿，就跟伯父拿了药和纱布出来。他们把那个拉车的扶上车子，一个蹲着，一个半跪着，爸爸拿镊子夹出碎玻璃片，伯父拿硼酸水给他洗干净。他们又给他敷上药，扎好绷带。"

① 动作描写——扶、蹲（半跪）、洗、敷、扎，体现了鲁迅动作小心，对车夫非常关心。

② 有感情地朗读。

预设 2：鲁迅不仅给车夫敷药包扎，还给了他钱，让他在家里休养，表现出鲁迅对劳动人民深切的同情和关心。

预设 3："这时候，我清清楚楚地看见，而且现在也清清楚楚地记得，他的脸上不再有那种慈祥的愉快的表情了，他变得那么严肃。他没有回答我，只把枯瘦的手按在我的头上，半天没动，最后深深地叹了一口气。"

①交流反馈：这严肃的表情，这无言的动作，显示出鲁迅先生内心的不平静，表现了他对生活在水深火热中的劳苦大众的深爱和同情以及对黑暗社会的憎恶，表现了他忧国忧民的品质。

② 这一事例让你想到了《有的人——纪念鲁迅有感》中的哪句诗呢？

A. "有的人

俯下身子给人民当牛马。"

这句诗表现了鲁迅为人民大众无私奉献的精神。

B. 其实这句诗来源于鲁迅的一句诗，你知道吗？

鲁迅的《自嘲》中有一句诗：“横眉冷对千夫指，俯首甘为孺子牛。”他对敌人是痛恨，对劳动人民是爱。

这还让我们想到了他的名言：“我好像一只牛，吃的是草，挤出的是牛奶，血。”

C. 有感情地朗读诗句。

（5）交流：关心女佣。

预设：“周先生自己病得那么厉害，还三更半夜地写文章。有时候我听着他一阵阵接连不断地咳嗽，真替他难受。他对自己的病一点儿也不在乎，倒常常劝我多休息，不叫我干重活儿。”

① 交流反馈：这表现出鲁迅先生关心劳动人民，平等待人，还表现出鲁迅先生忘我的工作精神。

② 这里也让我们联想到《有的人——纪念鲁迅有感》中的诗句：

A. “有的人

俯下身子给人民当牛马。”

B. “有的人

他活着为了多数人更好地活。”

（6）小结：从这五件事中，我们感受到鲁迅是一个什么样的人呢？用一句话概括，就是《我的伯父鲁迅先生》中的一句话：“他为自己想得少，为别人想得多。”

如果说，《少年闰土》让我们认识了一个有情有义的鲁迅，《好的故事》让我们认识了一个有才有梦的鲁迅，那么这两课让我们认识了一个怎样的鲁迅呢？学生尝试概括，教师相机引导，板书：有德有爱的鲁迅。

学习活动三

引入资料，再识鲁迅

1. 引入资料，体会人民对鲁迅的爱。

（1）深深爱着人民的人，和欺压人民的人，待遇一样吗？《有的人——纪念鲁迅有感》中，人民是如何对待这两种人的呢？学生找出《有的人——纪念鲁迅有感》中相关语句汇报。“永远记住”“抬举得很高，很高”。

（2）教师相机引导，《我的伯父鲁迅先生》中，从哪里看出人民牢记鲁迅：

“伯父去世了，他的遗体躺在万国殡仪馆的礼堂里，许多人都来追悼他，向他致敬，有的甚至失声痛哭。数不清的挽联挂满了墙壁，大大小小的花圈堆满了整间屋子。送挽联送花圈的有工人，有学生，各色各样的人都有。”

你还知道哪些名人对鲁迅的评价？

毛泽东的评价：

“鲁迅是中国文化革命的主将，他不但是伟大的文学家，而且是伟大的思想家和伟大的革命家。鲁迅的骨头是最硬的，他没有丝毫的奴颜和媚骨，这是殖民地半殖民地人民最宝贵的性格。鲁迅是在文化战线上，代表全民族的大多数，向着敌人冲锋陷阵的最正确、最勇敢、最坚决、最忠实、最热忱的空前的民族英雄。鲁迅的方向，就是中华民族新文化的方向。”

叶圣陶的评价：

“与其说鲁迅先生的精神不死，不如说鲁迅先生的精神正在发荣滋长，播散到大众的心里。”

（3）现在你理解那句话了吗？（有的人活着，他已经死了；有的人死了，他还活着）让我们一起跟着音乐朗读《有的人——纪念鲁迅有感》，来表达对鲁迅先生的崇敬和赞美。

2. 引入名言，丰富鲁迅形象。

（1）其实《有的人——纪念鲁迅有感》赞美的不仅仅是鲁迅一人，还有像他一样关心国家、关心人民的人。这些人会是哪些人？（浴血奋战的将士、研究原子弹的专家等）他们都为国家和社会做出过贡献，这让我们想到了语文园地“日积月累”中的一句名言：

我们从古以来，就有埋头苦干的人，有拼命硬干的人，有为民请命的人，有舍身求法的人，……这就是中国的脊梁。

——鲁迅《中国人失掉自信力了吗》

这些人的精神汇在一起就成了我们民族的灵魂，让我们想到了这句名言：

惟有民魂是值得宝贵的，惟有他发扬起来，中国才有真进步。

——鲁迅《学界的三魂》

以上名言都表现了鲁迅对国家、对民族的关心。鲁迅走的这条路，中国革命走的这条路，以前有吗？没有，但是，走的人多了也便成了路：

其实地上本没有路，走的人多了，也便成了路。

——鲁迅《故乡》

这一句又想告诉我们什么道理呢？（要尝试创新，不断实践）

（2）小结：从鲁迅的名言中，我们看到了他对国家、对人民的深切关心和担忧。

（3）你还知道鲁迅的哪些名言呢？

- 不在沉默中爆发，就在沉默中灭亡。

•哀其不幸，怒其不争。

•真的猛士，敢于直面惨淡的人生，敢于正视淋漓的鲜血。

① 读一读。

② 他号召人民起来抗争，你感受到鲁迅的什么精神？（关心人民，关心国家，关心民族命运）

（4）小结：一起来说说，今天的学习为宣讲鲁迅积累了哪些资料？（鲁迅精神、鲁迅名言、鲁迅故事、鲁迅评价……强调有德有爱的精神）

（5）拓展练习：整理搜集的资料，为鲁迅宣讲做准备。

设计意图

在“我们来当鲁迅宣讲人”单元大任务的统领下，围绕本单元核心要素，我设计了“宣讲‘有德有爱的鲁迅’”这一板块的内容，共一课时。

这一课时的教学设计围绕课时学习任务“宣讲‘有德有爱的鲁迅’”展开，通过三个学习活动的有序推进，最终实现教学目标。

一、整合学习材料，对比勾连，融为一体

1. 整合的原因。

本节课，我的教学内容为《我的伯父鲁迅先生》、《有的人——纪念鲁迅有感》、语文园地中的“日积月累”这三部分内容，主题为宣讲“有德有爱的鲁迅”。之所以整合学习材料，就是因为这几部分内容所表现的主题相近，内容又有许多相互融合的地方，因此将几部分内容对比着教学会加强内容之间的联系，也更容易让学生理解课文，使学生更加立体地认识鲁迅，深化学生对鲁迅“有德有爱”的品质的感受。

2. 对比阅读。

先让学生比较两篇课文的异同点，再让学生每学完一个事例就去找一找和《有的人——纪念鲁迅有感》中的哪些语句是对应的，再和语文园地“日积月累”中的鲁迅名言进行勾连。把三部分的学习材料通过对比阅读理解，有机地融合在了一起，使材料之间相互印证、相互联系。如《我的伯父鲁迅先生》中几个事例正好对应《有的人——纪念鲁迅有感》中“俯下身子给人民当牛马”“情愿作野草，等着地下的火烧”“他活着为了多数人更好地活”等几句诗；《我的伯父鲁迅先生》开头人们悼念鲁迅，也正好对应《有的人——纪念鲁迅有感》中“人民永远记住他”的诗句；同时《我的伯父鲁迅先生》中关心孩子的事例又对应了鲁迅的名言“无情未必真豪杰，怜子如何不丈夫”，像鲁迅一样的为人民服务的人又对应了名言中“中国的脊梁”。总之，对比阅读让学生找到了语言材料之间的联系，让学习材料彼此融通、有机联系，增加了学生阅读理解的兴趣，更重要的是使内容理解更加容易、便捷，把教材教活。

二、借助参读资料，突破难点，丰富鲁迅形象

《我的伯父鲁迅先生》《有的人——纪念鲁迅有感》中有一些语句，因为时代原因，学生不易理解，只有借助资料，学生才能够学懂。如“笑谈‘碰壁’”“情愿作野草，等着地下的火烧”等事例和诗句的理解，教师要准备好相关资料或者让学生提前搜集资料，这样既帮助学生在课堂学习的过程中理解了课文，同时也锻炼了他们搜集资料的能力。

为落实单元阅读要素“借助相关资料，理解课文主要内容”，我课前布置学生查阅鲁迅相关资料时，给学生提供搜集方向：一是和课文内容相关的鲁迅的作品，二是大众对鲁迅的评价，三是鲁迅说过的名言，四是鲁迅为人民大众还做过哪些有益的事，五是当时的社会背景。这样，学生在查阅资料时会更有目的性和操作性，同时也为课堂学习提供比较全面的材料支撑，避免资料搜集的单一与重复。

三、品读事例细节，感悟人物品质，学会写人方法

通过事例中人物的语言、动作、表情等细节描写体会人物的精神品质，是阅读《我的伯父鲁迅先生》的重要方法。教学中，我让学生圈画出描写鲁迅的词句，分析其反映的人物品质，在此基础上让学生有感情地朗读，加深学生的体会；同时总结出写作方法，为学生习作（通过事情写一个人）做铺垫。

总之，本节课就是在整合勾连的基础上，让学生认识到鲁迅有德有爱的品质，利用宣讲任务作为一个真实情境，激发学生主动探索人物精神世界。本节课处理教材灵活有度，学习方式自由民主，有效地提高了学生文学阅读的效率和质量。

“有您，真好”——宣讲“我心中的鲁迅”

陆海峰

学习任务：宣讲“我心中的鲁迅”。

学习目标：

1. 整理单元内容，借助资料进一步感受、丰富鲁迅先生的崇高形象，积极推介鲁迅，做好鲁迅宣讲人。
2. 在拓展阅读中深入鲁迅的世界，激发课外阅读的兴趣。

学习课时：1课时。

学习活动：3个。

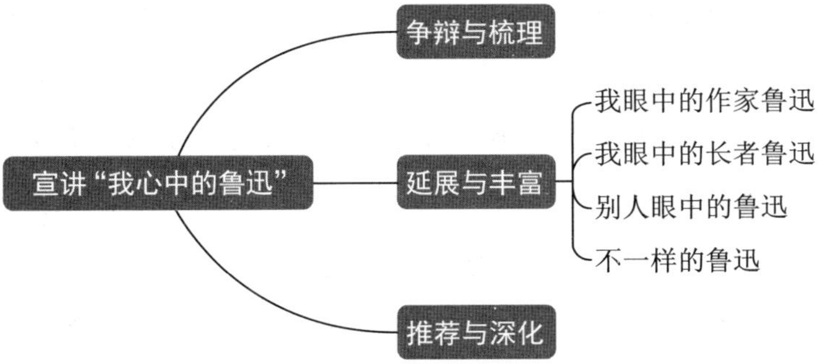

学习活动一

争辩与梳理

1. 导入。

关于鲁迅的这个单元学完了，同学们已经对鲁迅有了初步印象，我们这节课继续聊聊鲁迅，丰富对鲁迅的认识。

2. 出示：“一怕文言文，二怕写作文，三怕周树人。”

这是中学生中曾流行的顺口溜，谁来说说这句话的意思。

3. 辩一辩。

周树人就是鲁迅，我们刚刚学完鲁迅单元，结合这个单元的内容及自己搜集的资料，讨论讨论。你们害怕鲁迅吗？请大家谈谈自己的判断和感受。

4. 理一理：有情有义、有才有梦、有德有爱……

学习活动二

延展与丰富

为了更多地了解鲁迅，也为了写好宣讲词，我们来进一步认识鲁迅，借助搜集的资料，丰富鲁迅在我们心中的形象。

1. 我眼中的作家鲁迅。

（1）本单元学了两篇鲁迅的作品，即《少年闰土》《好的故事》。你还读过鲁迅的哪些作品，或者知道他的哪些作品？了解的可以简单介绍一下。

（2）出示鲁迅创作的作品及翻译的作品目录：你看到鲁迅先生创作的这么多作品，有什么想说的？

（3）读着这些作品，你想到了哪些成语？

学富五车、满腹经纶、学贯中西、博古通今、著作等身

（4）出示鲁迅生卒年：鲁迅人生短暂，却留下如此多优秀的作品。他是怎么做到的呢？读了他的话，你就能明白其中的奥秘。

“哪里有天才，我是把别人喝咖啡的工夫都用在工作上的。”

2. 我眼中的长者鲁迅。

（1）本单元中有鲁迅的侄女写的《我的伯父鲁迅先生》，下面我们来交流其他后辈或青年作家眼中的鲁迅。

（2）出示相关资料。

（3）在后辈们的眼中，鲁迅的形象是怎样的呢？

3. 别人眼中的鲁迅。

（1）《有的人——纪念鲁迅有感》这首诗歌，臧克家运用对比手法歌颂了鲁迅。你们还有没有读过别人对鲁迅的评价呢？

（2）预设：

① 毛泽东《七绝二首·纪念鲁迅八十寿辰》。

其一：博大胆识铁石坚，刀光剑影任翔旋。龙华喋血不眠夜，犹制小诗赋管弦。

其二：鉴湖越台名士乡，忧忡为国痛断肠。剑南歌接秋风吟，一例氤氲入诗囊。

② 毛泽东在《新民主主义论》中说："鲁迅是中国文化革命的主将，他不但是伟大的文学家，而且是伟大的思想家和伟大的革命家。鲁迅的骨头是最硬的，他没有丝毫的奴颜和媚骨，这是殖民地半殖民地人民最可宝贵的性格。鲁迅是在文化战线上，代表全民族的大多数，向着敌人冲锋陷阵的最正确、最勇敢、最坚决、最忠实、最热忱的空前的民族英雄。鲁迅的方向，就是中华民族新文化的方向。"

……

（3）从这些评价中，你感受到了什么？

（4）再出示一组敌对的人对鲁迅的评价，感受鲁迅严肃、战斗的一面。

（5）勾连鲁迅诗句："横眉冷对千夫指，俯首甘为孺子牛。"

4. 不一样的鲁迅。

（1）从刚才的交流中，我们感受到了，他对敌人是那么无情，一直在战斗，而对劳苦大众又是那么同情、关爱。他著作等身，奋斗不止。他是那么可敬，值得我们深深敬仰。来，我们再来认识一下不一样的鲁迅。

（2）播放视频介绍。

（3）说说你对鲁迅有了什么不一样的认识。

多角度认识鲁迅：有才的鲁迅、可爱的鲁迅、好玩的鲁迅……

（4）梳理学生的发言，板书：鲁迅先生，有您，真好！

学习活动三

推荐与深化

1. 小结。

这节课，我们又交流了关于鲁迅的资料，赏析了鲁迅作品的表达方法，对鲁迅的认识更丰富了。这样的鲁迅，是那么可爱，又那么可敬。接下来，老师想让大家拿起笔，以“有您，真好”为题，结合课文内容和刚才交流的资料，来宣讲你心目中的鲁迅。

2. 交流：在你的宣讲词中，你准备写什么呢？

3. 书写并出示宣讲词内容。

4. 全班欣赏、反馈。

《有你，真好》单元习作教学设计

陆海峰

学习任务：《有你，真好》单元习作指导。

学习目标：

1. 能围绕习作题目和要求，确定分享对象，选择合适的事例表达自己对所写人物的情感。
2. 能通过对印象深刻场景的描述，学习运用直接抒情、间接融情等方法来写出自己的真情实感。
3. 善于发现生活中的美好，并乐于表达出来。

学习课时：1 课时。

学习活动：5 个。

- 《有你，真好》单元习作指导
  - 打开思路，还原题目定格“你”
  - 提供支架，唤醒记忆选材料
  - 融入情感，赏析文本悟表达
    - 第二人称，便于倾诉情感
    - 品味文字，聚焦“融入情感”
  - 迁移写法，场景定格诉真情
  - 标准驱动，精准评改促完善

学习活动一

打开思路，还原题目定格“你”

1. 导入。

生活中，一定有这样的“你”，给我们带来了关爱、帮助、陪伴、支持……今天，我们就把内心对这个“你”的感谢化作这样一句话（出示课题：有你，真好），大声说出来！一起读课题！

2. 想一想。

（1）“有你，真好！”这是一句让人感到温暖的话。凝视着这句话，你想到了谁？

在我暗自悲伤的时候，是（　　）安慰了我。有你，真好！

在我烦躁不安的时候，是（　　）疏导了我。有你，真好！

在我骄傲自大的时候，是（　　）点醒了我。有你，真好！

在我迷茫徘徊的时候，是（　　）指引了我。有你，真好！

……

（2）根据学生发言总结，引导学生打开思路：你们看，爸爸妈妈、爷爷奶奶、同学朋友……这些都是我们身边最亲近、最熟悉的人。还可以是哪些人呢？

（3）最后，引导学生从写作对象与自己的关系的角度打开思路，如：是自己的朋友、亲人，或者是关系较远的人。还可以从写作对象的来源的角度打开思路，如：来源于学校、家庭、社区，或者来源于自己的阅读，等等，从而让学生可以在更广泛的范围内选择习作对象。

3. 播放视频。

看！这就是你们刚才想到的那个“你”。生活中，不仅有和我们朝夕相处的家人、同伴、师长，还有和我们短暂相处、有过一面之缘的人，他们就藏在你的记忆深处：爸爸妈妈、爷爷奶奶、邻居、老师、同学、学校食堂师傅、交警、出租车司机、公交车司机、地铁工作人员、清洁工、餐厅服务员、外卖员、快递员、志愿者、医生、消防员……（图片汇聚定格成一个“你”字）

看了这段视频，我们再来读课题，感觉是不是不一样呢？你心中的这个“你”到底是谁？想一想，把他先记在心里！

学习活动二

提供支架，唤醒记忆选材料

1. 翻开课本，看一看习作要求。

我们应该怎样表达出这个“你”的“好”呢？可以选择一件或几件让你感触比较深的事情，回忆当时的场景来表达“你”的好。

（1）用一句话说一说：这个人“好”在哪里？

（2）用小标题列一列：哪些事能体现这个“好”？

出示提纲范例，确立令自己印象深刻的某些事和当时的场景。

（3）用五角星标一标：你最想与同学们分享的一件事是什么？

2. 小结。

可能就是一件件很平常的事，体现出“你”的好，定格在我们的脑海中。这些事拨动着我们的心弦，触动着我们的情感，我们回忆起它们的时候，仍然觉得历历在目……

3. 小组交流，选择自己感受最深的事，把场景说具体。

4. 全班交流，把场景说具体。

学习活动三

融入情感，赏析文本悟表达

“真好”是来自内心深处的一个感情信号。这次作文以此为主题，回忆那人、那事、那场景，表达真挚情感。要写好这篇文章，最重要就是你的文字中是否传达出了这份情感。能融入情感，文章就更能打动人。那怎样融入情感呢？

1. 第二人称，便于倾诉情感。

出示例文：鲁迅《少年闰土》。

见面前："我于是日日盼望新年，新年到，闰土也就到了。好容易到了年末，有一日，母亲告诉我，闰土来了，我便飞跑的去看。"

临别时："可惜正月过去了，闰土须回家里去，我急得大哭，他也躲到厨房里，哭着不肯出门，但终于被他父亲带走了。"

尝试将第三人称换成第二人称，男女生分角色再读。学生对比感悟，体会用第二人称能更好地表达情感。

2. 品味文字，聚焦"融入情感"。

（1）环境铺垫，让情感氛围更浓。

"深蓝的天空中挂着一轮金黄的圆月，下面是海边的沙地，都种着一望无际的碧绿的西瓜，其间有一个十一二岁的少年，项带银圈，手捏一柄钢叉，向一匹猹尽力的刺去，那猹却将身一扭，反从他的胯下逃走了。"

从这段环境描写中，你感受到怎样的情感？

（2）心意直白，让情感表达更强。

"阿！闰土的心里有无穷无尽的希奇的事，都是我往常的朋友所不知道的。他们不知道一些事，闰土在海边时，他们都和我一样只看见院子里高墙上的四角的天空。"

这是"我"的心里话，你读到了什么？

（3）细节定格，让情感更能引起共鸣。

"这时候，我清清楚楚地看见，而且现在也清清楚楚地记得，他的脸上不再有那种慈祥的愉快的表情了，他变得那么严肃。他没有回答我，只把枯瘦的手按在我的头上，半天没动，最后深深地叹了一口气。"

读《我的伯父鲁迅先生》，从鲁迅的表情细节中，你读到鲁迅先生的心了吗？

（4）精写结尾，让情感得以升华。

“但我总记得见过这一篇好的故事，在昏沉的夜……。”

读《好的故事》的结尾，你读出了一种怎样的情绪或者希冀呢？

（5）在我们的作文中，可以用上以上的方法，更好地融入情感。

学习活动四

迁移写法，场景定格诉真情

1. 出示习作要求。

（1）假想这个“你”就在眼前，用文字和“你”对话。

（2）选择一件或几件让你感触最深的事情，回忆当时的场景，把事情写具体，表达出真情实感。

2. 出示评价标准表。

	评价指标	达标得一星
有你，真好	是向某一个人倾吐心声吗	
	写出这个人的“好”了吗	
	是否选择了典型事例来体现这个人的“好”	
	印象深刻的场景是否写具体了	
	是否融入了“我”的真情实感	

学习活动五

标准驱动，精准评改促完善

1. 选择分享的对象，和他一起交换阅读，然后结合评价标准表，逐条对照标准进行评价，提出合理化建议。

2. 请获得五星评价的学生分享习作经验。

3. 学生根据评价标准表的建议，展开修改。

设计意图

本单元安排在六年级，目的是让学生早点对鲁迅有所了解，为中学进一步学习鲁迅奠定基础。以“我们来当鲁迅宣讲人”为单元教学的情境任务，能积极引导学生了解鲁迅，亲近鲁迅。

前几个任务群实施后，学生感受到鲁迅的有情有义、有才有梦、有德有爱，并进行了宣讲。在此基础上，安排“有您，真好”——宣讲“我心中的鲁迅”的任务，非常必要。本单元习作主题恰好是“有你，真好”，习作要素是“通过事情写一个人，表达出自己的情感”。两者之间既有内在勾连，又各有侧重。“有您，真好”侧重于通过参读资料宣讲鲁迅，表达对鲁迅的情感；“有你，真好”侧重选用典型事例与场景，表达对某个人的真情实感。

对教材进行分析可发现，本单元的编排具有内在逻辑，可以充分整合。课文都与鲁迅有关，与“有你，真好”的习作主题也存在内在联系。这几篇课文都可以看作“有 ×，真好”，如《少年闰土》可以看成是鲁迅先生写的“有闰土，真好”。这些课文，或侧重人物，或侧重事件，或侧重场景，对于学生学写“有你，真好”，是难得的范文，因为“有你，真好”的情感倾诉正是要通过回忆“那人”“那事”“那场景”来达成。本次习作必然有机地置于本单元的教学场域之内，单元整体的架构与实施，更能充分发挥教材的整体优势，提升学生写作素养。

第 1 课时，“有您，真好”——宣讲“我心中的鲁迅”，主要安排三个学习活动。

活动一：争辩与梳理。这个环节，组织了两个活动：一是辩一辩，让学生表达对“一怕文言文，二怕写作文，三怕周树人”的看法；二是理一理，结合课文内容梳理出鲁迅的有情有义、有才有梦、有德有爱……

活动二：延展与丰富。这里安排了四个环节：我眼中的作家鲁迅；我眼中的长者鲁迅；别人眼中的鲁迅；不一样的鲁迅。前三个环节从几个角度，让学生充分交流自己搜集到的相关资料。最后一个通过播放视频，让学生多角度认识鲁迅的其他面——多才多艺的鲁迅、可爱的鲁迅、好玩的鲁迅……

活动三：推荐与深化。在前面的教学的基础上，落实宣讲任务。这里安排了几个步骤：范例引路，欣赏宣讲词；小组讨论，交流宣讲词；借助资料，书写宣讲词；全班交流，反馈宣讲词。引导学生更好地推介鲁迅，表达对鲁迅的亲近与崇敬之情。

第2课时，《有你，真好》单元习作教学设计，组织了五个学习活动。

活动一：引导学生通过读来体味这个话题的意蕴，让学生在读中审清题意，在读中知晓所要倾诉的对象，在读中明白所要抒发的情感。通过句式填空、观看视频，定格想要倾诉的对象。

活动二、三、四：让学生先用小标题的形式把想到的事情写下来，再从中遴选出最能触动自己的一件事情，仔细回忆事情的来龙去脉，还原事情的过程。在此基础上，引导学生学会用第二人称，以“你”为对象来讲述这个故事，抒发真情实感。通过单元课文中的场景复现、语段欣赏，启发学生明白融入情感有方法：环境铺垫，让情感氛围更浓；直白心意，让情感表达更强；细节定格，让情感更有共鸣；精写结尾，让情感得以升华。

活动五：习作的要求，就是评改的标准。本次习作从以下几个维度引导评改：是否采用第二人称来向某个人倾吐心声；是否写出这个人的“好”；是否选择典型事例；是否抓住细节再现当时的场景；是否融入了自己的真情实感。引导学生选择分享对象，结合评价标准表，逐条对照标准评价，请获得五星评价的学生分享习作经验，学生根据评价标准表的建议，展开修改。

单元整体教学的解析与反思

印象鲁迅

——我们来当鲁迅宣讲人

陈　娟

统编版小学语文教材六年级上册第八单元是一个人物主题单元，前面十册教材中也会有一些以人物为专题的单元，往往是将描写不同人物的几篇课文组织在一起，形成一个人物单元，而这一个单元是第一次为一位作家单独设置的单元，由此可见，鲁迅作为中华民族文学史上标志性人物的地位。

鲁迅作品是新文化运动的文学硕果，也是白话文写作的典范，不少作品被选入教科书。钱理群曾经提出这样的教育主张：让鲁迅精神在孩子心中扎根。可是在校园中一直流传着“一怕文言文，二怕写作文，三怕周树人”的说法。因此，为了减轻学生的畏难情绪，我们尝试在“大单元、大情境、大任务”的新课标理念的引领下，通过整合单元教材、创设真实情境，依靠任务驱动，逐步引领学生认识鲁迅、亲近鲁迅，从而主动去阅读鲁迅的作品。

一、研读文本，确定单元学习主题

本单元的人文主题是诗人臧克家为纪念鲁迅逝世十三周年写的《有的人——纪念鲁迅有感》这首诗的开头：“有的人活着，他已经死了；有的人死了，他还活着。”这是臧克家对鲁迅一生的充分肯定和赞扬。本单元编排了四篇课文：前两篇是精读课文，即鲁迅的作品《少年闰土》（小说）和《好的故事》（散文诗）；后两篇是略读课文，是别人写鲁迅的作品，即《我的伯父鲁迅先生》（回忆性散文）和《有的人——纪念鲁迅有感》（诗歌）。此外还有语文园地中关于鲁迅的名言诗句，习作《有你，真好》等内容。不同视角、不同文体，运用不同的表现手法，多角度立体呈现鲁迅形象。因此，我们以“印象鲁迅”作为本单元的学习主题。

二、勾连内容，提炼单元学习目标

这一单元的语文要素有两个：一是借助相关资料，理解课文主要内容；二是通过事情写一个人，表达出自己的情感。第一个语文要素是指向阅读的。鉴于鲁迅生活的年代离学生较远，当时的语言表达也与现在有差异，所以必须借助资料，才能真正读懂课文。这一语文要素旨在培养学生的参读能力。第二个语文要素是指向习作的。本单元的习作是通过事情写一个人，表达出自己的情感，并在写事情的过程中融入自己的情感。语文要素，为本单元的课文学习和习作指明了方向。

站在大单元整体教学的角度，从单元整体出发抓住语文要素、单元导语、课后习题、略读课文的学习提示等方面，可以将本单元的核心目标确定如下：

1. 借助相关资料，理解课文主要内容，一方面培养学生的参读能力，另一方面让学生走近鲁迅、亲近鲁迅、宣讲鲁迅，进而在未来的学习生活中，主动阅读鲁迅的作品，真正读懂作品背后的鲁迅。

2. 学习“通过具体事例表现人物的特点以及聚焦场景表达情感”的写作方法，学会通过事情写一个人，表达出自己的情感。

三、立足目标，构思单元学习框架

立足单元学习核心目标，教学设计就要有单元整体意识。《课标》中指出：“义务教育语文课程实施从学生语文生活实际出发，创设丰富多样的学习情境，设计富有挑战性的学习任务……促进学生自主、合作、探究学习……”为引导学生初步感受鲁迅的人物形象，体会鲁迅美好的人生信仰和执着的人生追求，做有价值的人，教学设计力求以任务为导向，以活动为载体，创设真实的、贴近生活的情境任务和一系列富有人文色彩的语文实践活动，为学生提供自主学习与合作学习的空间。

本单元侧重于发展型学习任务群中的“文学阅读与创意表达”，本学习任务群在第三学段（5~6 年级）有这样的要求：“阅读表现人与社会的优秀文学作品，走进广阔的文学艺术世界，学习品味作品语言、欣赏艺术形象，复述印象深刻的故事情节，积累多样的情感体验，学习联想与想象，尝试富有创意地表达。”鲁迅，作为深受人民爱戴、敬重、缅怀的中华民族脊梁式人物，值得我们后人去宣讲他的光辉事迹，了解他的光辉形象。因此，本单元安排了七课时，以“我们来当鲁迅宣讲人”为情境任务，引导学生在表达中、在宣讲中走近鲁迅，亲近鲁迅。

第 1 课时　整体感知，初识鲁迅

学习本单元前，教师让学生预习本单元，引导学生运用四、五年级学过的搜集资料的方法自主搜集鲁迅先生的资料，为后期课文学习的参读做准备。

教学中，教师引导学生从单元导语入手，整体感知四篇课文，在扫除字词障碍的基础上，结合语文园地中的“交流平台”，用不同的方式引导学生把握文章的主要内容，整体感知人物形象，提出“我们来当鲁迅宣讲人”这一大学习任务。在“我们来当鲁迅宣讲人”这一任务的驱动下，引发学生主动亲近鲁迅，激发阅读鲁迅作品的兴趣，产生学习探究的欲望。

第 2 课时　品读“细节”，体会“有情有义”

教学中，适时扣住《少年闰土》这个题目，引导学生链接学习语文园地“词句段运用”第1题。阅读《少年闰土》，参读《故乡》的写作背景及节选等资料，体会闰土口中的农村生活给“我”带来的新鲜感和趣味性。两人尽管身份悬殊，是主仆关系，但还是建立了深厚的友谊，由此感受“我”与闰土儿时真挚的友情。在此基础上，引导学生宣讲“有情有义的鲁迅”。

第3课时　揣摩“象征”，体会“有才有梦”

《好的故事》全文情景交融，文中对于“美丽，幽雅，有趣”梦境的描写，特别值得品味。教学中，引导学生参读文后“阅读链接”中冯雪峰、李何林对《野草》的评论和注解以及其他的补充资料，理解、揣摩其象征意义，从中感受鲁迅对中国未来充满希望，怀揣梦想，他在希望与失望的矛盾中，并没有放弃对美好事物的追求、对理想的热烈憧憬。适时引导学生链接学习语文园地“词句段运用”第2题，同时体会鲁迅的才情。在此基础上，引导学生宣讲“有才有梦的鲁迅”。

第4课时　对比阅读，体会“有德有爱”

《我的伯父鲁迅先生》和《有的人——纪念鲁迅有感》两篇写的都是别人眼中的鲁迅。在对比阅读中将前两课所学的方法迁移运用到本课的学习中，结合语文园地“日积月累”中的名人名言，参读《“碰壁”之后》《野草》《自嘲》等资料的节选，体会鲁迅对侄女的爱、对穷苦百姓的爱，以及为人民无私奉献的可贵精神。在此基础上，引导学生宣讲“有德有爱的鲁迅”。

四篇课文运用四课时来引导学生“识其形，知其人”，让一个有情有义、有才有梦、有德有爱的鲁迅形象深深地印在学生的脑海中，从而让学生产生宣讲的欲望，结合参读内容，将文本中的语言内化为自己的语言表达出来。

第5课时　单元总结，真情表达

在学习了本单元的四篇文章后，学生对鲁迅有了一定的了解，心中的敬仰之情油然而生。此时，引导学生以“有您，真好”为题写一篇习作，宣讲“我心中的鲁迅”，让更多人了解这位伟大的文学家、思想家、革命家，认识这位中华民族的脊梁。

第 6 课时　拓展延伸，迁移写法

“文学阅读与创意表达”这一学习任务群旨在引导学生“了解文学作品的基本特点……表达自己独特的体验与思考，尝试创作文学作品”。因此，引导学生创作了“有您，真好”的作品后，进行拓展延伸，引导学生创作“有你，真好”。《少年闰土》《我的伯父鲁迅先生》对单元习作起到了很好的引领作用。教学中引导学生回忆这两课的写作方法，迁移到习作中，通过具体的事情写一个人，融入自己的情感，用文字与他人对话，真情表达。

第 7 课时　小组合作，录制视频

在前六节课的基础上，把全班分成四组，分别负责宣讲“有情有义的鲁迅”“有才有梦的鲁迅”“有德有爱的鲁迅”“我心中的鲁迅”。各小组评选出一份“精彩宣讲词”和一名“优秀宣讲员”，并根据各自特长进行分工合作，有负责选择适合的宣讲词图片和背景音乐的，有负责制作幻灯片背景的，有负责拍摄视频的……最终从不同角度录制成四个完整视频。视频形成后，在班级进行展播，请其他小组提出修改意见并进行完善。这样的设计，体现了新课标下“教学评”一致性和跨学科学习的理念。

综观本单元七课时的教学，我们产生了如下思考。

七课时的教学，我们以六大任务为导向，统筹设计，整体推进，创设真实的、贴近生活的情境，借助“参读”，以多种语文实践活动为载体，帮助学生打破了与鲁迅先生的隔阂，缩短了与鲁迅先生的时空距离，认识了一个有情有义、有才有梦、有德有爱的鲁迅先生，用一颗热情的少年之心，表达对鲁迅先生真诚的崇敬之情。

1. 统整教材，规划施教，提“效”。

统编版小学语文教材采取的是“双线组元”的结构形式，教材的这一编排体系鲜明地昭示我们，要深入研读整个单元的教材，根据单元主题，聚焦单元的语文要素，结合教学内容，在充分考虑学情的基础上，站在单元整体的角度上全盘考虑、规划施教，要最大限度地避免教学的随意性，解决单元教学的“碎片化”问题，提高学生学习的科学性和有效性。

比如，本单元的教学，我们聚焦两个语文要素“借助相关资料，理解课文主要内容”“通过事情写一个人，表达出自己的情感”，将这一单元的教材进行重构，将语文园地的教学内容有机融入课文内容的学习中，使得教学从原本的十课时变成了七课时，节约了时间，提高了效率。

2. 分步推进，借助“参读”，联“点”。

对于单元整体教学，我们要找到单元中每篇课文联结的那个“点”，其实也就是这个单元的语文要素。如何使语文要素落地？教学中，就要借助单篇课文分步推进。一个单元中不同课文有不同的功能定位，不同的课文会有不同的教学价值，因此，每篇课文也有自己的核心目标。教学时，就要以联结的那个“点”为单元核心目标，而每篇课文的核心目标指向并围绕这个“点”而设计，由“零散”走向“关联”，拧成一股绳，螺旋上升，分步推进。

比如本单元的教学有效借助相关资料，帮助学生理解课文主要内容，从而实现让学生走近鲁迅、亲近鲁迅这一核心目标。四篇课文各自的核心目标的确定也各有侧重，借助的参读资料也有所不同，但无论是单篇课文的核心目标，还是每一课的参读资料，都是为单元核心目标而服务的。如下表所示：

<table>
<tr><th>单元核心目标</th><th>单篇课文</th><th>课文核心目标</th><th>参读资料</th></tr>
<tr><td rowspan="4">借助相关资料，理解课文主要内容，一方面培养学生的参读能力，另一方面让学生走近鲁迅、亲近鲁迅、宣讲鲁迅，进而在未来的学习生活中，主动阅读鲁迅的作品，真正读懂作品背后的鲁迅</td><td>《少年闰土》</td><td>品读“细节”和事例，借助“参读”，体会“有情有义的鲁迅”</td><td>《故乡》的写作背景及节选等</td></tr>
<tr><td>《好的故事》</td><td>揣摩“象征”，借助“参读”，体会“有才有梦的鲁迅”</td><td>作品的写作背景、《故乡》(节选)、《社戏》(节选)及课后“阅读链接”等</td></tr>
<tr><td>《我的伯父鲁迅先生》</td><td rowspan="2">抓住“事例”，咀嚼“对比”，借助“参读”，体会“有德有爱的鲁迅”</td><td rowspan="2">《“碰壁”之后》《野草》《自嘲》的节选及鲁迅名言等</td></tr>
<tr><td>《有的人——纪念鲁迅有感》</td></tr>
</table>

总而言之，在教学中既要关注单元的核心目标，也要考虑单篇课文的核心目标，平衡好每节课之间联结的“点”，分步推进，稳中求进。

3. 立足学生，创新学法，求“进”。

在新课标的理念下，当下的语文教学应从“教为中心”走向“学为中心”，从“教书”走向“育人”，因此进行教学设计时，我们要立足学生，基于学生的学段特点以及学情，让学生在真实的、贴近生活的情境任务中自主、合作、探究，灵活运用学到的语文知识、语文方法、语文能力等解决生活中的问题；同时把评价融入学习过程中，及时纠正学生的学习行为，优化学习过程，实现“教学评”一体化，从而达到进阶的目的。

例如，学习本单元，我们整体设计时考虑到六年级的学生已经具备了一定的识字与写字能力、梳理与探究能力，于是就打破常规的单篇课文的教法，先通过一课时扫清四篇课文的字词障碍，梳理四篇课文的主要内容，引导学生初步探究鲁迅的形象。随后的四课时以招募解说员的形式，为学校筹备纪念鲁迅逝世 87 周年活动招募宣讲员，创设了“我们来当鲁迅宣讲人”这一单元情境任务，如下表所示：

单元情境	课文	学习任务	学习方法
我们来当鲁迅宣讲人	《少年闰土》《好的故事》《我的伯父鲁迅先生》《有的人——纪念鲁迅有感》	整体感知，初识鲁迅	单元整体阅读
	《少年闰土》	宣讲“有情有义的鲁迅”	精读
	《好的故事》	宣讲“有才有梦的鲁迅”	精读
	《我的伯父鲁迅先生》	宣讲“有德有爱的鲁迅”	对比阅读
	《有的人——纪念鲁迅有感》		
	《少年闰土》《好的故事》《我的伯父鲁迅先生》《有的人——纪念鲁迅有感》	宣讲“我心中的鲁迅”	单元整体阅读
	《少年闰土》《好的故事》《我的伯父鲁迅先生》《有的人——纪念鲁迅有感》	分组制作视频	跨学科学习

在这一情境任务的驱动下，引导学生宣讲有情有义、有才有梦、有德有爱以及“我”心中的鲁迅。并以一份评价表贯串始终，从宣讲内容、语言表达、形象风度等方面不断完善各自的宣讲，让每一节课的宣讲呈阶梯式上升。在宣讲“有德有爱的鲁迅”时，我们采用了对比阅读的方式，将《我的伯父鲁迅先生》和《有的人——纪念鲁迅有感》这两篇略读课文在相互映照中来回穿插，由浅表走向深入，不断激发并推进学生的思维，让学生的思维向纵深处漫溯。本单元的最后一个课时，是整个单元的延伸，引导学生根据各自特长进行分工合作，从不同角度录制四个完整视频，在此基础上进行评议，在评议中不断完善宣讲词、幻灯片或录制效果等，从而在整体上共生共长、螺旋上升。

总之，在新课标的观照下，针对统编版小学语文教材“双线组元”的编排特点，基于语文核心素养下的单元整体教学，教师需要具备统整教材、规划施教的设计力，分步推进、前后联结的聚焦力，立足学生、创新学法的创生力，这样才能提高课堂效率，有效达成学习目标，让学习真正发生，让学生拔节生长。

散文单元

让“有新鲜感”成为生活常态

统编版小学语文教材三年级上册第一单元整体教学设计

单元整体教学的内容与构架

☆教材内容

- 大青树下的小学
- 花的学校
- 不懂就要问

◎口语交际：我的暑假生活

◎习作：猜猜他是谁

◎语文园地

☆单元要素

人文主题：

美丽的校园，成长的摇篮，梦想启航的地方。

语文要素：

阅读时，关注有新鲜感的词语和句子。

体会习作的乐趣。

☆整体构架

任务群：基础型学习任务群——语言文字积累与梳理。

单元任务：关注有新鲜感的词语和句子。

单元情境：过“有新鲜感”的生活。

设计理念：基于要素，层级推进。

单元导图

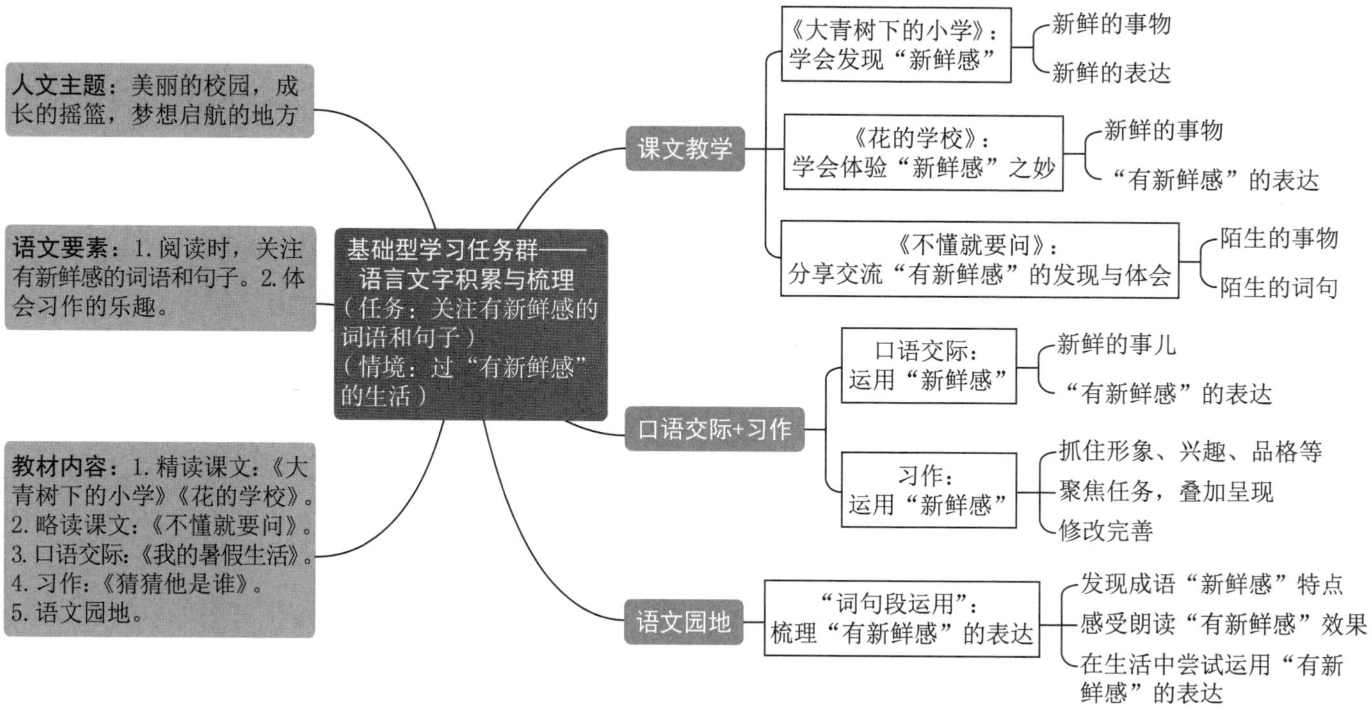
人文主题：美丽的校园，成长的摇篮，梦想启航的地方
语文要素：1. 阅读时，关注有新鲜感的词语和句子。2. 体会习作的乐趣。
教材内容：1. 精读课文：《大青树下的小学》《花的学校》。2. 略读课文：《不懂就要问》。3. 口语交际：《我的暑假生活》。4. 习作：《猜猜他是谁》。5. 语文园地。
基础型学习任务群——语言文字积累与梳理
（任务：关注有新鲜感的词语和句子）
（情境：过“有新鲜感”的生活）
课文教学
《大青树下的小学》：学会发现“新鲜感”
新鲜的事物
新鲜的表达
《花的学校》：学会体验“新鲜感”之妙
新鲜的事物
“有新鲜感”的表达
《不懂就要问》：分享交流“有新鲜感”的发现与体会
陌生的事物
陌生的词句
口语交际+习作
口语交际：运用“新鲜感”
新鲜的事儿
“有新鲜感”的表达
习作：运用“新鲜感”
抓住形象、兴趣、品格等
聚焦任务，叠加呈现
修改完善
语文园地
“词句段运用”：梳理“有新鲜感”的表达
发现成语“新鲜感”特点
感受朗读“有新鲜感”效果
在生活中尝试运用“有新鲜感”的表达

单元整体教学的设计与意图

板块	课时	课时任务	课时情境	落实要素	习作训练	语言训练点	教学内容
发现“新鲜感”	2	发现“新鲜感”	发现“特别之处”	发现、积累有新鲜感的词句	发现校园中的“新鲜感”	联系熟悉的上学场景，练习表达	《大青树下的小学》
体会“新鲜感”	2	体会“新鲜感”	发现“新鲜”秘妙	体会拟人化表达所带来的新鲜感	想象“花的舞会”场景	想象画面，尝试用有新鲜感的语句来表达	《花的学校》
分享“新鲜感”	1	分享“新鲜感”	“不懂就要问”	连线、品析、对话、赠送新鲜	记者参访文中角色场景	能讲清楚课文所写的事情，并发表自己的看法	《不懂就要问》
运用“新鲜感”	2	运用“新鲜感”	“有新鲜感”地表达	运用“新鲜感”，快乐表达	体会说话、习作的乐趣	1. 掌握说话要领；2. 学会观察身边的同学，选择其特别之处，用几句话或一段话进行介绍	口语交际
			游戏“猜猜他是谁”				习作《猜猜他是谁》
梳理“有新鲜感”的表达	2	梳理“有新鲜感”的表达	生活中尝试运用“有新鲜感”的表达	运用“新鲜感”，快乐表达	给学校兴趣小组取名		语文园地

《大青树下的小学》教学设计

姜树华

学习任务：发现“新鲜感”。

学习情境：发现“特别之处”。

学习目标：

1. 关注校园景物、色彩、声音及活动，学会发现有新鲜感的词句。
2. 边读边想象画面，学会体会文中学校的特别之处，读出新鲜感。
3. 积累有新鲜感的词句，联系熟悉的上学场景练习表达。

学习课时：2 课时。

学习活动：3 个。

学习活动一

读好课题，初感新鲜

1. 出示课题。

从课题中能读出怎样的信息？

2. 了解大青树（视频）。

又读出哪些信息了？（山区、南方；遮风挡雨、大伙伴、守护神）

指导读好课题。

3. 仿照课题说说自己的学校。

学习活动二

初读课文，发现新鲜

1. 发现文中学校的“特别之处”。

（1）自己朗读：发现这所学校有哪些特别的地方，圈画出来。

（2）组内交流：说说这所学校的特别之处。

（3）全班交流：“大青树下的小学______________________”

2. 学习词语，感受新鲜。

（1）少数民族：傣族、景颇族、阿昌族、德昂族。

了解少数民族（出示视频）。

说说少数民族给我们的印象（穿戴鲜艳、能歌善舞、热爱生活）。

教学：“鲜艳”“打扮”。

教学：“跳孔雀舞”“摔跤”（古老的体育项目、许多民族的习俗）。

（2）校园物品：铜钟。

说说印象中的铜钟—看看课文插图—听赏铜钟声。

读好上课铃声：“当，当当！当，当当！”

创想：下课铃声、集合铃声、紧急铃声。

（3）动植物。

鸟儿、猴子、松鼠。

绒球花、太阳花、凤尾竹。

3. 补充圈出文中学校的“特别之处”。

学习活动三

关注新鲜，练说场景

1. 听读并想象第 1 自然段。

（1）“早晨，从山坡上，从坪坝里，从一条条开着绒球花和太阳花的小路上，走来了许多小学生……”

听读：听出了什么？（小学生多、四面八方、欢呼雀跃）

发现：看看这三个句子的“样子”。（“样子”差不多，排比句）

比较：“早晨，从四面八方走来了许多小学生。”这样表达与原来的句子有什么不同？

练说：我们的上学情境。（结合自己的学校）

“早晨，从________，从________，从____________________，走来了许多小学生……”

（2）“走来了许多小学生，有汉族的，有傣族的，有景颇族的，还有阿昌族和德昂族的。”

听读：听出了什么？

比较：“走来了许多小学生，有汉族、傣族、景颇族、阿昌族、德昂族的。”这样表达与原来的句子有什么不同？

（3）“大家穿戴不同，来到学校，都成了好朋友。那鲜艳的服装，把学校打扮得绚丽多彩。”

听读：听出了什么？（和睦相处、团结友爱）

（4）“同学们向在校园里欢唱的小鸟打招呼，向敬爱的老师问好，向高高飘扬的国旗敬礼。”

听读：听出这是一群怎样的孩子？（快乐、尊师、爱国）

比较：“同学们向小鸟打招呼，向老师问好，向国旗敬礼。”这样表达与原来的句子有什么不同？

练说：我们的上学情境。（结合自己的学校）

“早晨，从________，从________，从________________，走来了许多小学生。同学们向________，向________，向________________。”

2.读好第1自然段。

练读—建议—指读。（配乐）

设计意图

聚向“新鲜感”：有心、有料、有情

《大青树下的小学》是三年级上册第一单元第一篇课文，成为由低年段过渡到中年段的语文“见面礼”，教材将发现、感受美丽校园中的“新鲜感”作为欢迎的主基调。对照《课标》，本单元教学目标更近于“语言文字积累与梳理”学习任务群和“文学阅读与创意表达”学习任务群的要求。因此，《大青树下的小学》教学设计着力实现以下三个方面。

一、培养发现“有新鲜感”的词句的语文敏感力

《课标》中“语言文字积累与梳理”学习任务群包括以下学习内容：“在语言积累和运用过程中……发现、感受语言的表现力和创造力”“养成自主积累的习惯”。我们常常认为“读了就会发现”“读中自然有发现”，但事与愿违，阅读常常如清风过耳、青云过眼，换言之，阅读中存在普遍的“视而不见”“听而不闻”现象，这也是人们对“我孩子读了那么多书，语文成绩仍不见好”之困惑的根由。阅读教学，首要的便是阅读指导，让学生习得阅读的本领。本课教学的第一目标便是“关注校园景物、色彩、声音及活动，学会发现有新鲜感的词句”，强调让学生“学会关注”，关注课文中描写的校园中“有新鲜感”的人、事、物与“有新鲜感”的表达。因此，聚焦如何发现“有新鲜感”的词句，培养学生主动发现“有新鲜感”的词句的语文敏感力并养成习惯，成了这节课的首要目标，也是这一单元教学的核心任务。

因此，教学设计中多次刻意问学生读出什么、看出什么、听出什么，

旨在调动学生的各个感官参与学习，实现学习的主动性，练就他们的“语文的眼力”“语文的耳力”“语文的领悟力”。从课题教学开始，便引导学生关注课题，询问学生从课题中读出了什么。学生读出了“大青树下”的这个学校的特别之处，继而结合“大青树”视频再读课题。学生对大青树有了亲近感，大青树“遮风避雨”“大伙伴”“守护神”的形象立马明晰起来，学生再读课题时便将情感饱含在声音里。教学设计对文中少数民族的理解也是逐层明晰的。第一步，让学生调取自己对大青树的已有印象。第二步，结合少数民族短视频的介绍，进一步加深对少数民族的新印象：穿戴鲜艳、能歌善舞、热爱生活。第三步，理解少数民族的活动，在课堂上再现“跳孔雀舞”“摔跤”情景，理解摔跤的规则与礼仪，理解孔雀舞的优雅与美丽，从而对少数民族有了全面立体的了解，留下美好的印象与向往之情。在示范读课文第一句话时，让学生注意倾听，学生听出了丰富的信息：学生人数多、从四面八方而来、潮涌一般而来等。但学生听读时不能主动注意句中的三个“从”字，教学中及时提醒：“有个字出现了好多次。”于是学生便知道了：语文的听，不仅要听内容，还要听表达，甚至听出情绪。

语文知识是在真实的言语实践过程中被发现与建构而成的。教学中，应从学生视角出发，让学生主动去发现，主动去找规律，主动收获语文实践中的成果。

二、丰富提升“有新鲜感”的词句的语言经验

“语言文字积累与梳理”学习任务群明确要求诵读、积累“新鲜词语、精彩句段等”，丰富自己的语汇。这就告诉我们，“有新鲜感”的词语最终要“生长”在学生的身体中，成为他们的“语言材料”与“语言品质”。这节课的教学目标还有两个，即“边读边想象画面，学会体会文中学校的

特别之处，读出新鲜感”“积累有新鲜感的词句，联系熟悉的上学场景，练习表达”。前者旨在让学生学会用想象的方式体会“有新鲜感”的词句，后者旨在让学生在学着由积累走向运用，从课文走向生活。为了真正达成丰富学生语言经验、激活语言、让语文真正走向生活的教学目标，本节课从语言的主动积累、主动关联、主动运用三个层面进行递升。

（一）主动积累

要学生形成主动积累语言经验的能力与习惯，不是靠机械的死记硬背，也不是靠粗略简单的“强调”，而是需要在文本语言中学会归纳、学会比较、学会储备，有主动积累的意识与方法。

1. 归类中发现“有新鲜感”的事物。

教学中，让学生自读课文，圈画出文中学校的特别之处。所谓特别之处，就是不常见之处。学生在自读发现的基础上，组内相互交流分享发现。学生会发现这所学校的学生很特别，从“有汉族的，有傣族的，有景颇族的，还有阿昌族和德昂族的”中，发现这是一所学生来自多个民族的小学。“鲜艳的服装”“把学校打扮得绚丽多彩”归结为这所学校有着特别的色彩；“鸟儿”“蝴蝶”“猴子”“松鼠”和小学生一起玩，归结为这所学校有着特别的景物；“跳孔雀舞”“摔跤”“做游戏”等活动，归结为这所学校有着特别的活动。学生在接连不断的“发现”中，明白了不同类别的“特别之处”，掌握了发现“新鲜感”的一种方法。

2. 比较中体会“有新鲜感”的表达效果。

语言品质是有优良之分、中下之别的，语文课堂的言语实践首先要提升学生的语言规范与雅致。本课教学中，多处用比较的方式让学生品味“有新鲜感”的语言的功效。将“早晨，从山坡上，从坪坝里，从一条条开着绒球花和太阳花的小路上，走来了许多小学生”与“早晨，从四面八方走来了许多小学生”进行比较，学生体会出“四面八方”漏失了很多美好场景，山坡上的有趣、坪坝里的结伴、小路上的美丽花草、同学们说说笑笑的欢乐场面被“概括”掉了。学生得到真切的感受：“有新鲜感”的表达带来的效果更好。

3. 朗读中自觉储备“有新鲜感”的词句。

有比较就有体会，有体会就有好的朗读。“同学们向在校园里欢唱的小鸟打招呼，向敬爱的老师问好，向高高飘扬的国旗敬礼”一句，读出小学生的快乐、活泼、尊师、爱国，读出不同民族的小学生在一起的团结友爱、欢声笑语。为了更好地实现第 1 自然段朗读的入境入情，教学中让学生互相提醒朗读注意点和传授朗读秘诀，这是一个动人时刻，学生之间教得真切，学得真心。于是，教学中一次次发自内心的深情朗读，有效实现了“有新鲜感”的词句的积累，丰富了学生的语汇。

（二）主动关联

教学不能只停留于课本，要关联起相应的生活，这样所学的知识才能落地生根。要让学生真切体会课文中边疆小学的特有风情，需要实现从文本到生活的转化，在场景再现中深度体验。课文第一句描写上学路上的情景，“从……从……从……”，学生读出的是文中小学生从不同方位陆续走来，读出的是文中小学生的自由、快乐与阳光。“向……向……向……”，学生读出的是文中小学生喜爱自然、敬爱老师、热爱祖国，读出的是文中小学生拥有的欢乐、礼貌和致敬国旗的庄重礼仪。虽然感受丰富且深刻，但这还只是停留在“阅”的层面。要真正体验上学场景，还需从“他方”到“己方”的场景类比与迁移。课堂上从课题出发，让学生感受文中小学的独特，继而发现自己所在学校的独特；感受文中学生上学场景的独特，继而发现自己所在学校上学场景的独特。学习时空从书中场景迁移到了自己生活中的相似场景，在自己习以为常的场景中发现新鲜之处，这便是这节课学生学习的拔节之处。

（三）主动运用

“有新鲜感”的表达，学生不仅要能发现和能感受，还要能运用。本节课中，排比句式的新鲜表达在课文第 1 自然段中多次出现，在学生发现并理解的基础上，教学更着力于让学生都会活用。让学生借助熟悉的早晨上学情境，先从课文中找一些现成的、可用的词句，再学着用“从……从……从……”“向……向……向……”的句式来练说上学路上与进入校园后的场景。教学中我发现：前后两次练说，后者在前者的基础上叠加巩固，学生的语言品质明显提高。教学最后环节，让学生将两组排比句的练说带到课外，回家跟家人分享，再次练说。通过反复叠加式的练说而非机械训练，学生的语言质量在不断的修正实践中得到了动态提升。

三、品析感受“有新鲜感”的表达的语文趣味

《课标》中“文学阅读与创意表达”学习任务群旨在“引导学生在语文实践活动中，通过整体感知、联想想象，感受文学语言和形象的独特魅力，获得个性化的审美体验”。“有新鲜感”的表达当属“创意表达”，其带来的是一种特别的感觉。这种特别的感觉对于作者、读者而言，又意味着什么呢？应是各有“意图”与“收获”。

1. 特别的时空感觉。

大青树下的小学给读者带来的“新鲜感”首先来自这里的边疆风情，人、物、活动无不让内地学生眼前一亮，兴致盎然。课堂上，示范读课文第 1 自然段内容：“大家穿戴不同，来到学校，都成了好朋友。那鲜艳的服装，把学校打扮得绚丽多彩。”读完这两句让学生交流听出了什么，学生有的说“感觉大家相处和睦、友好团结”，有的说“学校好漂亮，五

彩缤纷，像花的海洋”，有的说“这里小学生的服装太美丽啦”……学生想象出了鲜活的画面，用耳朵“走进”了语文学习。文后要求“一边读一边想象课文描写的画面”，其实一边听一边想象，也是很有效的训练想象的方式。从某种程度来说，听更能实现时空的穿越感，因为有了对“有新鲜感”的表达的凝神想象，文字中便有了鲜活的场景。

2. 特别的心理感受。

心理感受的特别也是新鲜表达带来的奇特效果。文中的小学在大青树上挂着一顶铜钟，这是“有新鲜感”的事物，大多数学生从未见过。教学中，先让学生听赏不同的铜钟声，再让学生用朗读的方式来“敲响”上课铃，继而延展到下课铃、集合铃、紧急避险铃，同学们“敲”出不同音质、不同节奏的铃声。课堂上学生谈笑风生，兴致盎然。孩子们感受到的不只是有趣好玩，更多的是对那新鲜感的特别体验。

3. 特别的情感体验。

文中第 1 自然段的结尾句是“同学们向在校园里欢唱的小鸟打招呼，向敬爱的老师问好，向高高飘扬的国旗敬礼”，教学中出示“同学们向小鸟打招呼，向老师问好，向国旗敬礼”，让学生进行比较，组内品味交流。学生的体会很深刻：“去掉了校园里欢唱这半句，总感觉校园变得不美好了”“小鸟欢唱，其实是同学们很开心的表现”“敬爱老师，是我们小学生的真实内心”“‘高高飘扬’一词说明同学们头抬着，注视着国旗”“‘高高飘扬’说明国旗很神圣”……学生读出了校园里自由欢快、师生亲切有礼、国旗高扬带来的勃勃生机，对校园产生了喜爱、敬爱、热爱等丰富感受，这些是深度比较阅读后情感体验的真实流露。

一节课的教学，实现一节课的“单元站位”。《大青树下的小学》教学设计旨在为学生“开眼”，即能发现“有新鲜感”的词语和句子，引发对自己熟悉的校园的“新鲜感”的关注。这便是我的教学设计构想。

《花的学校》教学设计

秦美娟

学习任务： 体会“新鲜感”。

学习情境： 发现“新鲜”秘妙。

学习目标：

1. 认识“荒”“裳”等5个生字，读准多音字“假”，会写“舞”“狂”等生字。
2. 找出课文中“有新鲜感”的词语和句子，体会课文拟人化表达所带来的新鲜感。
3. 想象花“在绿草上跳舞，狂欢”的情景，尝试用“有新鲜感”的语句来表达。

学习课时： 2课时。

学习活动： 4个。

学习活动一

交流预习聊“新鲜”

1. 揭示课题寻“新鲜”。

指导读题，读出课题的新鲜感。

2. 交流词语聊“新鲜”。

交流预习时摘抄较多的新鲜词语：雷云、风笛、碰触、簌簌地响。

要点1：借助图片理解“雷云”“风笛”。

要点2：积累“碰触”等颠倒字的顺序后意思不变的词语。

要点3：联系上下文理解“簌簌地响”。

学习活动二

初遇“舞会”寻“新鲜”

1. 梳理课文主要内容。

（1）比较：《花的学校》和《大青树下的小学》有什么不同？

（2）发现构篇新鲜之处：找出课文中与上学有关的自然段；再读课文，想想课文主要写了花孩子干了哪些事。

（3）识写生字：相机指导识写生字“舞”“狂”。

2. 整合内容，检查朗读。

指名读：出示第1、2和第5、6自然段，指名分小节读。相机指导：“假”为多音字，“裳”读轻声。

3. 发现舞会特别之处。

时间——六月，阵雨落下的时候；地点——荒野上；主角——花孩子；配角——东风、雷云、绿叶等。

学习活动三

聚焦“舞会”品“新鲜”

1. 同桌共学。

再读第1、2和第5、6自然段，画出“有新鲜感”的句子，同桌交流。

2. 全班交流，指导朗读。

（1）当雷云在天上轰响，六月的阵雨落下的时候，湿润的东风走过荒野，在竹林中吹着风笛。

要点：“走过荒野”“吹着风笛”。联系生活经验，体会东风的心情，读好句子。

（2）于是，一群一群的花从无人知道的地方突然跑出来，在绿草上跳舞，狂欢。

要点1：“跑出来”。花儿具备了现实中没有的本领，很神奇。

要点2：“跳舞，狂欢”。把花儿在风中摇摆说成在“跳舞，狂欢”，显得新鲜、有趣。体会花孩子的心情，读好句子。

要点3：“一群一群”。作者是怎样数花儿的？你平常怎么数？一群一群，这哪里是在数花儿啊，分明是在数孩子。

（3）树枝在林中互相碰触着，绿叶在狂风里簌簌地响，雷云拍着大手。

要点：链接生活经验，对比体会狂风、雷云的可爱。

（4）这时，花孩子们便穿了紫的、黄的、白的衣裳，冲了出来。

要点：体会花儿穿各色衣服的美丽；体会“冲”的急切。

（5）雨一来，他们便放假了。

要点：“雨一来”“放假”。花儿和孩子们一样会放假，但他们放假的时机和我们不一样。

句式练习：清风一来，他们_________。蝴蝶一来，他们_________。

3. 链接资料，发现秘妙。

链接泰戈尔相关资料，交流：泰戈尔的诗句为什么会给我们带来这么强烈的新鲜感呢？（当人来写，想象奇特）

学习活动四

融入“舞会”赛“新鲜”

1. 入境想象。

幻化为花：（播放动画）花孩子们，让我们来到六月的荒野上。六月的阵雨落下来了，舞会开始啦！你听到了什么，看到了什么，又在干什么呢？

2. 小组交流。

把想象到的舞会情景说给小组成员听；小组内推荐说得最“有新鲜感”

的同学，向全班展示。

要点：学着大诗人把事物当成人，把想象到的情景说得“有新鲜感”。

3. 踊跃展示。

小组推荐的代表向全班展示，引导学生围绕“有新鲜感”展开评价。

4. 小结。

在泰戈尔的笔下，花就是孩子，和花孩子一起跳舞狂欢，我们也变成了花。原来，花就是孩子，孩子就是花！这就是想象的魅力！

设计意图

入“舞会”之境，享“新鲜”之趣

《花的学校》是印度诗人泰戈尔的一首散文诗，以拟人手法从儿童视角展开新奇的想象，将花儿的生长特点和学生的学习生活巧妙结合，它是诗人想象中童年的美好模样。文章节奏鲜明，语言优美，画面生动，溢满童真。

作为文学性阅读文本，本课主要的教学任务是引导学生融入课文情境，感受想象之奇，注意文中把事物当成人来写的表达，发现“有新鲜感”的句子的写法并尝试迁移运用，享受发现与创意表达的乐趣。

特级教师王崧舟曾在一次讲座中说：“文学阅读中的任务情境创设要彰显情感性，强化审美性，激活想象性，把握和谐性。”本课时教学我以“发现‘新鲜’秘妙”为学习情境，以“关注有新鲜感的词语和句子”为学习主题，设计学习任务，让学生在积极的语言实践中入“舞会”之境，享“新鲜”之趣。

一、交流预习聊“新鲜”

“阅读时，关注有新鲜感的词语和句子”是本单元最为核心、最重要的学习任务。该项任务指向“有新鲜感的词语和句子”的积累与品悟，这是对一、二年级学生积累词语的提升，要求学生不仅要积累“有新鲜感的词语和句子”，还要能品出新鲜在何处，最终目的在于提高学生的语言表达质量。这是一个循序渐进的过程。学生在学习《大青树下的小学》时，对于新鲜的词句的理解大多停留于“不一样的内容”层面，如不一样的事物、不一样的生活等。本课的学习则要将学生引向进一步关注“不一样的表达”。

“新鲜感”是一种独特的阅读体验，它因人而异，教学中不能由教师一厢情愿地教，而要从学生的兴趣点与关注点出发，在自主阅读中发现，在大胆交流中表达，进行真正的语文实践活动。

本课教学基于学生预学展开。学生在预学单上摘抄了自己觉得新鲜的词语，“雷云”“风笛”“碰触”“簌簌地响”这四个词出现的频率最高，很多学生对这几个词语的意思不甚了解。交流预习环节，我集中出示这四个词语，让学生借助图片认识“雷云”“风笛”这两种新鲜的事物，玩颠倒字序意思不变的汉字游戏体会新鲜的构词方式，与常用的“沙沙地响”相比较体会不一样的表达。学生不仅理解了词语意思，更加深了认识：“有新鲜感的词语”并不局限于不一样的事物，还可能是新奇有趣的表达。

二、初遇“舞会”寻“新鲜”

在上述活动的基础上，引导学生回顾《大青树下的小学》的主要内容，并与《花的学校》相比较，发现《花的学校》只用2个自然段写上学，那这篇课文主要写了什么呢？以此引入任务一——发现花的秘密。学生通过自读交流，发现课文不仅写了上学，还写了雨一来，花孩子们便跳舞狂欢，他们尽情玩乐之后还会回家找妈妈。学生在对课文主要内容的整体把握中发现了课文组篇的新鲜之处——题目是“花的学校”，重点写的却是一场特别的舞会，这种新奇感有助于生成持续阅读的动力。

三、聚焦“舞会”品“新鲜”

特级教师杨九俊先生在《摇曳生姿“花孩子”——统编语文教材三上〈花的学校〉一文试解》一文中，对课文做了这样的解读：“互文手法也是这篇文章的重要特色，文章第 1、2 自然段与第 5、6 自然段构成互文关系，写雷云、雨、风，树枝和绿叶，都是互为补充的；写花儿，前面写到他们干什么，后面则写他们穿了什么衣服，互相补充，才构成完整的场景。”① 雷云拍着大手，东风吹着风笛，花儿跳舞狂欢，构成一幅幅生动美丽、充满情趣的画面，拟人修辞手法的运用，使事物充满灵性。

吴忠豪教授指出，语言经验的积累，指的不仅是语言材料的积累，还包括语言建构与运用的经验，以及对语言正误优劣等的感觉，即语感。②教学中，不能仅仅满足于学生画出“有新鲜感”的词句，更要关注学生“独特的阅读感受”，引导学生展开充分的交流与表达，促进学生的积累与内化。

本课时教学我将内容整合在一起，设计任务二——欣赏花的舞会，让学生以旁观者的身份走进舞会，交流“有新鲜感”的词句，发现表达的秘密。学生画出有新鲜感的词句后先与同桌交流，再与全班分享。分享的过程也是不断完善自我认知与体验的过程。如对于“跑出来”“冲了出来”等词语，学生的新鲜感大多停留于不能离开所生长的地方的花，竟然会跑出来、冲出来。通过彼此的补充与老师的点拨，学生会有更多发现：花儿不仅有了人的动作，还像人一样拥有心情，他们迫不及待地要去参加舞会呢！

---

① 杨九俊．摇曳生姿“花孩子”：统编语文教材三上《花的世界》一文试解 [J]. 江苏教育，2020（33）：52–54.

② 吴忠豪．重视语言经验积累，凸显语文课的实施性 [J]. 语文建设，2022（3）：4–6.

在充分交流“有新鲜感”的词句的基础上，链接诗人泰戈尔的相关资料，引导学生深入思考：为什么这些语句能给我们带来这么新鲜的感受？让学生在思维碰撞中发现诗人写作的奥秘——展开奇特的想象，把事物当成人来写。

四、融入“舞会”赛“新鲜”

品读、积累“有新鲜感”的词句，目的在于提高学生语言表达的质量。在学生充分享受关注新鲜表达、发现表达奥秘的乐趣的基础上，我设计了任务三——参加花的舞会。通过播放一段音频创设舞会情境，让学生闭上眼睛，张开想象的翅膀，让自己变成一朵花，融入舞会，尽情跳舞狂欢，并将自己参加舞会的所见、所闻、所感与小组成员分享，小组推荐描绘得最“有新鲜感”的同学向全班展示。这是对本课独特表达方式的迁移与运用，学生更是在这样的环节达成与花的心意相通，“花是孩子，孩子亦是花”，而这也正是泰戈尔写作的主旨。

《不懂就要问》教学设计

郭剑波

学习任务：分享“新鲜感”。

学习情境：“不懂就要问”。

学习目标：

1. 品读“有新鲜感”的词句，运用多种方法理解它们，并主动与他人分享自己的感受。
2. 能讲清楚课文所写的事情，并发表自己的看法，体验孙中山勤学好问的可贵精神。

学习课时：1 课时。

学习活动：3 个。

学习活动一

发现、探究“新鲜”

1. 板书课题、齐读课题。

2. 探讨：本课课题和其他课题有什么不一样？

关注“*”，板书：略读课文。

3. 探讨：本课和其他课文有什么不一样？

出示“课文学习提示”和“略读课文学习要求”。

学习活动二

连线、品析“新鲜”

（一）连线“新鲜”

1. 自由读课文，试一试把课文基本读通顺。

2. 圈画带拼音的词语，把这些词语多读几遍。

3. 小组内解决字词读音关。

4. 默读课文，想想课文讲了一件什么事？

（1）同桌互讲。

（2）班级交流。

（二）品析“新鲜”

1. 用自己喜欢的方式阅读课文，用横线画出“有新鲜感”的词句。

2. 分享交流。

词语类（现场通过“语音输入”系统录入学生分享的词语）：

（1）探究：你为什么觉得这几个词新鲜？说给大家听听。

（2）学生自由朗读呈现的所有词语，想想它们为什么新鲜。

（3）归类整理词语。

出示：私塾、咿咿呀呀、先生、戒尺、摇头晃脑、挨打……

探究：有没有新的体会和感受？

板书：念、背。

句子类（主要出示以下三个句子）：

（1）那时候上课，先生念，学生跟着念，咿咿呀呀，像唱歌一样。

（2）这一问，把正在摇头晃脑高声念书的同学们吓呆了，课堂里霎时变得鸦雀无声。

（3）“学问学问，不懂就要问。为了弄清楚道理，就是挨打也值得。”

探究：“学问”是什么意思？孙中山是怎样得到真正的学问的？

练习朗读，再次交流新的体会和感受。

板书：学“问”。

学习活动三

对话、赠送“新鲜”

（一）对话“新鲜”

1. 创设情境，举办“记者会”。

（1）列示人物角色并确定“发言人”——“孙中山”“先生”“同学”。

（2）“记者”静静思考 30 秒，确定想采访谁，想问什么问题。

2. 互动质疑、解疑。

（1）聚焦“孙中山”。

（2）聚焦“先生”。

（3）聚焦“同学”。

小结：学贵有疑，小疑则小进，大疑则大进。

（二）赠送“新鲜”

1. 赠送成语：不耻下问。

（1）学生提问。

（2）根据作业单，阅读“不耻下问”的故事。

2. 赠送谜语：教师用手势表演“？”，让学生猜谜。

3. 小结：读课题“不懂就要问”。

4. 作业：在作业单上摘抄课文中“有新鲜感”的三个词语或一个句子，注意做到规范、端正、整洁。

设计意图

《课标》中指出，语文课程的实施要“从学生语文生活实际出发，创设丰富多样的学习情境，设计富有挑战性的学习任务，激发学生的好奇心、想象力、求知欲”。在适切的情境中完成“富有挑战性”的任务，能驱动学生积极参与学习的过程。本课为三年级上册第一单元中的略读课文。本单元人文主题是“美丽的校园，成长的摇篮，梦想启航的地方”，语文要素目标是“阅读时，关注有新鲜感的词语和句子”。为促进学生产生自主学习的内驱力，本堂课的教学结合课文内容的特点，整合本单元人文主题和语文要素，设计了“不懂就要问”的“新鲜”的、具有挑战性的大任务性学习情境，让学生在逐渐浸染中悟得“不懂就要问”的价值意义。“不懂就要问”既是本课学习内容和学习方式，又是学习过程和学习目标。

“新鲜”任务情境之一：发现“新鲜”

心理学研究表明，好奇心是学生个体学习的内在动机之一。有了好奇心，学生会对事物产生积极的注意、操作、提问的心理倾向，会主动产生寻求知识的动力。学生第一次在教材中接触略读课文，这对学生来说是个新鲜事物，他们一定会好奇，充满期待感：还有带星号的课文？它和平时学习的课文有什么区别？这种课文真正由我们自己学吗？……教学时，教师抓住学生的好奇心开门见山，引导学生从课题开始仔细端详，比一比谁的发现多，谁的发现有趣，谁的发现准确。发现问题比解决问题更重要。学生发现的问题越多，解决问题的欲望越强，解决问题的视野越宽。在“新鲜”的发现中，学生了解了本课与精读课文的不同之处，熟悉了该类课文的特点，为今后略读课文的学习打下基础，也为本堂课的学习埋下伏笔。

“新鲜”任务情境之二：连线“新鲜”

略读课文有一个重要的教学价值，就是把精读课文中学到的学习技能在略读课本的学习中得到运用、提升。不认识的字词是学生阅读课文接触到的首个“新鲜”之处。课堂上“圈画带拼音的词语，把这些词语多读几遍”“小组内解决字词读音关”，目的是让学生尝试用“新鲜”的方法解决“新鲜”的问题。对于刚进入三年级的学生来说，用自己的语言说清楚课文写了一件什么事，这是有一定难度的。课堂中教师多让不同的学生从不同的角度，尝试用不同的语言归纳课文内容，不囿于一种“标准”答案，不追求准确、正确地概括，粗知文章大意即可，保持学生“欲言”的状态。宽松的氛围下，学生能从他人言语的“新鲜”和归纳方法的“新鲜”中，知晓描述课文内容的一些支架，如结合插图说，结合课文题目说，抓住人物、时间、地点等要素说，用“先”“接着”“再”等词语将几个内容连起来说……因同龄人语言表达、知识水平、思维方式等接近，课堂上采用“生教生”“生练生”形式，能培养学生主动体验、主动交流、主动接受的意识。

“新鲜”任务情境之三：品析“新鲜”

“阅读时，关注有新鲜感的词语和句子”，这是本单元的语文要素。单元内《大青树下的小学》《花的学校》《不懂就要问》三篇课文落实本要素的角度和深度是不同的、循序渐进的：《大青树下的小学》着重学会发现“新鲜感”，《花的学校》着重学会体验“新鲜感”之妙，《不懂就要问》着重分享交流“有新鲜感”的发现和体会。品析“新鲜”环节是本课任务情境中的主体任务情境，学生将前两篇课文习得的技能加以运用，巩固好奇心和求知欲，提高语文学习能力。此任务情境分四步实施。

第一步，分享“新鲜”，学生相互交流分享“有新鲜感”的词句。通过本单元前几堂课的学习，学生对“有新鲜感”的词句有了感性认识，它们是陌生的或不常见的或华美的或新颖的。但与前两篇课文相比，此交流的目标有了一个升华：让学生乐于和他人分享“新鲜”，能用适切的语言说出发现的过程，感受“新鲜”的原因，分享交流的愉悦，梳理积累“新鲜”词句的方法。

第二步，录入“新鲜”，采用语音录入方式，将学生自己认为“有新鲜感”的词句现场录入教学一体机。《课标》指出，要“充分发挥现代信息技术的支持作用，拓展语文学习空间，提高语文学习能力”。课前提前安装好语音录入软件，准备好话筒等设备，通过信息技术提高课堂效率。语音录入方式提高输入效率，能将学生的学习发现转换成可见的共享资源，还帮助学生纠正不标准的普通话，锻炼他们的表达能力。课堂上学生兴趣盎然，跃跃欲试，乐于分享，增加了生生互动、师生互动的新空间。

第三步，朗读“新鲜”，用声音表达出词句的“新鲜”，让理解在交流中深入，挖掘“新鲜”的程度。文字是有温度的，语文课堂教学的高境界是引导学生读出文字背后掩藏的意义。课堂上，引导学生把发现的过程及词句的意义通过声音表达出来，加深对新鲜词句的体验。当一个词语被作者创作安排至具体的文章时，它的意义将变得深刻而丰富，而且此时的意义更多由语境来决定。教学时，教师要构建立体可感的语言环境，使这些词语的饱满意义彰显出来，让学生感受到它们“原来真的很新鲜”。课堂上当学生对大部分新鲜词语有所了解后，把它们罗列出来组织纵比和横比活动，如“私塾”“咿咿呀呀”“先生”“戒尺”“摇头晃脑”“挨打”等，探究这些新鲜词语的共性，分享新的体会和感受。这时，学生心中会形成“古代教学方法”与“现代教学方法”的对比、“古代学生学习方法”与“孙中山学习方法”的对比，在对比中品析文字新鲜的内涵。

第四步，跳出“新鲜”，引导学生从“新鲜”文字走向“新鲜”人物品质。“一切景语皆情语”，新鲜的内容表达什么情感呢？课文结尾“学问学问，不懂就要问。为了弄清楚道理，就是挨打也值得”，直接揭示了情感主旨。课堂上除了让学生知晓“学问”的多层含义和孙中山得到学问的方法，更要体会孙中山说这句话时坚定而强大的内心，把学生从“学问”的概念引向“学‘问’”的行动，从对孙中山的故事的了解引向对他勤学好问品质的敬佩，内化产生养成良好学习习惯的动力，实现“教为不教”的教学价值。

“新鲜”任务情境之四：对话“新鲜”

著名儿童教育家李吉林老师说，人为优化的情境，由于本身的美感、意境的广远、情感的驱动，是“最适宜儿童想天说地的宽阔的思维空间”，“会有效地激起学生的想象、神往”。[①]课堂上，教师要尽可能创设与问题相匹配的情境，使每个板块的学习内容、学习方法和学习资源成为一个连贯的语文实践活动，让学生的思维在“无痕”中活跃、深刻。因此本环节设计了“记者会”体验情境，由学生扮演“记者”，与“先生”“孙中山”“同学”三位“发言人”互动，进行质疑和解疑。“记者”们展开发散性思维、挑剔性思维，把三位“发言人”的言行举止从里到外“扒一遍”，其实质是从不同层面聚焦“学问学问，不懂就要问”的内涵与价值。学生在对话中深入理解文本内容，加深对孙中山不懂就问的可贵精神的体悟，深刻理解“学贵有疑，小疑则小进，大疑则大进”的道理。叶圣陶先生指出：“教育就是培养习惯。”此环节中的师生对话，从潜意识上勉励学生养成“不懂就要问”的习惯。

“新鲜”任务情境之五：赠送“新鲜”

高效的课堂常有检测、反馈环节，引导学生将知识转化为能力。本课创设“赠送礼物”的情境，即设置具有浓厚趣味的巩固练习，通过反馈提升学生关注“有新鲜感”的词句的能力。“礼物”之一：成语“不耻下问”。此成语与本课教学内容和教学目标息息相关，而且对于三年级学生而言，此成语一般情况下他们没有接触过，充满新鲜感。课堂上组织学生默读关

① 李吉林 . 积淀的飞跃 [J]. 江苏教育，2010（7/8）：42–47.

于“不耻下问”的小故事，用线画出表示“不耻下问”意义的句子，把“有新鲜感”的词句画下来和伙伴交流。此练习的评价标准比本课“学习提示”的要求略高一点，重点关注学生是否具有主动和他人交流“有新鲜感”词语的欲望和能力。“礼物”之二：猜谜语。著名物理学家李政道先生说：“打开一切科学的钥匙毫无疑问是问号。”这句话背后的寓意也正是本课教学目标所向：学习孙中山善于思考、勤学敢问的品质。课堂上教师用手势表演，从额前到后脑画一个形似问号的轨迹，让学生猜测某个标点符号。谜语能将一些抽象的、复杂的或者深奥的道理形象化、具体化，学生更能在愉快的氛围中收获所得——勉励自己养成好问的习惯。《课标》指出：“诵读、积累成语典故、中华文化名言、短小的古诗词和新鲜词语、精彩句段等，丰富自己的语汇。”本情境任务的实施还具有“一石多鸟”的效应，学生能在“新鲜礼物”的接受中积累语言、自信表达和审美创造。

温儒敏教授在《语文课改　守正创新》一书中说：“自读课是让学生自己读，把精读课学到的方法运用到阅读实践中，主要是泛读，自主性阅读。”[①]略读课文是学生自主性阅读，但并不等于不需要教师的指导，恰恰相反，更需要教师“提纲挈领，期其自得”的指导，需要教师运用更高智慧从“教法”转向“阅读法”的指导，需要教师设计出新鲜的、自主性强的学习情境，构建内在逻辑关联、层层递进地指向语文核心素养的任务群，以此实现学生能够自由阅读略读课文的教学价值。

---

① 温儒敏．语文课改　守正创新[M]．济南：山东教育出版社，2022.

口语交际《我的暑假生活》教学设计

朱小培

学习任务：运用“新鲜感”。

学习情境：“有新鲜感”地表达。

学习目标：

1. 能适当借助图片或实物，完整、清楚地讲述自己的见闻。
2. 能认真倾听别人的讲述，并做出中肯的评价。
3. 能选择“有新鲜感”的话题，主动跟别人交流。

学习课时：1课时。

学习活动：3个。

学习活动一

打开记忆之门，激发“想说”欲望

1. 激趣：简单说说最爱的暑假。

2. 导入：聊聊“我的暑假生活”。

学习活动二

学习范例要求，掌握“会说”技巧

1. 会“选材”。

（1）借助插图：总结发现，我们确定自己想讲述的内容时，就得首先做到选材新鲜有趣。

（2）静心思考：悄悄在心里确定下自己要分享的主题。

2. 会“表达”。

（1）借助插图：如果能把自己最真实的感受讲述出来，哪怕经历与别人相同，可是表达的感受不同，也会让人感到新鲜。这就是分享独特感受。

（2）运用方法：自己先说给自己听一听。

学习活动三

借助评价标准，争做“乐说”能手

1. 小组分享，全班展示。

（1）准备：组内根据评价标准，在组长的组织下有序进行讲述。

（2）分享：组长推荐并阐明理由。

（3）展示：小组代表分享，其余人评价，颁发奖项，请一名学生即兴发表获奖感言。

2. 角色转换，乐意表达。

（1）铺垫：今天，我们是把自己暑假生活中的新鲜事分享给同学听。除了同学，你们还想分享给谁听？

（2）小结：以后，我们要尝试用上今天学到的方法，在学校或者其他地方经历的、看到的新鲜事，都可以分享给家人听。

设计意图

这样说话，真新鲜

口语交际训练是小学语文教学中的一项重要内容，小学阶段的学生，对于外界充满好奇心，尤其对于一些新鲜事物，他们总会急于通过语言向外界探求答案。因此，我们不仅需要强化学生的口语表达能力，更要教给他们口语表达的方法，让学生想说、会说、乐说。

《课标》中有这样一句话：“乐于用口头、书面的方式与人交流沟通，愿意与他人分享，增强表达的自信心。”而我的这堂口语交际课，便努力尝试着取得这样的教学效果。

一、轻松氛围“我想说”

暑假，是学生最为放松的时刻。他们在暑假期间能够自由安排时间，很多家长也会带着他们亲近大自然、了解各地风土人情，这正是他们最快乐的时光。上课伊始，在调动学生对暑假的美好回忆时，通过一系列的发问进行串联：“你暑假去过什么地方？”“做过什么？”“有没有掌握新的技能？”……让学生进行自由表达。宽松的氛围，一下子便激起了学生想说的欲望。

二、掌握要领“我会说”

想说，该怎么说呢？口语交际训练过程中，学生不仅要具有较强的语言组织能力，还要掌握相应的表达技巧，在交流过程中才能够恰到好处地进行分享。

本堂课的教学，我充分发挥了课本中范例的作用，首先引导学生发现分享的主题可以是别人没有经历过的事，同时给学生提供妙招一，即选材新鲜有趣，并给他们充足的时间重新确定自己想分享的主题。接着，让学生读读范例中小朋友坐摩天轮的经历，引导他们发现，其实暑假生活中，很多人都会有坐摩天轮的经历，但是如果能将相同的经历表达出自己不一样的感受，给人的感觉也是新鲜的，顺势给学生提供妙招二，即分享独特感受。

如此一来，学生的语言组织便有了方向。我让他们用上妙招，首先自己说给自己听。他们一个个特别积极，逐步会说了。

三、学会评价“我乐说”

口语交际训练是一个不断锻炼的过程，只有多说、多练才能够达到理想的效果。我认为，训练的最终目的应当是学生随时随地都能乐于分享自己的所见、所闻、所想。可是，由“会说”走向“乐说”，有一定跨度，需要足够的铺垫。本堂课的教学中，我充分发挥小组的作用，让学生先在组长的组织下，对照评价标准逐个进行讲述，再遴选代表参加班级“口语小达人”的大比拼。从课堂效果来看，学生的参与热情极高，分享的内容很新鲜、很精彩，从有些学生的口中甚至能蹦出不少新鲜的词儿。

当然，为了让学生更加明晰表达的方向与技巧，我不时引导他们根据标准，对别人的分享进行客观评价。在评价别人的同时，他们也收获了方法，知道了自己在分享时应该做到什么、注意什么，这也是一个提升的过程。

最后，我让学生明白，今天我们是将自己的新鲜事、独特感受分享给老师和同学听，其实我们还可以将自己在学校或者其他任何地方的所见、所闻、所想分享给更多的人听。因为，我们都是“口语小达人”。

习作《猜猜他是谁》教学设计

陈培娟

学习任务：运用“新鲜感”。

学习情境：游戏“猜猜他是谁”。

学习目标：

1. 学会观察身边的同学，选择其特别之处，用一段话进行介绍。
2. 在猜猜、说说、写写中交流互动，体验习作的乐趣。
3. 掌握正确的习作格式，写一段话时开头空两格。

学习课时：1 课时。

学习活动：3 个。

学习活动一

看谁猜得准

（一）猜猜书中人物

爱读书的你们一定认识了书中的很多人物。今天我们就来玩个小游戏，名字叫“猜猜他是谁”。

（出示课题，齐读）

出示人物介绍：他是书中的谁呢？

采访：为什么能猜得这么准？

要点：哪吒有着与众不同的外貌，马良有着与众不同的本领，后羿有着与众不同的品质，我们一读这些文字，眼前就快速浮现出他们鲜活的人物形象。

小结：抓住人物的与众不同，就能准确猜出他是谁！

（板书：与众不同）

（二）猜猜身边同学

下面要猜的这个人，就坐在我们教室里，一起来猜猜他是谁：

“他个子不算太高，浓密的头发乌黑发亮。”

有这么多不同的答案，老师再给你们提供一些信息：

“他个子不算太高，浓密的头发乌黑发亮。弯弯的眉毛下面一双大眼睛炯炯有神，像闪闪发光的黑宝石。”

思考：虽然范围缩小了一些，但还是不能确定他到底是谁。这是为什么呢？

要点：外貌描写的特点还不够鲜明，没有抓住“与众不同”。

学习活动二

看谁说得好

（一）说好人物外貌特征

1. 用好例文，发现介绍外貌的妙招。

怎样介绍才能与众不同呢？我们来看看课本上的这段外貌描写：

“他的头发又黑又硬，一根根向上竖着……”

读一读，说说你印象最深的是什么。（“一根根向上竖着”）

这儿用了一个省略号，谁来接着往下介绍，让人印象更深刻？

要点：

（1）想下去：“一根根向上竖着，像……”

（2）想开去：除了头发很有个性，外貌还有哪些地方与众不同，令人印象深刻？

小结：介绍外貌小妙招——抓特征。（板书：抓特征）

2. 游戏互动，掌握介绍外貌的方法。

（1）指导实践活动。

“他个子不算太高，浓密的头发乌黑发亮。弯弯的眉毛下面一双大眼睛炯炯有神，像闪闪发光的黑宝石。”

现在，我们再来看看这段外貌描写。怎么介绍才能与众不同，让人容易猜出呢？有请刚刚大家猜测的其中两位同学，大家找一找他们的外貌特征分别是什么。（指导观察要点：观察有顺序，先整体后局部，人物五官从上到下）

现在谁能抓住人物特征来进行介绍，让我们猜猜他说的是谁？

采访：你是怎么猜出来的？

小结：说出人物外貌的与众不同之处，别人就能准确猜出了。

（2）组内游戏互动。

四人小组玩一玩“猜猜他是谁”的游戏。

游戏规则：选择班上的一位同学，抓住特征介绍他的外貌，谁能让别人用最短时间猜出，谁就是“出谜小能手”。

① 说（写）出他的与众不同，得一颗星。

② 说（写）出他的与众不同，并让其他同学猜出，得两颗星。

③ 说（写）出他的与众不同，并让其他同学用最短时间猜出，得三颗星。

（3）全班游戏互动。

请一到两位“出谜小能手”说给全班同学猜一猜。

采访：你为什么能一下子猜出？

小结：抓住了人物外貌特征，把人物的与众不同之处说清楚，就容易猜了。

（二）说好人物内在特点

1. 用好例文，发现介绍妙招。

我们还可以从哪些方面来介绍一个人呢？（爱好、学习、性格……）

还记得课本上介绍的那位头发又黑又硬的小男孩吗？我们来看看除了外貌，他还有哪些特点。

怎样才能把他这些内在特点说清楚呢？

（1）小组合作。

说说：选择其中一个特点，展开想象进行介绍。

议议：怎样把人物的特点说清楚。

（2）全班交流。

小结：通过举例子，把人物说了什么、做了什么说清楚，人物形象就与众不同啦。（板书：举例子）

（3）全班游戏互动。

有了介绍小妙招，我们再来当一次“出谜小能手”。谁来读一读游戏规则？

游戏规则： 选择班上的一位同学，抓住特征介绍他的外貌，谁能让别人用最短时间猜出，谁就是“出谜小能手”。

①说（写）出他的与众不同，得一颗星。

②说（写）出他的与众不同，并让其他同学猜出，得两颗星。

③说（写）出他的与众不同，并让其他同学用最短时间猜出，得三颗星。

请一到两位“出谜小能手”说给全班同学猜一猜。

采访：你为什么能一下子猜出？

小结：举个例子来介绍人物的特点，把人物的与众不同之处说清楚，就容易猜到了。

学习活动三

看谁写得像

1. 布置任务。

下一期黑板报准备出一期“猜猜他是谁”专栏，要向同学们征集作品。请选择班上的一位同学，抓住其一到两个特征，写出他的与众不同。注意开头空两格。

（5~8分钟时间，学生现场习作）

写好读给组内同学听一听，看看这次谁是小组的“出谜小能手”。

2. 作品评价。

（1）根据下面的评价标准表评价自己的习作。

评价内容	星级
开头空两格	☆
新鲜的表达	☆☆
写出与众不同，能让人一下子猜出	☆☆☆

（2）组内相互评价，重点说清楚给星理由，互相提提修改建议。

3. 自主修改。

修改完成后，将作品贴到黑板报上，大家都来猜。每有一个同学猜到，该作品就能得到一颗星。看看最后谁得的星星最多。

设计意图

习作起步：融于生活，新鲜表达

习作《猜猜他是谁》是统编版小学语文教材三年级上册第一单元的习作，作为本套教材编排的第一次习作练习，对于刚刚升入三年级的学生来说充满挑战。本单元的习作要素是“体会习作的乐趣”。为了消除学生习作起步的紧张心理，我努力淡化学习环境的严肃气氛，引领学生走进真实的生活，在游戏的任务情境中，不断调动学习兴趣，让学生真正体会习作的乐趣。

一、基于真实情境，体验表达乐趣

《课标》对第二学段的“表达与交流”提出了这样的要求：“乐于用口头、书面的方式与人交流沟通，愿意与他人分享，增强表达的自信心。”这与本单元的语文要素“体会习作的乐趣”相呼应。本课教学，以任务情境“猜猜他是谁”这个游戏贯串课堂的始终。

从上课之初的“猜猜书中人物”，激发学生猜谜的兴趣，到“猜猜身边同学”，调动学生猜谜的热情，从组内出谜相互猜，到为班级专题板报提供作品全班猜，连接课内外，沟通组际间，学生全员、全程、全身心参与。四人小组“猜一猜”的游戏进行了三轮，全班猜更是进行了多轮，每个学生都有机会猜谜，也都有机会出谜，人人乐在其中，极大地调动了学生参与的积极性和持续学习的热情，让学生发现：咦，原来作文课是这么好玩儿呀！

二、基于真实生活，解决实际问题

习作本应是一种自我表达的需要、交流沟通的需要，说到底就是生活的需要，但是因为某些原因，习作却成为学生的一种负担，为课本写、为老师写、为写而写，言不由衷。

为解决这一问题，本课教学设计了“看谁猜得准”“看谁说得好”“看谁写得像” 这样三个学习活动，力求让学生回归真实生活，在生活需要中产生“我要说”“我要写”的冲动。这时候的习作于学生而言是一种内在需要，是学生的主动作为。

比如当“千人一面”的外貌描写让学生猜不出写的是谁时，就有了解决这一问题的需要：怎样抓住特征进行修改才能让外貌描写与众不同，让人能够猜到呢？学生有了言说的内在需要，此时教师顺势引导，借助课本上的外貌描写范例，让学生在自读自悟、交流讨论中发现介绍外貌的小妙招——抓特征。紧跟着就创设游戏情境，请刚刚被猜测的两位同学到前面，大家一起找找他们的外貌特征，然后请人来介绍，其他同学猜。同学们争先恐后地发言，此时的介绍就成为学生的一种生活需要、内在需求，他们丝毫没有感觉这是在“习作”，此时的介绍就跟平时的每一次对话一样自由、放松、真实。

再比如当学生在组内互相猜谜后，他们总是迫不及待地想要把自己的谜面说出来，让全班同学猜一猜，这时创设任务情境：班级将出一期黑板报，主题就是“猜猜他是谁”，向大家征集作品。作品公示后，被一个同学猜到就能得一颗星，最后谁得的星最多，谁就是班级的“出谜小能手”。学生非常积极地投入作品的创作，这时的习作一定是“我手写我心”，愉悦且充满激情。学生因此发现：哦，原来作文不是为老师写的，不是课本要求的，是我自己想要说、想要写、想要表达、想要交流的，它能解决生活中的真实问题，满足真实需要。

三、基于真实应用，发展言语思维

《课标》指出：“语文课程是一门学习国家通用语言文字运用的综合

性、实践性课程。……语文课程应引导学生热爱国家通用语言文字，在真实的语言运用情境中，通过积极的语言实践，积累语言经验，体会语言文字的特点和运用规律，培养语言文字运用的能力；同时，发展思维能力，提升思维品质……”

三年级的“起步作文”，常常出现这种现象：老师激发了学生的表达欲望，学生却不知道该从何说起。这时候就需要老师给学生搭建内容支架。

比如课堂上，在发现了课文范例中介绍人物外貌的小妙招——抓特征后，学生就产生了表达的欲望和冲动，可是当真的进行具体介绍时，他们要么不知从何说起，要么“脚踩西瓜片，滑到哪里是哪里”。如何让学生言之有物、言之有序？教学中，指导学生学会观察要点：先整体再局部，局部的观察也要有顺序，如从上到下。在真实的实践体验中，让学生找到了观察的顺序、言说的内容，无形中为学生搭建了思维支架，学生在介绍时就有了顺序、有了抓手，在不知不觉间，顺利踏上“起步作文”之路。

本堂课的板书提供了一幅思维导图，给孩子们搭建了灵活、多维的内容支架，如写一位同学，可以写他的外貌，也可以写写他的性格、爱好、习惯等，帮助学生打开思路，让习作有了抓手。

对于三年级的学生来说，比“写什么”更难的是“怎么写”的问题。要为学生全程提供方法支架，让他们的思维与语言同步发展。教学中注意用好范文，引导学生在自主探究、合作交流中发现范文的表达小妙招，比如写外貌要抓特征、写性格爱好可以举例子等，然后当场实践，在说、评、改的实践中活化言语，掌握表达方法，提升语言思维能力。学生在这个过程中发现：哦，原来作文没想象中那样难，是有方法可循的。

“起步作文”，从儿童生活出发。当学生发现作文原来是有趣的、有用的、有方法可循的，我想他们一定不会再畏惧作文，而是会爱上作文，爱上作文课堂。

期待通过我们的努力，让学生更多地感受到作文的乐趣。

语文园地教学设计

陈钰枢

学习任务： 梳理“有新鲜感”的表达。

学习情境： 生活中尝试运用“有新鲜感”的表达。

学习目标：

1. 能说出“摇头晃脑”“面红耳赤”等成语的特点。
2. 能根据语义表达的需要，读出恰当的重音。
3. 能根据兴趣小组的特点，用有个性的词语为其取名字。

学习课时： 2 课时。

学习活动： 3 个。

学习活动一

发现成语的新鲜之处

1. 出示成语，同桌根据学习提示进行探究。

摇头晃脑　披头散发　张牙舞爪　提心吊胆

面红耳赤　手忙脚乱　眼疾手快　口干舌燥

（1）我读你听：读准字音，如有错误，同桌及时提醒。

（2）我做你猜：根据自己的理解做动作，让同桌猜成语。

（3）我找你补：一人先说自己发现的成语特点，同桌补充。

2. 全班交流。

（1）朗读成语。

（2）理解意思。

① 看图说成语：披头散发、提心吊胆、面红耳赤、口干舌燥。

② 动作演成语：手忙脚乱、张牙舞爪、摇头晃脑、眼疾手快。

（3）交流发现。

① 含有身体部位的词，都和人有关。

② 第一行成语中，每个成语的第一个字和第三个字都表示动作，意思相同；第二行成语中，每个成语的第二个字和第四个字意思相近。

（4）小结：身体部位里面藏，间隔两字意相近。

3. 积累成语。

垂（ ）丧（ ）　交（ ）接（ ）　指（ ）画（ ）

（ ）灵（ ）巧　（ ）舞（ ）蹈　（ ）清（ ）秀

4. 运用成语。

调皮的弟弟拿着玩具（ ）地逗我玩，突然传来妈妈的脚步声，他（ ）地藏好玩具，（ ）地夺走我手中的书，（ ）地读了起来……

学习活动二

读出句子的新鲜之感

1. 出示句子，学生尝试朗读。

2. 重点指导第一句。

要点：读好“真的”和“地下的”。

3. 小结：重音词句读法多，可重可轻可慢读。

4. 学生练读另外两句话，全班交流。

学习活动三

取好小组的新鲜之名

1. 出示兴趣小组的名字，探讨取名的学问。

2. 小结：小组取名有学问，活动特点要体现，个性表达能记牢。

3. 试着给两个兴趣小组取名，并设计口号。

4. 全班交流，相互评价。

设计意图

为语文园地学习注入“新鲜感”

统编版小学语文教材三年级上册第一单元语文园地中的“词句段运用”，在统编教材的语文园地中是首次出现，这一板块既是落实单元语文要素的重要载体，又是搭建语用训练的实践平台。本单元的“词句段运用”主要采用练习的方式，呈现出浓郁的生活气息，这就意味着学生的学习既要从生活中来，又要运用于生活。

我执教这节课时，主要围绕“新鲜感”这个关键词，结合《课标》，在正确理解编者意图、真实调研学生学情的基础上，巧妙整合学习情境，合理设计学习活动，以此提升学生的语言品质，发展学生的语文素养。

一、在生活化的学习情境中自主发现“新鲜”之处

学习情境的创设既要满足生活中语言文字运用的真实需求，又要服务于解决现实生活中的真实问题，更要结合具体语言文字训练的特殊要求，符合学生获取语言密码的认知规律。整堂课，我通过创设参与兴趣小组活动的真实学习情境，引导学生根据学习提示自主探究成语特点，根据示范自觉体验重音读法，根据自己的兴趣爱好自由进行小组取名，从而主动发现成语构词的新鲜特点、重音处理的新鲜读法、小组取名的新鲜表达。学生在积累与建构个体语言经验的同时，自然能体验到语文学习对于生活的重要意义。

二、在趣味化的学习过程中积极体验“新鲜”之感

学习过程的展开不仅要有充足的时空保证，还要有十足的趣味活动，以此激发学生求知的好奇心理，丰富学生积极的学习体验。多种形式猜成语和结合生活语境填成语，有助于学生更好地理解运用新鲜词汇；跟老师读或自己试读，有助于学生更好地体会表达新鲜语句；尝试取名和设计口号，有助于学生更好地实践运用新鲜名字。尤其是学习过程中规律的发现、方法的习得，分别用富有“新鲜感”的儿歌进行总结，不仅深受学生喜欢，还利于学生对所学的知识形成系统认知，进而实现语言素养的提升。

三、在综合化的学习任务中踊跃展示“新鲜”之韵

学习任务的设置要以语言运用为基础，以此实现与思维能力、审美创造和文化自信之间的相互促进，共同指向学生核心素养的全面提升。虽然三道练习题都只是单项的语用训练，但因为有了相互关联的学习任务的设计，体现的是听、说、读、写、思综合能力的整体推进。以给兴趣小组取名为例，学生在思考设计、图文呈现、交流展示、相互评价的过程中，不仅能活学活用“有新鲜感”的词语，而且能在活动的参与中自觉增强运用语言文字的意识。

“词句段运用”虽然只是教材中的一个小板块，但其鲜明的语用特点必然承担起培养学生语言能力的重要任务。以学习任务群为任务导向的语文实践方式，是我们探索小学语文课堂教学有效性的一个新视角，我这次的课堂教学实践只是一种尝试，努力进行学习内容的整合重组，注重课内外知识的衔接互补，以多维联动的推进方式，为学生搭建丰富的语言实践平台，让他们在知识习得中学得更主动，在巩固强化中学得更深入，在延伸拓展中学得更有趣，使其最大限度地发挥板块作用，真正成为学生自主学习能力提升的新鲜园地。

单元整体教学的解析与反思

让“有新鲜感”成为生活常态

姜树华

统编版小学语文教材三年级上册第一单元为低年段向中年段的衔接单元，开始走向聚焦主要学习任务的单元整体学习。教材单元导语中以“美丽的校园”为主题内容，以“关注有新鲜感的词语和句子”为主要任务，以“体会习作的乐趣”为表达追求，培养学生发现校园美好的敏锐性，激发感恩成长摇篮的情感。

本单元的核心概念为“有新鲜感”，这个概念多散见于《课标》，如“能用表现事物特征的词语描摹形象，用积累的语言材料，特别是有新鲜感的词句描述想象的事物或画面”“乐于和他人分享阅读所得，关注有新鲜感的词句，并有意识地在口头和书面表达中运用”“尝试在习作中运用自己平时积累的语言材料，特别是有新鲜感的词句”等。《课标》强调学生在生活中对“有新鲜感”的事物能产生发现力和观察力，阅读中能够对“有新鲜感”的语言有感受力和理解力，并倡导学生进行“有新鲜感”的描摹与分享，具备一定的表达力和影响力。再如“语言文字积累与梳理”学习任务群中指出：“诵读、积累成语典故、中华文化名言、短小的古诗词和新鲜词语……发现、感受语言的表现力和创造力。”每一个能够“入眼入心”的词句，本质上都是陌生却又“感觉良好”的，并能让人品出其新鲜之妙的，这些“入眼入心”的词句，日渐影响并优化着学习者的语言系统，使得学习者的语言变得更有品质、更为优雅。

聚焦本单元“关注有新鲜感的词语和句子”这一主要学习任务，笔者有三点构想。

一、认识何为“有新鲜感”的表达

能否关注到“有新鲜感”的词语和句子反映了学生阅读时“输入”能力的高下。《课标》要求“在语言积累和运用过程中……发现、感受语言的表现力和创造力”，道出了“发现与感受”语言表现力和创造力不仅是学生语文能力的表现，更是语文课堂教学需要努力培养的内容。“有新鲜感”基于个人生活与语言经验的陌生化感觉，对于具体的认知对象而言，又是因时空而异的：首次遇见感觉新鲜，再次遇见也许新鲜不再。因此，“有新鲜感”是受到人物、时空等因素制约的。

1. 表达内容的新鲜感。

表达内容的新鲜感基于学生在生活或阅读中，对新鲜事物的所见、所闻与所感。课文《大青树下的小学》中出现在边疆小学的大青树、少数民族学生、开着绒球花和太阳花的小路、铜钟以及铜钟敲响的声音等，《花的学校》课文中出现的“云雷”“风笛”“花孩子们”等，都令学生感到新鲜。此外，本单元课文中出现的活动场景也颇能让学生产生新鲜感：《大青树下的小学》中同学们下课后跳着孔雀舞、摔跤何等欢乐；《花的学校》中“雨一来，他们便放假了”何等有趣；《不懂就要问》中“先生念，学生跟着念”“咿咿呀呀，像唱歌一样”“至于书里的意思，先生从来不讲”“把正在摇头晃脑高声念书的同学们吓呆了”“先生拿着戒尺……厉声问道”的场景学生从未见过，那种充满年代感的新鲜气息扑面而来。

2. 表达形式的新鲜感。

（1）词语搭配带来的新鲜感。“文似看山不喜平”，无论是写作还是阅读，文采常常“隐身”在语言“不平常”“陌生化”“活跃跳脱”的表现之下。语文教学中，要培养学生善于发现"有新鲜感"的语言。《不懂就要问》一文中用"私塾"没有用"学校"，用"先生"没有用"老师"，用"照例"没有用"照样"，用"功课"没有用"作业"等表述颇具趣味，让学生读来感觉新奇。《花的学校》一文中描写绿叶在狂风里"簌簌地响"，学生则习惯于用"沙沙地响"；文中用"一群一群"的花，而没用"一朵一朵""一簇一簇"的花。这样的词语搭配让学生读出了新奇的场景，更读出了趣味。无论是古代的私塾，还是童话视角下花孩子们的校园，都充满了时空穿越感，无限乐趣蕴藏于其间。

（2）语序变化带来的新鲜感。词语顺序变化常常会给我们带来特别的感觉，更加耐品，更富咀嚼性。《花的学校》一文中的"碰触"与我们常用的"触碰"一词，词义相近，略有区别，"碰触"更能表现出树枝在狂风中碰的力量感。教学中，不妨宕开一笔，让学生发现日常中的"颠倒词"，如"别离"与"离别"、"情感"与"感情"。当然，学生在课堂中也会发现多对意义相距甚大的词语，如"蜜蜂"与"蜂蜜"、"出发"与"发出"等，在列举与甄别中，更好地感受因语序变化而产生的新鲜感。

（3）修辞手法带来的新鲜感。修辞手法带来的生动、形象、上口、幽默、优雅等表达效果更易让读者感受到新鲜感。本单元的三篇课文均很好地使用了这样的方式。如《花的学校》一文中"当雷云在天上轰响，六月的阵雨落下的时候，湿润的东风走过荒野，在竹林中吹着风笛""雷云拍着大手"这两处，雷云轰响时，必定是乌云密布，声音震耳欲聋，但文中却将之想象成雷云在拍手，陡然间变得亲切友好，学生心生喜欢。东风吹着的"风笛"在狂风暴雨中，也给我们带来美好的欢唱。充满想象的拟人手法让文字变得更具童趣、更有童心，让学生更爱读。

3. 表达感受的新鲜感。

无论是陌生的事物还是陌生的表达形式，带来“有新鲜感”效果的本源在“有新鲜感”的内心感受，即“有新鲜感”的体验、情感、启示、感悟等。课文《大青树下的小学》可以让学生欣赏到的是民族小学的魅力，那里有别致的边疆风景、温馨的校园氛围、浓烈的民族团结之情。课文《花的学校》用花作为主角，把花当人来写，丰富的想象将学生带入充满自由、快乐的校园生活。课文《不懂就要问》让学生形成对学习的热爱与自觉，进而领悟到“学问学问，不懂就要问。为了弄清楚道理，就是挨打也值得”的治学态度。

二、学习关注“有新鲜感”的表达

《课标》中出现“主动”一词 24 次，如“语言运用是指学生在丰富的语言实践中，通过主动的积累、梳理和整合，初步具有良好语感”“引导学生成长为主动的阅读者、积极的分享者和有创意的表达者”等，《课标》的这一明显导向旨在培养学生主动学习语文的各种能力与习惯。学生只有形成学习语文的“主动”意识，才会真正拥有语文学习力，为其终身享有高品质语文生活积攒丰厚的语文“行囊”。“文学阅读与创意表达”学习任务群强调：“阅读富有想象力和表现力的儿童文学作品，欣赏富有童趣的语言与形象，感受纯真美好的童心。”《课标》道出了读出作品的“想象力”与“表现力”，关键在于“欣赏到”与“感受到”。《课标》还要求“在语言积累和运用过程中……发现、感受语言的表现力和创造力”，直接道明语文教学中通过语言的输入与输出“感受到”语言的表现力与创造力。三年级上册第一单元语文要素“阅读时，关注有新鲜感的词语和句子”，强调学生在学习过程中对“有新鲜感”的表达能“关注到”，而非简单认知。由此，无论是“欣赏”“感受”还是“关注”，都在强调学习的主体性与主动性，但这些语文学习“敏感力”不是与生俱来的，而是需要一点一滴“学得”“习得”的。

（一）策略一：单元联动

“有新鲜感”的表达使本单元有一根清晰的教学线索：学会关注“有新鲜感”的词句—更好地体会“有新鲜感”的词句—交流运用“有新鲜感”的词句。两篇精读课文的功能呈递进关系：《大青树下的小学》一课重在让学生学会发现“有新鲜感”的词句；《花的学校》一课则重在引领学生学会体会“新鲜感”的妙处；而小学阶段第一篇略读课文《不懂就要问》则旨在让学生交流发现“有新鲜感”的词句，也就是开始运用；口语交际《我的暑假生活》则是侧重于分享新鲜事，具体要求为抓住别人的兴趣点，分享别人感兴趣的事；习作《猜猜他是谁》则是重在抓住多方面特点，鲜明地表达出同学的特别之处；语文园地中的“词句段运用”，则是更好地在生活中运用“有新鲜感”的表达，对“有新鲜感”的表达进行欣赏、朗读、应用等。单元整体教学，在发现“美丽的校园”学习情境中，聚焦“关注有新鲜感的词语和句子”的语文任务，前后呼应，帮助学生形成关注“有新鲜感”的阅读素养。

（二）策略二：单元聚焦

《课标》提出让学生学会像科学家一样思考。像科学家一样思考，就语文学习而言，即让学生亲身经历语文知识的产生和应用过程；就本单元学习而言，就是助力学生形成学会关注“有新鲜感”的词句的语文自觉性。

1. 在阅读中引发“关注”的内容。

读课文是引发关注、获取内容的基本做法。比如课文《花的学校》，“于是，一群一群的花从无人知道的地方突然跑出来，在绿草上跳舞，狂欢”一句中的“无人知道”该是一个怎样的地方呢？真是个神奇、美妙的校园啊！“湿润的东风走过荒野，在竹林中吹着风笛”一句中，“湿润的东风”这又是何等清新的感觉啊！由此，我们就很好理解两篇精读课文文后均要求“朗读课文”的目的了。而到了略读课文《不懂就要问》，导语中就要求“默读课文”了。引导学生在默读中主动发现私塾念背的学习方式，组织学生分享默读中的特别发现，即有新意的文本内容。

2. 在品赏中形成“关注”的视角。

效果对比是形成“关注”视角的直观方式。将《大青树下的小学》中“早晨，从山坡上，从坪坝里，从一条条开着绒球花和太阳花的小路上，走来了许多小学生”一句与“早晨，从四面八方走来了许多小学生”进行比较，学生立刻品读出上学场面的热闹，三句排比，让学生不仅读出了上学人数多，读出了美丽鲜花带来的勃勃生机，还读出了边疆小学上学时场面的欢快。“从……从……从……”的排比表达效果，岂是“四面八方”一词比得上的？借此暗示学生要学会品味“有新鲜感”的语言表达形式。

3. 在想象中丰富“关注”的画面。

一边读一边想象画面，是还原词句场景的常态路径。《花的学校》一文中“这时，花孩子们便穿了紫的、黄的、白的衣裳，冲了出来”，几个颜色的词语给我们带来的是强烈的色彩感和美好鲜活的画面；一个“冲”字透射出来的是生机勃勃的景象，一下子激活了校园，有了动感。边读边想象，可以运用在阅读教学的各种语境中，是形成关注“有新鲜感”的语言呈现出的画面的有效良策。

（三）策略三：单元实践

尝试运用，是语文教学中夯实“新鲜感”表达的必然过程。《课标》指出：“尝试在习作中运用自己平时积累的语言材料，特别是有新鲜感的词句”“能用表现事物特征的词语描摹形象，用积累的语言材料，特别是有新鲜感的词句描述想象的事物或画面”。以上两处均凸显了新课标对“有新鲜感”的表达要求，作为三年级上册第一单元，当然要让学生在对“有新鲜感”认知、体验的基础上，尝试运用。

1. 迁移运用“新鲜感”表达。

所谓迁移运用，就是模仿语言形式，用在不同的场景。《大青树下的小学》一课中让学生练习介绍自己的学校，教学中从课题开始模仿练说，到用三个“从”字、三个“向”字来说自己熟悉的上学场景，最后尝试迁移到其他场景中“有新鲜感”地表达。这样模仿性的语言实践，无疑巩固了对新的语言形式的认知。

2. 拓展运用“新鲜感”表达。

所谓拓展运用，就是由浅入深，夯实基础，形成学养。《花的学校》一文中“雨一来，他们便放假了”，多么令人羡慕啊，一下子道出了孩子们向往自由、欢乐的心。学生用花孩子身份展开想象，开展练说，进而构想出其他场景：“清风一来，他们……”“蝴蝶一来，他们……”。孩子们的思路完全被打开，不知不觉间表达并享受“有新鲜感”的美好画面。本单元的后续学习中，继续学习运用“有新鲜感”的表达。如在《不懂就要问》的课末，补充“不耻下问”一词，不是文本的简单巩固，而是宕开一笔，让学生进一步领悟“不懂就要问”的更高境界。

3. 创新运用“新鲜感”表达。

所谓创新运用，就是真正形成自己运用“有新鲜感”的词句的能力与习惯，这是本单元学习的最高追求。教学中，我们要不断由课本走向生活，由别人走向自己。由《大青树下的小学》走向关注自己学校的特别之处，由童话《花的学校》走向关注自身对花的体验，由历史名人的治学妙法走向关注自身学习的经验，从关注别人的暑期趣事到关注自身的暑期趣事，从关注身边的同学们到生动鲜明地分享身边人的鲜明个性与品格，等等。随着单元整体学习的步步推进，学生犹如踏进了语言的秘境，在“探索”的挑战与“收获”的成功中获得新鲜感。

三、体会为何要用“有新鲜感”的表达

《课标》强调：“教师要准确理解义务教育语文课程的基本理念，把握学生核心素养发展的基本规律，根据课程目标、课程内容和学业质量的要求，创造性地开展语文教学，充分发挥语文学科独特的育人功能。”这一要求在强调语文育人的本质，同时提出语文育人的过程是在语言文字实践中，不能刻意机械地教化。也就是说，语文育人是在语言品味过程中悄悄实现，在言语表达中渐渐明晰的。“有新鲜感”的表达无疑更能引发学生去品味，而在语言品味过程中的点点“获得”就是语言与精神的相融相生了。到底有哪些方面能实现更好地生长呢？

1. 语言表达更为适切。

“有新鲜感”的表达不是追求新潮表达，而是要让表达更精准，更易引发读者关注、自觉品赏甚至模仿。本单元内容从对“有新鲜感”表达的感知到体验再到运用，渐次推进，浸润无声。口语交际《我的暑假生活》，当然不是让学生随随便便地交流，而是聚焦“新鲜事”进行分享，交流时要说出新鲜点。教材还特别要求“先试着给人家讲一讲，听听他们有什么建议”，也就是说要在彼此互动中，选择别人感兴趣的内容讲，并用上更好的形式进行表达，这也是一种“有新鲜感”的口语交际方式。语言是有“浸染性”的，高质量的语言对表达内容与表达对象而言更为适切，会慢慢优化一个人的谈吐气质，会让人受益终身。

2. 情感体现更加充分。

情动而辞发，语言的背后一定有充沛的情感在推动。本单元导语将人文主题表述为“美丽的校园，成长的摇篮，梦想启航的地方”，课文内容均设置在“美丽的校园”这个学习场景中，最终又指向体会出校园的美丽、温馨。《大青树下的小学》中的美丽边疆校园彰显出团结友爱的同学情，学生不仅要读出边疆小学同学们美丽的服饰、有趣的铜钟，还要体会出那充满生机趣味的校园生活。《花的学校》整篇课文就是在不断把学生与花拉近，教学中不妨让学生尝试练说：“自己是一朵花，在那个舞会上……”将美好的校园活化在丰富的想象之中。《不懂就要问》给学生展示了传统但新奇的上课形式，教学中让“孙中山”“私塾先生”“吓呆了的同学们”出场，参加“记者会”，那场景就是一场时空穿越、心灵互动的切身体验之旅。这些教学活动的设计意图都在于通过文本中的“有新鲜感”的表达激起学生的阅读兴致，促进其情感升华与言语生长。

3. 语文生活更有乐趣。

三年级上册第一单元第二条语文要素为“体会习作的乐趣”。这其间当然隐含着用“有新鲜感”的表达带来“乐趣”之本意。简而言之，本单元整体教学设计就是引导学生在阅读中能关注“有新鲜感”的词句和在表达中能用上“有新鲜感”的词句。语文园地中，班级兴趣小组进行重新命名，目的在于“吸引同学”，就是用“有新鲜感”的表达来实现“广告效应”，这样就指向了真实生活，其间的乐趣自然生出。小学阶段第一篇习作《猜猜他是谁》，练习中学生发现只从某人的一个特点来写时常常不够精准，需要多写几个特点才能提高辨识度。学生在不断的“错认”过程中，真切感知到要抓一个人的外貌、兴趣、习惯、品格等方面的显著特点来表达，并逐渐发现要抓住一个人的多个特点，分清主次进行介绍，这样更易有辨识度。这个习作过程，充满了探索，充满了乐趣。回到原本，“体会习作的乐趣”首先得是习作过程中的乐趣吧。这些语文实践活动紧密联系生活，丰富了表达，使学生的语文生活生动起来，鲜活起来。

《论语》曰：“质胜文则野，文胜质则史。文质彬彬，然后君子。”从“文质彬彬”的本义来看，要实现作文的“文质彬彬”需要文采与实质的合宜相生，这是一个渐渐生长的过程。三年级上册第一单元给我们带来的“文采”就是聚焦“有新鲜感”的表达，也就是阅读中有新鲜的观察与发现，产生新鲜的体验与感受，最终达成提高学生表达力的学习目标。其实，这一单元只是“关注有新鲜感的词语和句子”的开始，从此让学生带上“有新鲜感”的“眼力”“耳力”“笔力”过更好的语文生活，当是语文教育工作者不懈的追求。

舐犊之情，流淌在血液里的爱和温暖

统编版小学语文教材五年级上册第六单元整体教学设计

单元整体教学的内容与构架

☆教材内容

- 慈母情深
- 父爱之舟
- “精彩极了”和“糟糕透了”

◎口语交际：父母之爱

◎习作：我想对您说

◎语文园地

☆单元要素

人文主题：

舐犊之情，流淌在血液里的爱和温暖。

语文要素：

体会作者描写的场景、细节中蕴含的感情。

用恰当的语言表达自己的看法和感受。

☆整体构架

任务群：发展型学习任务群——文学阅读与创意表达、思辨性阅读与表达、实用性阅读与交流。

单元任务：体会父母之爱，认识父母之爱，表达父母之爱。

单元情境：紧扣文本之境，创设教学情境，引向生活之境。

设计理念：单元素养统领，多元任务融合，情境自然衔接。

单元导图

- **人文主题**：舐犊之情，流淌在血液里的爱和温暖。
- **语文要素**：1. 体会作者描写的场景、细节中蕴含的感情。2. 用恰当的语言表达自己的看法和感受。
- **教材内容**：1. 精读课文：《慈母情深》《父爱之舟》。2. 略读课文：《“精彩极了”和“糟糕透了”》。3. 口语交际：《父母之爱》。4. 习作：《我想对您说》。5. 语文园地。

发展型学习任务群——多元任务融合（任务：体会父母之爱，认识父母之爱，表达父母之爱）（情境：紧扣文本之境，创设教学情境，引向生活之境）

- 任务一：文学阅读与创意表达（聚焦场景和细节，感受人物形象之美）
  - 第 1、2 课时：学习《慈母情深》
    - 立足单元，整体感知
    - 初识场景，体会情感
    - 关注细节，感受情深
    - 由读到写，习得方法
  - 第 3、4 课时：学习《父爱之舟》
    - 提取信息，梳理场景
    - 聚焦细节，品读父爱
    - 比较异同，感悟表达
- 任务二：思辨性阅读与表达（正确看待父母表达爱的不同方式）
  - 第 5 课时：学习《“精彩极了”和“糟糕透了”》
    - 梳理场景，读懂看法
    - 联系生活，辩证看爱
- 任务三：实用性阅读与交流（借助场景、和细节，表达感恩之情）
  - 第 6 课时：说出父母之爱（口语交际）
    - 回顾课文，导出话题
    - 创设情境，聊聊真爱
    - 角色扮演，升华真爱
  - 第 7、8 课时：我想对您说（习作）
    - 情境导入，激发写作欲望
    - 明确对象，增强读者意识
    - 写作实践，用好场景细节
    - 同伴互评，紧扣单元要素
- 任务四：梳理与探究（总结借助场景细节表达感情的方法）
  - 第 9、10 课时：学习《语文园地》
    - 梳理总结，适度拓展
    - 针对练习，迁移运用
- 任务五：整本书阅读（拓展阅读同主题文章或著作）
  - 第 11 课时：拓展阅读
    - 拓展阅读，交流讨论

单元整体教学的设计与意图

板块	课时	课时任务	课时情境	落实要素	习作训练	语言训练点	教学内容
感悟母爱	1	认识场景，捕捉场景；学习典型环境，体会“我”的情感变化	可怜天下父母心，寻找母爱	认识场景，捕捉场景	学习典型环境描写	了解母亲转身的慢镜头描写以及有关眼睛的细节描写	《慈母情深》
	1	通过场景中的细节，感受母亲的形象，抓住“鼻子一酸”的细节体会“我”的情感变化	可怜天下父母心，体悟母爱	学习联系场景和细节体悟情感	抓住对话及快镜头描写做表达训练	对话描写，母亲掏钱、塞钱的细节描写	
体悟父爱	1	梳理场景并与《慈母情深》做对比；阅读基于家庭生活的前三个场景，感受父爱	父爱如山，寻找父爱	自主捕捉场景，并进行梳理	了解作者基于不同场景表达感情的方法	场景中的关键画面，以及对比衬托手法	《父爱之舟》
	1	通过阅读送“我”上学的三个场景，体会情感，并与前篇课文进行适度对比	父爱如山，体悟父爱	运用抓场景和细节的方法学习	散点式多场景写人的方法运用	父亲送我上学的细节、凑钱交学费的艰难、船头缝补衣服的场景细节	
对比父母之爱	1	通过梳理场景，读懂巴迪父母对爱的不同表达方式，体会父母情感，发展思辨能力	“父母之爱大不同”	梳理场景，读懂巴迪的父母亲对巴迪诗的不同看法，培养思辨能力	联系实际，引导学生正确看待巴迪父母表达爱的方式	父母之爱的鲜明对比	《“精彩极了”和“糟糕透了”》
述说父母之爱	1	围绕交际主题“如何看待父母之爱”，引导学生表达时做到观点明确、理由充分、语言简洁、言之有据	我心中的父母之爱	从生活情境入手，联系生活实践，学会正确看待父母之爱	从文本中的问题情境入手，表达自己的观点	借助生活中的场景细节表达情感	口语交际《父母之爱》
写给父母的爱	1	引导学生从生活情境入手，捕捉表达的意愿，通过独特的视角，表达自己对爱的观点或看法	爸爸，妈妈！我想对你说……	要在场景或细节的刻画中融入自己的情感	学会通过一些生活中的场景、现象、细节来做支撑材料进行表达	生活中的场景、细节在表达中的运用	习作《我想对您说》

《慈母情深》第1课时教学设计

马金花

学习任务： 认识场景，捕捉场景；学习典型环境，体会“我”的情感变化。

学习情境： 可怜天下父母心，寻找母爱。

学习目标：

1. 学习生字词，读通课文，把握文章内容，梳理课文中的场景。
2. 借助场景中的环境描写，以及对人物的细节刻画，体会人物感情变化，初步了解场景和细节对人物感情的表达作用。
3. 有感情地朗读课文，体会细节描写中蕴含的深沉的母爱。

学习课时： 1课时。

学习活动： 4个。

学习活动一

主题引领，情境驱动

1. 主题导入。

（1）同学们，请读下面这句话，它让你联想到什么？“舐犊之情，流淌在血液里的爱和温暖。”（对照图，理解“舐犊之情”）

（2）你还联想到哪些描写父母之爱的诗词？（《游子吟》等）

2. 感悟要素。

（1）出示这个单元学习的语文要素：“体会作者描写的场景、细节中蕴含的感情。”

（2）交流：什么是场景？什么是细节？场景和细节对于表达父母之爱又具有什么样的用途呢？

3. 揭示任务。

我们就带着这样一个目的，开启“寻找父母之爱”的情感之旅。用我们明亮的双眼，寻找自己心目中的父母之爱，表达自己心中对父母的爱吧。

齐读课题，作者梁晓声用文字写下了他记忆深处的母亲，这是一份怎样的慈母之情呢？

学习活动二

感知场景，初步体验

1. 学习要求。

自由朗读课文，自学生字词，说说课文写了一件什么事，有哪些主要场景。

2. 交流。

（1）出示词语：

压抑　颓败　怂恿　皲裂

棉胶鞋帮　缝纫机　毛票

指名读，正音。强调“皲裂”。

（2）课文是围绕一件什么事展开的？（要钱买书）

（3）围绕这件事，课文写了哪几个让你难忘的场景？

3. 小结。

四个场景，分别是到厂房、找母亲、要钱、塞钱。

教师讲解，提问：如果整合成两个场景，可以如何归纳？

归纳：场景就是在特定时间、特定地点发生的连续事情，场景可大可小。

学习活动三

深入场景，体悟感情

1. 了解起因，初悟情感。

（1）学习要求：默读第 1~4 自然段，思考：作者是抱着怎样的心情去找母亲要钱的？（矛盾、忐忑）适当圈画、简要批注。

（2）交流：对书的渴望，以及家庭极度贫困、不忍心向母亲要钱之间的矛盾，把“我”折磨得失魂落魄，但是对书的渴望，又使“我”鼓起了勇气，所以内心是矛盾的、忐忑的、犹豫的、不安的、纠结的。

2. 聚焦环境，再悟情感。

（1）学习要求：在找母亲的场景中，有一处非常典型的环境描写，默读第 6~9 自然段，思考：这个环境描写给你留下什么感受？

（2）学习步骤。

① 自主阅读，圈画并批注关键词。

② 联系上下文和语境，自主品读并思考这处环境描写给你留下的印象。

③ 小组交流，分享自己的发现。

④ 小组合作汇报，要求选择不同的要点，从不同角度汇报。

（3）交流。

① 环境要素。

狭小：低矮，使人感到压抑，“不足二百平米”。

拥挤：七八十台缝纫机、七八十个女人。

炎热：酷暑炎夏，蒸笼。

嘈杂：震耳欲聋（声音）。

阴暗：四壁潮湿颓败。

污浊：窗不能开。

（重点是前四个，从上述几个方面引导学生交流、谈感受，指导朗读）

② 细节："七八十台""七八十个""七八十只"，这是一个反复出现的数字描写，用以表现出工作环境的恶劣以及母亲工作的艰辛。

③ 总结：在这个场景中，作者为什么要花费大量笔墨刻画这样的环境和细节呢？（写出"我"受到的震撼，为下文写母亲做铺垫）

3. 关注细节，体会情深。

学习要求：默读第 10~19 自然段。作者找母亲，又看到了哪些刻骨铭心的画面？圈画、批注。

（1）"我穿过一排排缝纫机，走到那个角落，看见一个极其瘦弱的脊背弯曲着，头凑到缝纫机板上。周围几只灯泡烤着我的脸。"

① 聚焦典型细节："极其瘦弱的脊背""凑""烤"，谈理解，说感受，带着感情朗读。（母亲很劳累、辛苦。感受：心酸、心疼。板书：脊背、凑）

② 聚焦"凑"，做动作，体验难受。

（2）"背直起来了，我的母亲。转过身来了，我的母亲。褐色的口罩上方，一双眼神疲惫的眼睛吃惊地望着我，我的母亲的眼睛……"

① 这段话写了几个画面？哪个最让你难忘？（三个，分别是直背、转身、望我；最难忘的是母亲的眼睛。）

② 在这样一个母亲转身的画面里，作者为何要用三次"我的母亲"？能否颠倒位置？

出现三次"我的母亲"，一遍又一遍地强调。如果放在影视中，这就是慢镜头，把动作放慢可以让我们看得更仔细、更真切。在语言文字表达中，这就是一个非常典型的细节描写，也叫慢镜头细节描写。带着感受再读。

比较句子："我的母亲，背直起来了，转过身来了。褐色的口罩上方，

一双疲惫的眼睛吃惊地望着我。”（特殊的句式表达特殊的情感。这样的反复，这样的细节，让“我”深受震撼）

③ 小结：这组连续的镜头给你留下什么印象？

细节描写最能展现人物特点，抒发人物情感。在“我”找到母亲之后，对母亲的伏案以及母亲转身的细节描写，都刻画出了母亲在“我”心中的形象，这是母亲给予“我”的慈母之情。配乐，朗读。

学习活动四

总结要素，回望主题

1. 这篇课文，作者写了自己要钱买书这件事，用场景、细节描写，凸显了作者的情感，让我们感受到了那份舐犊之情：流淌在血液里的爱和温暖。

2. 文中还有场景和细节描写的句子，课后再去寻找，读一读，品一品。

设计意图

本单元属于发展型任务群中的“文学阅读与创意表达”，《课标》在第三学段（5~6 年级）的学习内容中提到“阅读表现人与社会的优秀文学作品，走进广阔的文学艺术世界，学习品味作品语言、欣赏艺术形象，复述印象深刻的故事情节，积累多样的情感体验”和“学习运用细节描写等文学表现手法，描述自己成长中的故事”。

本单元语文要素是“体会作者描写的场景、细节中蕴含的感情。用恰当的语言表达自己的看法和感受。”

本单元开篇为《慈母情深》，这篇课文有多处场景、细节，让人读着读着感到“鼻子一酸”。作者对母亲工作的环境和细节进行详尽描述，使人、物、事件和情感全面而深刻地呈现。如何以这篇课文为例，让学生在为写场景、细节方面做铺垫呢？教学《慈母情深》第1课时，我抓住文中的场景和细节描写，让学生细品，通过朗读和感悟，体会其中蕴含的深情。

一、整体定位、确立主题

这篇课文是本单元的首篇精读课文，本节课又是第1课时，因此在设计教学时，着重解决两大任务：一是关于“父母之爱”的主题引入，二是关于场景和细节的整体感知。

为了落实上述两项任务，在设计教学时，首先采用单元导语中的人文主题语来引入，引导学生深情朗读，并在此基础上联想积累过的讴歌父母之爱的诗词，升华这种情感。接着结合课文的内容，按照事情发展的顺序，引导学生认识什么叫场景；通过文本中四个场景，再到两个场景的概括，让学生知道场景可大可小，场景中必须有人物的活动等要点。

另外，为了更好地体现单元整体性，教学中还设计了一个环节，也就是让学生通过学习课文，开启一个“寻找父母之爱”的情感之旅。要求学生“用我们明亮的双眼，寻找自己心目中的父母之爱，表达自己心中对父母的爱吧”，这就是典型的基于单元整体的“大任务驱动”，是符合单元整体情境的主任务设计。

二、因文而教，准确选点

《慈母情深》这篇课文有多处场景、细节描写，都体现了母亲对子女无私的爱。文中反复出现的词句，增强了文章的感染力。五年级学生很少有能在众多信息中汲取场景描写方法的能力。这篇课文准确选点，运用环境渲染和动作分解来描写场景，将母亲在贫困艰难的生活条件下，对孩子读书无私的支持和爱的情感全面而深刻地呈现出来。

一是典型的环境描写，这是本节课教学的第一个重点。场景可以是独立的，也可以是连续的。这篇课文的场景是连续的。场景中可以有环境，也可以不具体刻画环境。这篇课文对环境的刻画是典型的、独特的，因为故事发生的场景，都在这同一个环境中。教师让学生自学归纳环境的特点，在此基础上引导学生深度感知作者反复运用“七八十”这一数字的表达目的，凸显环境的恶劣。在此基础上引导学生感知这一环境描写的作用，使学生了解作者借助环境，表达出对母亲的心疼，以及内心因为母亲的恶劣工作环境而感觉到的震惊和酸楚。这就是典型的借助环境来衬托情感，表达情感。

二是典型的细节刻画。在“我”找到母亲之后，有一组经典的动作和神态的细节描写：“背直起来了，我的母亲。转过身来了，我的母亲。褐色的口罩上方，一双眼神疲惫的眼睛吃惊地望着我，我的母亲的眼睛……”通过三个层次来学习这一组语言：① 一共有几个连续画面？最让作者难忘的是哪个画面？从母亲的眼睛里，作者读出了什么？②“我的母亲”这句话反复用了三次，是否多余？位置能否调换？③ 这组连续的镜头，给你留下什么样的印象？

这样聚焦语言、层层深入的品读过程，有助于帮助学生深入理解作者通过典型细节，表现人物情感的方法，也有助于学生认识典型环境描写对塑造人物形象的衬托作用。

借助这样的层层深入的理解过程，再加上深情并茂的朗读，能够加深学生对文本的了解，从而体悟到作者内心对母亲的深厚情感。

三、自主学习，积极探究

本节课的四个学习活动的设计，都是以学生的自主学习为基础，教师设计带有启发性的主问题引导学生学习，在此基础上教师再通过进阶式的学习活动设计，将学生的学习不断引向深入，从而兼顾学生发展的主体性，以及思维发展的深刻性、丰富性。

比如学习活动三中的“聚焦环境，再悟情感”，我列出了具体的学习要求和学习步骤。

学习要求：在找母亲的场景中，有一处非常典型的环境描写，默读第6~9 自然段，思考：这个环境描写给你留下什么感受？

学习步骤：

① 自主阅读，圈画并批注关键词。

② 联系上下文和语境，自主品读并思考这处环境描写给你留下的印象。

③ 小组交流，分享自己的发现。

④ 小组合作汇报，要求选择不同的要点，从不同角度汇报。

上述学习要求里明确了本节课学习的主问题，对于学生品读文章的目标性指引得非常清晰。后面的学习步骤安排，有助于指引学生掌握正确的学习方法，并且体现了不同学习方法的运用，从自主学到合作学，彰显了让学生主动探究的学习理念。

《慈母情深》第2课时教学设计

徐祥香

学习任务： 通过场景中的细节，感受母亲的形象，抓住“鼻子一酸”的细节体会“我”的情感变化。

学习情境： 可怜天下父母心，体悟母爱。

学习目标：

1. 能正确、流利、有感情地朗读课文，品味人物语言、动作等，学习反复这一表现手法，感悟作者词句运用的精妙。
2. 引领学生感受动人的场景和细节描写，通过拓展阅读，体会慈母的“情深”和“我”对母亲的感激、敬爱之情。
3. 发自内心地感恩母亲，并仿照课文的表达方法建构属于自己的语言，描述自己成长中的故事。

学习课时： 1课时。

学习活动： 3个。

学习活动一

走进场景中

1. 回顾印象深刻的场景：说说文中给你印象深刻的场景。

2. 朗读典型场景描写。

“空间非常低矮，低矮得使人感到压抑。不足二百平米的厂房，四壁潮湿颓败。七八十台破缝纫机一行行排列着，七八十个都不算年轻的女人忙碌在自己的缝纫机旁。因为光线阴暗，每个女人的头上方都吊着一只灯泡。正是酷暑炎夏，窗不能开，七八十个女人的身体和七八十只灯泡所散发的热量，使我感到犹如身在蒸笼。”

3. 出示学过的典型细节：

“背直起来了，我的母亲。转过身来了，我的母亲。褐色的口罩上方，一双眼神疲惫的眼睛吃惊地望着我，我的母亲的眼睛……”

4. 过渡。

上节课我们跟着老师一起体会了作者描写的场景和细节中蕴含的感情。这样的细节正是因为在这样的场景中才特别，才感人至深。这节课我们继续学习课文。

学习活动二

场景中品细节

导入：自由朗读第 20~28 自然段，思考：在“我”向母亲要钱买书这段对话中，哪些细节打动了你？圈画出相关词句，说说你的感受。

1. 关注语言，体会情感。

阅读第 20~28 自然段，说说这段对话有什么特点。

（1）紧扣提示语，结合场景理解“大声”。

（2）品读省略号，体会“我”内心的“纠结”。

（3）悟一元五角，感受母亲工作“艰辛”。

（4）简问答形式，读出“急促”。

过渡：母亲在那样恶劣的环境里艰辛地工作，听说“我”要钱买书，而且是一大笔钱，她是怎样做的？

2. 关注动作，体会情感。

出示：“母亲掏衣兜，掏出一卷揉得皱皱的毛票，用皲裂的手指数着。”

（1）说说哪些细节打动人。

预设 1:“毛票”就是角币，母亲掏出的是一卷“揉得皱皱的毛票”，这些毛票不知是母亲在多少个时日省吃俭用积攒下来的。

预设 2：从“掏”“数”的动作中我们感受到了家庭的贫穷和母亲的清苦。

（2）母亲数钱动作的描写十分感人，出示皲裂的手的图片。

（3）补充场景，让学生深度理解“皲裂”。

“母亲为了微薄的工资在铁路工厂做临时工，出卖一个底层女人的廉价的体力。翻砂——那是男人干的很累很危险的重活。临时工谈不上什么劳动保护，全凭自己在劳动中格外当心。稍有不慎，便会被铁水烫伤或被铸件砸伤压伤。母亲几乎没有哪一天不带着轻伤回家的，母亲的衣服被迸溅的铁水烧了片片的洞。”

这段文字出自梁晓声的《母亲》。透过这段文字，你看到了怎样的舍与不舍？

补充：对话时“我”的犹豫和母亲的毫不迟疑形成了鲜明的对比，感悟母亲浓浓的爱子之情。

过渡：这样的典型细节在文中还有很多，人物的外貌、语言、动作、神态等典型细节处处蕴含着作者深深的情感。

3. 关注“电影镜头”，体会情感。

阅读第 30、31 自然段，画出打动你的细节，对比第 20~28 自然段的对话，说说这段对话又给你什么感受。

（1）迁移对话，抓住提示语品读“喊”字，感受特定环境中的细节描写。

（2）把母亲和工友进行对比阅读。

紧扣“闲书”二字，深度理解“供他们吃，供他们穿，供他们上学，还供他们看闲书哇”这句话，谈谈你的感受。

（3）借助影像资料，走近母亲，塑造人物形象。

观看梁晓声接受采访的视频，说说在你们眼中最打动人的场景，并体会母亲的形象。

（4）在场景中特写，推动情感的升华。

母亲会怎样把钱塞到“我”的手里？说话练习。

4. 关注反复，体会情感。

（1）对比读：这两处描写有什么相同点和不同点？在反复中推动“镜头”的变化——快、慢镜头。

“背直起来了，我的母亲。转过身来了，我的母亲。褐色的口罩上方，一双眼神疲惫的眼睛吃惊地望着我，我的母亲的眼睛……”

“母亲说完，立刻又坐了下去，立刻又弯曲了背，立刻又将头俯在缝纫机板上了，立刻又陷入手脚并用的机械忙碌状态……”

（2）说一说两段话在反复中刻画了哪些细节。补充丰子恺的《我的母亲》，拓展反复手法刻画细节的特点。

（3）文中有几处关于“脊背”的描写？你从这几处描写中读出了什么？聚焦“脊背”，感受母亲形象。

“我穿过一排排缝纫机，走到那个角落，看见一个极其瘦弱的脊背弯曲着，头凑到缝纫机板上。”

“背直起来了，我的母亲。转过身来了，我的母亲。褐色的口罩上方，一双眼神疲惫的眼睛吃惊地望着我，我的母亲的眼睛……”

“母亲说完，立刻又坐了下去，立刻又弯曲了背，立刻又将头俯在缝纫机板上了，立刻又陷入手脚并用的机械忙碌状态……”

（4）你能说说梁晓声为什么要这么写吗？（在反复中提升情感）

总结：梁晓声在反复中凸显了细节，在反复中推动了镜头的变化，在反复中塑造了母亲的形象，在反复中把情感推向了顶点，而这些细节不断串联，在反复中给我们展现了一个大的场景，牢牢地印在了我们的记忆深处。

学习活动三

练习中巩固场景和细节

过渡：1986年，梁晓声创作的小说《母亲》获《中篇小说选刊》评选的“优秀中篇奖”。我们也来学习他从普通人立场出发，去描写日常生活。

1.小组合作学习。

出示：“我鼻子一酸，攥着钱跑了出去……”

联系上下文，说说“我”为什么会鼻子一酸。补全省略的内容，想象“我”的脑海中出现了怎样的画面。尝试演一演。

（1）借助已有经验想象画面，设身处地回顾场景。

（2）在表演中凸显细节描写，切身体会提升情感。

2.推进整本书阅读。

（1）阅读《“精彩极了”和“糟糕透了”》，画出打动你的场景和细节，全班交流。

（2）像刚才读《“精彩极了”和“糟糕透了”》一样读梁晓声的《母亲》，把你觉得精彩的场景和细节摘抄下来，完成《母亲》读书卡，准备在班级进行整本书阅读分享。

《母亲》读书卡	
阅读章节	
阅读时间	
精彩场景和细节摘抄	
阅读感受	

3. 布置课后作业。

小练笔：生活中，你有过“鼻子一酸”的经历吗？试着把这段经历写下来，并根据下表评价自己能得几颗星。

星级评定	我能得（ ）颗星
场景描写	★★
场景描写＋细节描写	★★★

4. 总结。

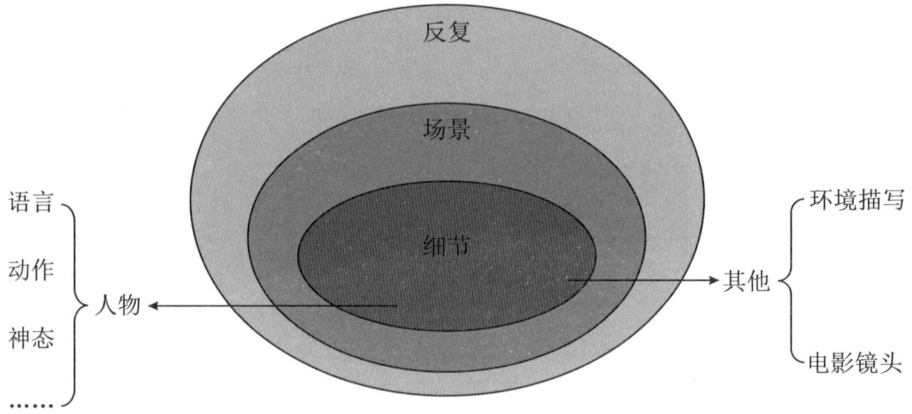

设计意图

在“言意共生”的大单元设计理念下，围绕本单元核心要素，我设计了这一板块的内容，通过三个学习活动的有序推进，达成本课的教学目标。

本课时的三个学习活动分别是“走进场景中”“场景中品细节”“练习中巩固场景和细节”。

第一个学习活动的目的，是让学生能够抓住场景，温习文章的主要内容，感受场景中蕴含的感情，回顾印象深刻的画面，把细节描写放入场景中，为下文的学习做铺垫。第二个学习活动的目的，则是让学生能够把握本课的语文要素，即语文训练的基本元素，在“我”去找母亲要钱和母亲塞钱的场景中关注语言、动作、电影镜头等细节，体会情感。学习反复这一表现手法，在反复中凸显细节，在反复中推动镜头的转换，在反复中塑造母亲的形象，在反复中把情感推向了顶点，而这些细节不断串联，在反复中给我们展现了一个大的场景，牢牢地印在了学生的记忆深处。第三个活动的目的就是帮助学生巩固所学习的方法，阅读优秀文学作品，走进广阔的文学艺术世界，学习品味作品语言、欣赏艺术形象。由单篇阅读推进到整本书阅读，巩固场景、细节描写，提升语文素养，进而在练习中学习运用“场景 + 细节”描写等文学表现手法，让学生尝试描述自己成长中的故事。

一、素养立意：指向文学阅读与创意表达的教学设计

文学阅读与创意表达具有独特价值，能够促进学生欣赏语言文字，评析经典文学形象，积累优秀语料，获得情感体验并体会语言文字的丰富内涵；能够引导学生获得丰富的审美体验，发展感受美和创造美的基本能力，形成追求真善美的取向，以及积极端正的人生态度，是发展学生核心素养的重要载体。

《慈母情深》这一课学习任务的设计有三个意图：一是重在语言的品味，和学生一起去感受作家的场景、细节描写及运用的反复等表现手法；二是思维的训练，和学生一起去探究作家为了表现母爱，做的铺垫和烘托以及全文的谋篇布局；三是文化的传承，和学生一起去领悟母爱是一种文化涵养，母爱也是一种精神力量。这一“文学阅读与创意表达”任务群，通过三个意图的达成以提高学生的语文素养。

二、双线并行：设计结构化的语文实践活动

《慈母情深》是五年级上册第六单元首篇精读课文，该单元的语文要素为“体会作者描写的场景、细节中所蕴含的情感”。核心词有两个，即“场景”和“细节”，这就是教学的生长点。本课情感线明显，可以直接引导学生关注能体现情感的场面、细节描写。确定了生长点，我们怎样落实教学呢？写作要有读者意识，阅读要有作者意识。基于散文文体的文本逻辑，本课的课堂教学正是从读者意识和作者意识两方面出发去引领学生体会情感的。教学中关注标点符号在语句中的作用，关注对话和反复对情感表达的效果，关注重点词句的描写，感受语言的表达，并联系生活进行迁移。这样的学习由易到难，符合学生的认知逻辑。基于学生需求，本节课阅读教学内容主要是两个方面：在大场景中聚焦细节，品味镜头式画面中所蕴含的情感；潜心涵泳，还原场景，体会细节性语言背后蕴藏的情感。同时，本节课的写作教学遵循学科逻辑，提炼了三种方法：① 抓住电影“镜头”捕捉人物的语言、动作等细节；② 细节串联成小场景；③ 反复中提升情感。读者意识和作者意识双线并行、相互交叉、有序互补地推进教学，让学生形成了“带得走”的能力。

三、学会做事：形成体会文学作品蕴含感情的能力

忐忑不安地找母亲要钱买书看这一情节对于现在的学生而言是有点陌生的，他们对于那个时代的清苦贫穷也是有距离感的。于是在教学环节中，我适时安排了场景补充、视频欣赏、拓展阅读等补白环节，在激发学生学习兴趣之余，更能有效地帮助学生去体会情感、感悟情感、表达情感。在学习了场景和细节描写相关知识之后，让学生借助自读课文《“精彩极了”和“糟糕透了”》体悟场景和细节描写所蕴含的情感，学习品味作品语言，欣赏艺术形象，为真正的运用做了铺垫。最后的作业小练笔，让学生写

写生活中“鼻子一酸”的经历，老师给出了评价表，真正实现了“读写评”一体化，有效落实了对学生场景和细节描写的教学生长点的训练。让学生学习运用场景、细节描写等表现手法描述自己成长中的故事，采用的是滚雪球式的教学，层层推进，从细节到场景再到每个人的场景，从而帮助学生有了更深的情感体验。

本节课教学活动的设计，将学生的读、思、实践与体验相结合，采用读写结合的方式，让学生通过阅读文本了解作者采用各种形式表达自己独特体验和感受的写作技巧，给学生的学习搭建支架，从而让他们去感受人物的形象。整堂课，教师对教材中丰富的语境进行充分挖掘，立足学生的语言生长点展开训练，教学有抓手、有梯度，在扎扎实实的学习活动中，让语文要素自然落地。本节课的教学最终串联到单元整体任务上，培养学生的审美思维，帮助学生提高语言运用能力和文化创造能力。

《父爱之舟》第1课时教学设计

徐洪权

学习任务： 梳理场景并与《慈母情深》做对比；阅读基于家庭生活的前三个场景，感受父爱。

学习情境： 父爱如山，寻找父爱。

学习目标：

1. 能通顺、流利地朗读课文；会读“枉”等14个字，会写“疼”“席”“屑”3个生字。
2. 学习用圈画关键词、提取关键信息、归类整合的方法梳理主要场景，并比较《父爱之舟》与《慈母情深》场景描写的异同。
3. 品读前三个场景中的细节，发现细节对比的特点，并结合关键语句感悟父子情深。

学习课时： 1课时。

学习活动： 5个。

学习活动一

复习导入，重温要素

1. 请学生回忆已学课文《慈母情深》中的场景，朗读印象深刻的细节。
2. 回味《慈母情深》场景和细节中蕴含的母爱。
3. 揭题质疑：父爱与小舟有怎样的联系？

学习活动二

检查预习，整体感知

1. 检查预习，掌握字词。

（1）自由读课文，边读边思考从文中读到了怎样深沉的父爱。

（2）出示词语：

冤枉　纸屑　偏僻　缴学费　客栈　粜稻　摇橹　踩高跷

难点："冤枉"，"枉"读轻声；联系上下文理解"粜（tiào）稻"；图文结合理解"摇橹"。

2. 整体感知，理清脉络。

（1）这篇课文首尾很有特点，你有什么发现？

（2）文章三部分分别写了怎样的内容？

学习活动三

提取信息，梳理场景

1. 提取信息，概括场景名称。

（1）快速默读课文第 2~9 自然段，找一找在"我"的梦里出现了哪些难忘的场景。

（2）提取文中的关键信息，尝试用小标题概括场景名称。

2. 交流商讨，完善场景名称。

（1）指名汇报，交流商讨，并完善场景名称。

（2）板书七个场景名称。

预设：卖茧子，买枇杷—住旅店—逛庙会—雨雪天背"我"上学—凑钱缴学费—送"我"报考师范—缝补棉被。

3. 比较分析，发现场景异同。

（1）《父爱之舟》与《慈母情深》的场景有什么相同之处？

（2）《父爱之舟》与《慈母情深》的场景有什么不同之处？

要点：《慈母情深》描绘的是故事中的场景，“进工厂找母亲”与“找母亲要钱，母亲塞钱给我”有紧密联系。《父爱之舟》介绍的是事件中的场景，碎片化呈现，看似没有关联。

（3）《父爱之舟》七个场景可以怎样排列？

要点：一是排成一条线，因为按照时间顺序写的；二是分成两类，前三个场景与作者生活有关，后四个场景与作者上学有关；三是排成爱心形，因为七个场景都体现浓浓的父爱；四是排成阶梯形，因为七个场景体现着我的成长，而且以父爱为阶梯。

学习活动四

聚焦细节，品读父爱

1. 自主圈画批注场景中感人细节。

任选第 2~4 自然段中的一个场景，圈画触动自己的细节，并在旁边批注感受。

2. 交流发现细节描写的独特之处。

（1）“举一”：引导发现场景一中的“半夜添桑叶”与“卖茧子后给我买枇杷吃”一苦一甜对比着写，凸显了浓浓父爱。

（2）“反三”：学生自主发现场景二中“心疼极了”“动心了”与“一分冤枉钱也不肯花的”对比，场景三中“领我吃热豆腐脑”，没有钱买玩具，父亲为我“糊万花筒”，等等，体会父亲宁可委屈自己也不委屈儿子的伟大父爱。

（3）师生合作对比读，再次体会前三个场景细节对比的特点，体会深沉父爱。

学习活动五

观察要点，归类书写

1. 出示“疼”“席”“盾”三个字，观察字形，交流书写要点。

2. 教师范写，提示右下被包住的部件半藏半露。

3. 学生描红临写。

4. 反馈点评，修改完善。

设计意图

本单元的人文主题是“舐犊之情，流淌在血液里的爱和温暖”，阅读要素是“体会作者描写的场景、细节中蕴含的感情”，习作要素是“用恰当的语言表达自己的看法和感受”。《父爱之舟》是第二篇精读课文，课文以梦的形式呈现往事，描写了作者小时候和父亲在一起的一个个场景，通过一个个细节表现了父亲对作者无微不至的深沉的爱。教学的重点在学习《慈母情深》的基础上，引导学生继续体会作者描写的场景、细节中蕴含的感情。在学习的过程中比较《父爱之舟》场景描写、细节刻画与《慈母情深》中的异同，进一步体会场景和细节描写的丰富性。

一、前后勾连，紧扣情

以往教学《父爱之舟》，导入形式多样，比如欣赏吴冠中的水墨画，尤其是以“小舟”为主体的水墨画，紧接着介绍吴冠中的画风和成就。这是单篇教学的思维。立足单元整体教学，基于“一课一得”“得得相连”，本课导入的是回顾前一课《慈母情深》中的场景和细节，感受慈母深情，体会场景和细节对抒发情感的作用，以此作为新课学习的基础。

梳理《父爱之舟》场景之后，继续勾连《慈母情深》中的场景，并且比较发现两篇文章场景描写的异同。引导学生发现《父爱之舟》中的场景比较多，写得不详细，场景和场景之间看似没有联系，碎片化呈现梦境；《慈母情深》中的场景是故事中的场景，每个场景写得比较详细，随着故事展开，场景之间有紧密联系。尽管两篇课文场景有别，但都体现了伟大的父母之爱。比较两篇课文场景描写的异同，从而超越单篇教学的局限，让学生在比较中有新的发现。

二、梳理场景，体现情

1. 概括场景，准确中体现情。

因为学生在学习《慈母情深》一文时已经初识场景，并学会了用小标题概括场景的方法。梳理《父爱之舟》场景，即可放手让学生自主阅读课文，提取关键信息，尝试用小标题概括场景。在自主学习的基础上，比较学生对同一场景的不同概括，寻求更加妥帖的表达。例如，“雨雪天送我上学”不如“雨雪天背我上学”好，因为后者更能准确地体现浓浓的父爱；“父亲为我缴学费”不如“父亲为我凑学费”好，因为后者更能体现学费来之不易，以及父亲对我上学的全力支持。学生在梳理中比较，在比较中悟情。

2. 场景排序，归类中呈现情。

引导学生将七个场景排序，“一石激起千层浪”，让学生体会作者谋篇布局的匠心。七个场景既可以排成一条线，因为七个场景是按照时间顺序排列的；七个场景也可以分成两类，前三个场景与作者儿时家庭生活有关，后四个场景与作者上学有关；七个场景还可以排成爱心形，因为每一个场景都体现着父爱，这也体现了散文形散神聚的特点；七个场景甚至可以排成阶梯形，阶梯呈现的是作者的成长，父爱就是作者成长的阶梯。学生在对场景归类梳理中，不仅感受到父爱如山，而且发展了思维能力。

三、聚焦细节，对比中体悟情

与《慈母情深》的细节描写相比，《父爱之舟》没有运用多角度特写、慢镜头、快镜头等艺术手法，但是大量采用了对比式写法。在同一场景中，作者大量写了父亲怎么样、“我”怎么样、父亲对“我”怎么样、父亲对自己怎么样等，对比着写是本文的又一大特色。

写法决定读法，读法决定教法。首先让学生运用《慈母情深》中学会的方法，自主圈画关键词，品读场景中体现父爱的细节，并且适当批注。在学生汇报第一个场景自主学习收获后，再次聚焦“半夜添桑叶”与“买枇杷给‘我’吃”，让学生领悟两者之间的对比：苦的是父亲，甜的是儿子。如果只写“半夜添桑叶”或者“买枇杷给‘我’吃”中的一点，就不能如此有力度地彰显父爱。细节因对比而能以小见大。

带着“对比着写”的发现，重新审视第二和第三个场景，学生便有了发现的欢愉和深度学习的喜悦。第二个场景中“心疼极了”“动心了”与“一分冤枉钱也不肯花的”对比，体现出父亲虽然在生活中节省到极点，但是为了儿子愿意花“冤枉钱”。“同我住”三个不起眼的字，暗含父亲一定也像“我”一样被臭虫咬，满身红疙瘩，但是父亲毫不在意，然而“咬在儿身，疼在父心”，读来令人感动。父亲如此心疼儿子，儿子也是十分体谅父亲，坚决不肯换房间，可谓父慈子孝。第三个场景是七个场景中比较重要的场景，所以作者所费笔墨较多，对比描写的内容更多。庙会的盛大与父子的窘迫对比；“各式各样的糖果点心、鸡鸭鱼肉都有”，与父子俩只能找偏僻的地方吃凉粽子对比；“卖玩意儿的也不少，彩色的纸风车、布老虎、泥人、竹制的花蛇……”与父亲不可能花钱给“我”买玩意儿对比。然而，尽管没有钱，父亲却领“我”到小摊上吃了碗热豆腐脑，尽管没有钱买玩意儿，父亲却给“我”糊万花筒。对比中，学生发现父爱的伟大就在于，在极度贫困中，父亲宁可委屈自己，也不委屈儿子。这令人肃然起敬。

对比品读这些细节，经过教、扶、放三步，“教学评”一体，让学生既入乎其内感其情，又出乎其外悟其法，便能得其精髓。

总之，基于单元整体教学要义在于，紧扣要素，聚焦重点，让学生有勾连、有进阶、有深度地学，习得结构化知识，拥有“带得走”的素养。

《父爱之舟》第2课时教学设计

施伟燕

学习任务： 通过阅读送“我”上学的三个场景，体会情感，并与前篇课文进行适度对比。

学习情境： 父爱如山，体悟父爱。

学习目标：

1. 品读细节描写，结合关键语句、生活经验、相关资料等，感悟父子情深。
2. 理解课题和关键语句的含义，体会深切的父爱。
3. 比较《慈母情深》和《父爱之舟》在场景与细节描写上的异同，感受作者在场景、细节上的表达风格。

学习课时： 1课时。

学习活动： 2个。

学习活动一

聚焦细节，品读父爱

1. 回顾场景，由情入境。

上节课，我们随着画家吴冠中先生的文字，走进了他梦中的一个又一个场景，用心感受了生活中父亲对他的爱。这节课，我们继续用心去读、去品在求学之路上父子间的深情。齐读课题。

2. 明确任务，自读批注。

默读课文第5~9自然段，关注细节，画下你感受最深的语句，用心体会并做简要批注。

3. 集中交流，品读感悟。

（1）雨雪天背“我”上学。

读一读相关段落，边读边在脑海中想象父亲背“我”时的画面，用心感受。

这件事既表明家境的贫穷，也能看出父亲的瘦弱。然而父亲就是用这么瘦弱的身躯在路滑难走的雨雪天背着“我”送“我”上学。

（2）凑钱缴学费。

重点关注这个短语——“凑一笔不少的钱”。

书中说的是“凑钱”，你有没有凑某一件物品的经历？

作者的父亲是怎么凑一笔不少的钱的？

我们来看看作者当时的家境。（出示资料）

“新滋味”你怎么理解？

（3）送“我”报考师范。

点拨：日夜兼程，轮换摇橹。怕“我”被嘲笑，照顾“我”的生活，照顾“我”的感受。

（4）缝补棉被。

① 把目光聚焦到父亲缝补时的背影上，你仿佛看到了什么？

② 在“背我上学”中，作者用心描摹了父亲背起“我”的样子；“凑钱缴学费”中，作者寥寥数语直抒内心感受；这里，作者将画面定格在父亲弯腰缝补的背影。后来，作者读到了朱自清先生写的《背影》时深有同感（出示并朗读）。

学习活动二

比较异同，感悟表达

1. 出示图片。

吴冠中是一位作家，也是一位画家。他的画中经常会有船的身影，有人评价他画的船“朴素得如此华丽”。就是这样一位丹青高手，却说“我什么时候能够用自己手中的笔，把那只载着父爱的小船画出来就好了”，这是为什么呢？

2. 课文以“父爱之舟”为题，其中的缘由你懂了吗？

父亲就是为“我”遮风挡雨的小舟，更是推动“我”人生之舟前行的动力，随着“我”的成长，小船为“我”指引方向，赋予“我”前行的勇气，给予“我”奋斗的力量。

3. 梁晓声先生的《慈母情深》厚重，吴冠中先生的《父爱之舟》深沉，字里行间都显得情真意切。回想这两篇文章，在场景或细节描写上，有什么相同的地方，又有什么不同的地方。

4. 交流归纳。

《慈母情深》：一件事，典型场景，场景描写具有冲击力。

《父爱之舟》：多件事，多个场景，场景、细节描写平实感人。

设计意图

本单元主题为“舐犊之情，流淌在血液里的爱和温暖”，其中安排的三篇课文分别是《慈母情深》《父爱之舟》《“精彩极了”和“糟糕透了”》。在单元整体教学的统领之下，本节课重点品读《父爱之舟》，让学生继续体会作者描写的场景、细节中蕴含的感情，在学习的过程中比较《父爱之舟》场景描写、细节刻画与《慈母情深》中的异同。

一、习得方法，学以致用

开始本节课的学习时，学生已经完成了《慈母情深》第 1、2 课时，《父爱之舟》第 1 课时的学习。前面所学中，教师一步步引导学生明晰什么是场景、什么是细节，并在场景和细节的转换中，初步感悟潜藏在文字中的深情。本节课的学习，是将前面所学进行运用。

课堂上，学生聚焦《父爱之舟》的后四个场景，一以贯之地使用前一节课所学习到的方法，自主阅读，想象画面，品悟批注。教师在学生自主学习之后，有主有次地引导点拨，适当补充资料，指导朗读，帮助学生加深对文本的理解感悟，体会舐犊之情。

二、着眼整体，比较异同

单元整体教学着眼整体，“面”上统领，“点”上深入。很显然，本单元的“点”即为场景和细节。抓住场景和细节，才能体会到舐犊情深，才能感受到作者语言表达的精彩。在《慈母情深》和《父爱之舟》学完之后，辅以比较两篇课文在场景和细节上的异同这一学习任务，从高位着眼，学生自然能跳出课文，运用比较这一策略，从整体上发现两篇课文中的场景与细节的异同，使其阅读体验获得了质的飞跃。

单元整体教学的解析与反思

基于单元整体的多元解读与教学设计

杨德铸

2022 年 4 月，教育部印发《义务教育课程方案和课程标准（2022 年版）》，提出了一系列有关小学语文教学的新观点和新要求。在此背景下，如何深度解读和重新定位统编版小学语文教材，使语文教学符合新课程标准的要求，这是广大一线语文教师面临的共同问题。

实行单元整体教学是语文教学的一贯要求，也是新课程标准所倡导的一种教学实施方式。下面，笔者结合统编版小学语文教材五年级上册第六单元的内容，做一次教学设计的思考和尝试。

本单元共有三篇课文，分别是《慈母情深》《父爱之舟》《“精彩极了”和“糟糕透了”》，还有口语交际《父母之爱》，以及习作《我想对您说》和语文园地。认真分析这一单元的教材特点，我认为三种类型的课程任务群兼而有之：首先是“文学阅读与创意表达”，主要是前两篇描写父母之爱的文章，语言表达形式主要是场景和细节；其次是“思辨性阅读与表达”，主要是《“精彩极了”和“糟糕透了”》，还有口语交际《父母之爱》，都在训练学生有观点、多角度地理解父母之爱，表达自己的观点；最后是“实用性阅读与交流”，主要是教材要求学生在阅读三篇记人叙事的文本之后，能围绕父母之爱，联系生活情境，学习通过书面或口头的形式与他人交流自己的感受。

弄清楚本单元的基本特点之后，思考本单元的整体教学设计，我认为要做到以下几个方面。

一、目标的整体性

单元整体教学首先要有一以贯之的单元目标设计，新课程背景下倡导素养型教学目标设计，笔者也尝试从语文课程核心素养的框架层面，对本单元的整体教学目标做以下的提炼。

1. 语言运用。

在语言层面上，除了学习和掌握生字新词之外，最主要的目标就是要求学生能够通过场景和细节描写，感受人物形象，体会其中的情感，这也是本单元单元导语中明确提出来的“语文要素”。

2. 思维能力。

本单元课文《“精彩极了”和“糟糕透了”》，还有口语交际《父母之爱》，都具有思辨性文本的特点，教学时要指导学生用恰当的语言表达自己的看法和感受，并学习从不同角度看待问题、分析问题，培养学生的思辨性思维品质。

3. 审美创造。

《慈母情深》的连续性场景刻画、典型性细节描写，尤其是慢镜头和快镜头的特写语言具有特定的语言结构之美；《父爱之舟》的梦境散点式场景描写，以及对父爱之舟的背影刻画，具有浓郁的国画白描山水风格；《“精彩极了”和“糟糕透了”》则属于比较典型的对比衬托的场景刻画，并且富有夸张的笔调。这些都是基于语言的审美因素，需要在教学中加以深化。

4. 文化自信。

从文化层面上来看，《慈母情深》也好，《父爱之舟》也好，《“精彩极了”和“糟糕透了”》也罢，都是人类共同的伦理价值——舐犊情深，可怜天下父母心。

二、任务的整体性

所谓任务的整体性，也就是要在单元的教学内容之间，找到一条主线，本单元的这条主线就是“父母之爱”，围绕这条主线，又有三个支撑点：

一是基于“文学阅读与创意表达”，主要通过前两篇精读课文的教学，聚焦于父母之爱的情感体验，核心是父母亲形象的刻画，关键点是场景和细节，要引导学生感受作品蕴含的人物形象之美、文学艺术之美。这是立足于语言以及文化层面的任务支撑。

二是基于“思辨性阅读与表达”，主要通过自读课文和口语交际的教学，聚焦于用恰当的语言表达自己的看法和感受，也就是针对生活中的人和事，尤其是父母之爱发表自己的看法。这是基于思维层面的任务支撑。

三是基于“实用性阅读与交流”，主要通过口语交际和习作的教学，使学生学会正确看待父母之爱，并能够通过口头和书面的形式表达出来，尤其是要能够选取生活中的典型场景和细节，表达自己对父母的真情实感。这是基于语言运用和文化层面的任务支撑。

上述三个教学的任务支撑点，都聚焦于“父母之爱”这个大的人文主题，三者互相融合，缺一不可，体现出三大课程任务群的多元整合的特点。

下面这张表格是本单元教学任务的统计表：

内容	任务设计
《慈母情深》第1课时	（1）认识场景，捕捉场景 （2）学习场景中的典型环境 （3）学习“找母亲”的细节，体会“我”的情感变化，了解母亲转身的慢镜头描写以及有关眼睛的细节描写

（续表）

内容	任务设计
《慈母情深》第2课时	（1）通过找母亲要钱这一场景中的对话描写，以及母亲掏钱、塞钱的细节描写，感受母亲的形象，体会“我”的情感变化 （2）对比母亲投入工作时的快镜头描写，了解场景中的典型画面 （3）围绕“鼻子一酸”，引导联系生活场景，谈自己的经历和体会
《父爱之舟》第1课时	（1）自主捕捉场景，并且进行梳理，了解本课场景与《慈母情深》的不同特点 （2）阅读基于作者家庭生活的前三个场景，抓住场景中的关键画面，了解作者基于不同场景的表达感情的方法，尤其是在这三个场景中的对比衬托手法的运用
《父爱之舟》第2课时	（1）通过阅读送“我”上学的三个场景，进一步把握典型细节，以及通过不同场景进行衬托的写作手法，进一步体会蕴含在场景和细节中的情感 （2）对两篇课文的主题和写作方法进行适度的对比，了解这两篇文章的创意表达特色
《“精彩极了”和“糟糕透了”》	（1）梳理这篇课文中的场景，读懂巴迪的父母为什么对巴迪的诗会有不同的看法 （2）读懂巴迪自己是怎么看待这样一件事情的 （3）联系实际，说说你如何看待巴迪父母表达爱的方式，培养思辨性思维能力
口语交际《父母之爱》	（1）围绕交际主题“如何看待父母之爱”，从文本中的问题情境入手，表达自己的观点 （2）引导学生从生活情境入手，联系生活实践，学会正确看待父母之爱。表达时，要求学生观点明确，理由充分，语言简洁，言之有据
习作《我想对您说》	（1）要有自己的观点或看法，也就是要有表达的愿望。这种意愿来自自己情感的触动，或者是不同的观点 （2）要言之有据，要能够通过一些生活中的场景、现象、细节来做支撑 （3）要在场景或细节的刻画中融入自己的情感

（续表）

内容	任务设计
语文园地	（1）“交流平台”是对单元要素“体会作者描写的场景、细节中蕴含的感情”的总结，可以基于此单独上一节阅读梳理与归纳的课 （2）“词句段运用”是基于单元要素的片段应用练习，可以引导学生做适当的对比，在此基础上做迁移运用
整本书阅读	（1）本单元还可以安排一节整本书阅读的课，推荐阅读书籍有朱自清的《背影》、鲁迅的小说《故乡》、梁晓声的《父亲》以及《吴冠中散文选》等 （2）在此基础上开展一节整本书阅读课，并围绕场景、细节以及蕴含其中的情感做交流讨论，激发学生对待父母的积极情感

三、活动的整体性

目标与任务的整体性，必然需要有一以贯之的教学活动的整体性，并且这种整体性是连续的、层进建构的。

本单元整体活动设计如下：

活动 1：初步感知什么是场景。

活动 2：学习《慈母情深》中“找母亲”这个场景，了解典型环境刻画，以及典型环境下的典型细节对人物的刻画，感受母亲工作挣钱的艰辛。

活动 3：学习《慈母情深》中“要钱”的场景，进一步熟悉通过场景和细节体会感情的方法，体会母爱的无私和伟大。

活动 4：自主归纳提炼《父爱之舟》的场景，并与《慈母情深》做比较。

活动 5：熟练运用通过场景和细节体会感情的方法，体会父爱的博大。

活动 6：通过《“精彩极了”和“糟糕透了”》，抓取课文的典型场景，了解父母不同的爱的表达方式，学习了解作者的看法。

活动 7：以口语交际的教学为平台，通过文本中的三个预设情境，引导学生联系自己的生活实际，来谈谈如何看待父母之爱，由阅读到表达，由体会情感上升到评价，思维层次不断加深。

活动 8：习作《我想对您说》，从口头表达上升到书面表达的层面，是对本单元核心素养的综合应用。

四、情境的整体性

开展“文学阅读与创意表达”活动，需要教学情境的支撑。本单元的教学还可以用两组大的情境加以统领，分别是阅读的文本之境和表达的生活情境。

1. 阅读，体验文本之境。

本单元的三篇课文都属于叙事性散文，场景和细节是语言上的特色，并且字里行间蕴含着作者浓浓的深情，这样一种文本特质，使文章本身蕴含着丰富的文学情境。教学过程中，只有紧扣文本的语言特色，把学生真正带入文本情境当中，加深感悟和体验，才能体悟真情。具体如下：

（1）《慈母情深》一文，作者“找母亲”以及“要钱”的连续场景，构成了一系列连续的文本情境。教学时，要紧扣语言文字，抓住场景的刻画，把学生引入教学情境。

（2）《父爱之舟》一文，虽然作者刻画的场景是散点式的，但是通过对这些场景的梳理，我们可以找到其内在的规律：从内容上来说，主要包含生活场景和学习场景；从主题上来分析，贯串始终的是作者内心深处对父亲的感激和怀念。教学时，也要紧紧抓住作者情感变化的主线，把学生带入文本情境。

（3）《“精彩极了”和“糟糕透了”》一文，父母对待巴迪写诗的截然相反的态度，构成了极其夸张的效果，文本通过这样一种矛盾的情境创设，揭示出其中蕴含的朴素道理。教学时，要让学生捕捉这种差异，并思考隐藏在这背后的原因。

2. 创意表达，沉浸生活情境。

作为一个兼具文学性阅读与实用性阅读特征的单元，本单元的实用性就体现在口语交际和习作的要求当中，而达成这样的目标，就必须把学生引入真实的生活情境，从而由内而外地激发出学生的真情实感，也才能真正考验学生是否将所学知识内化于心，外显于形。

本单元的生活情境迁移，需要引导学生自我沉浸到生活情境之中，由“情”字入手，方能见微知著。

（1）口语交际《父母之爱》：教材中虽然罗列了三种教学情境，但是这只是桥梁，目的是把学生引入自己的生活情境中去。学生只有联系到自己和父母相处的点点滴滴，才能够激发出内心真实的感受，也才能够“言为心声”，表达出真情实感。在口语交际教学实践中，最后一个层次的表达，必须是引导学生说出自己的切身体会，这样才能实现真情流露。

（2）习作《我想对您说》：习作教学中的生活情境创设，要能够以任务驱动的方式进行，给学生一个交际语境，让学生在自己的生活实践中不断聚焦，从“想说哪些话”到“最想说哪句话”，引导学生自我审视、自我反思，在对生活实践的反复检视中，寻找到内心的自我，从而实现“言之有情”的效果。

五、评价的整体性

“教学评”要一体。本单元的学业评价，也需要对应本单元的教学目标来设计，主要有这样几个维度：

1. 从文学阅读与创意表达的角度评价。

主要评价学生在阅读时，能否借助场景和细节，体会其中蕴含的情感。具体而言，又可以包含场景的多种表达方式，以及借助场景衬托细节等。

2. 从思辨性阅读与表达的角度评价。

主要评价学生思辨性思维的发展水平。从略读课文《“精彩极了”和“糟糕透了”》开始，文本中就包含了不同角度的看问题的方法，后面的口语交际《父母之爱》不仅要求学生言之有理、言之有据，也要考查学生多角度看问题的思维能力，在习作和语文园地当中，也包含对这种能力的要求。

3. 从实用性阅读与交流的角度评价。

主要评价学生通过阅读记人叙事的优秀文本，联系生活情境，提取典型事例，学习通过书面或口头的形式，与他人交流令人感动的父母之爱。

《课标》提出了学习任务群的课程内容架构，但是在实践教学中，如何确定学习任务群，并且如何依据学习任务群开展教学，还需要认真读懂统编版小学语文教材的内在设计理念，不能简单地给一个单元冠以“文学性”或者是“思辨性”的帽子，很多时候，多种学习任务群的融合才是其本来面貌。